Andreas Müller

Schulrecht mal anders!
Die wichtigsten Fälle zum Schulordnungs- und Haftungsrecht in NRW

2. Auflage

Handlungsfeld: Recht

Andreas Müller

Schulrecht mal anders!

Die wichtigsten Fälle zum Schulordnungs- und Haftungsrecht in NRW

2. Auflage

Carl Link 2024

Bibliografische Information der Deutschen Nationalbibliothek

Die Deutsche Nationalbibliothek verzeichnet diese Publikation in der Deutschen Nationalbibliografie; detaillierte bibliografische Daten sind im Internet über http://dnb.d-nb.de abrufbar.

ISBN 978-3-556-09931-5

www.wolterskluwer.de

Wolters Kluwer unterstützt die Bemühungen um gendergerechte Sprache. In Texten in denen das Maskulinum verwendet wird, aus dem Sachzusammenhang allerdings, Femininum (weiblich) und Neutrum (sächlich) gemeint sind, steht das Maskulinum für die beiden anderen Genera.

Umschlagkonzeption: Martina Busch, Grafikdesign, Homburg-Kirrberg
Titelbild: © sk design – Fotolia.com
Satz: Newgen KnowledgeWorks (P) Ltd., Chennai
Druck: Wydawnictwo Diecezjalne i Drukarnia w Sandomierzu, Sandomierz, Polen

Gedruckt auf säurefreiem, alterungsbeständigem und chlorfreiem Papier.

Inhaltsverzeichnis

Vorwort

»Und dann steht da ein sympathischer Achtklässler, der mich schon häufiger provoziert hat, vor mir und feixt »…«. Dann hilft nur: Ruhe bewahren! Vor dem Hintergrund unterschiedlichster Anforderungen an alle am Schulleben Beteiligten häufig leichter gesagt, als getan. Aber was soll ich ihm entgegnen? Welche Tonlage ist in dieser Situation angemessen und zielführend? Tag für Tag sind Lehrerinnen und Lehrer, Schulleiterinnen und Schulleiter gezwungen, sach- und personengerechte Entscheidungen zu treffen, den Schulfrieden zu wahren und persönliche Befindlichkeiten zu respektieren. Die vielfältigen Probleme der Schulen und des Schulalltags sind so bekannt, dass an dieser Stelle Lehrermangel, bauliche und technische Defizite sowie Schwierigkeiten bei der Bewertung schriftlicher und mündlicher Leistungen nicht thematisiert werden müssen. Aber: wie reagiere ich als Pädagogin und Pädagoge in der täglichen Schulpraxis konkret? Was soll ich bei einem Fehlverhalten sagen beziehungsweise tun? Welche Grenzen muss ich in jedem Fall einhalten? Was muss ich auf jeden Fall vermeiden? Orientierung und Entscheidungshilfe wird der Leserin und dem Leser mit diesem Werk geboten. Bemühen wir uns also sinnvollerweise, alle Möglichkeiten zu nutzen, um Fußangeln und Fallstricke beim Lehren und Lernen – ob an der Wandtafel, mit dem Laptop oder dem Whiteboard – zu vermeiden.

Ernst Tomberg, ehemaliger Schulleiter des Albertus-Magnus-Gymnasiums Viersen – Dülken«

Für Dani, Jette, Anni und Emi

Abkürzungsverzeichnis

ABl.	Amtsblatt
Abs.	Absatz
ADO	Allgemeine Dienstordnung für Lehrerinnen und Lehrer, Schulleiterinnen und Schulleiter an öffentlichen Schulen
AG	Amtsgericht
AO-SF	Verordnung über die sonderpädagogische Förderung, den Hausunterricht und die Klinikschule
APO-S I	Verordnung über die Ausbildung und die Abschlussprüfungen in der Sekundarstufe I
Art.	Artikel
BeamtStG	Gesetz zur Regelung des Statusrechts der Beamtinnen und Beamten in den Ländern (Beamtenstatusgesetz)
BGB	Bürgerliches Gesetzbuch
BGH	Bundesgerichtshof
Böhm	Der kommunikationsisolierte Schüler, SchuR 1-2, 2014, S. 7 f.
Böhm	Grundkurs Schulrecht I, Was müssen Lehrkräfte rechtlich beachten?, 2017
Böhm	Grundkurs Schulrecht II, Zentrale Fragen zur Aufsichtspflicht und zu Erziehungs- und Ordnungsmaßnahmen, 2007
Bülter/Schnieders	Allgemeine Dienstordnung für Lehrerinnen und Lehrer, Schulleiterinnen und Schulleiter an öffentlichen Schulen (ADO), Kommentar, 5. Auflage, 2019
Döll	Schutz vor Sexting – Aber wie?, FamRZ 2017, 1728-1730

FamRZ	Zeitschrift für das gesamte Familienrecht
Fischer	Strafgesetzbuch, Kommentar, 70. Auflage, 2023
GG	Grundgesetz
GVG	Gerichtsverfassungsgesetz
Jehkul	Schulgesetz für das Land Nordrhein-Westfalen, Kommentar für die Schulpraxis
JGG	Jugendgerichtsgesetz
Jülich	Der schulische Erziehungsauftrag und das Recht, SchulVerwaltung NRW 2002, S. 164 ff
JustG NRW	Gesetz über die Justiz im Land Nordrhein-Westfalen
LDG NRW	Disziplinargesetz für das Land Nordrhein-Westfalen
LSG	Landessozialgericht
LZG NRW	Verwaltungszustellungsgesetz für das Land Nordrhein-Westfalen (Landeszustellungsgesetz – LZG NRW)
Mann/Sennekamp/Uechtritz	Nomos Kommentar, Kommentar zum Verwaltungsverfahrensgesetz, 2. Auflage, 2019
Müller	Von Verwarnungen und Strafen gegen Schüler:innen, Schulmagazin 5-10, S. 22 ff.
Nr.	Nummer
OLG	Oberlandesgericht
OVG NRW	Oberverwaltungsgericht für das Land Nordrhein-Westfalen
Reip	Körperliche Züchtigung oder Notwehr, SchulRecht aktuell, 6/2001, S. 183 f.
Rn.	Randnummer
Rux/Niehues	Schulrecht, 5. Auflage, 2013
Schnellenbach	Beamtenrecht in der Praxis, 10. Auflage, 2020

Schönke/Schröder	Strafgesetzbuch, Kommentar, 29. Auflage, 2014
Schütz/Maiwald	Beamtenrecht des Bundes und der Länder, Kommentar, Stand: August 2017
SchulG	Schulgesetz für das Land Nordrhein-Westfalen
SchuR	SchulRecht, Informationsdienst für Schulleitung und Schulaufsicht
Schulrechtshandbuch	Schulrechtshandbuch Nordrhein-Westfalen, Kommentar zum Schulgesetz NRW, Loseblattsammlung, Stand 2020
Sodan/Ziekow	Nomos-Kommentar, Verwaltungsgerichtsordnung, 5. Auflage, 2018
StGB	Strafgesetzbuch
TV-L	Tarifvertrag für den öffentlichen Dienst der Länder (TV-L)
Verf NRW	Verfassung für das Land Nordrhein-Westfalen
VG	Verwaltungsgericht
Vgl.	Vergleiche
VO-DV I	Verordnung über die zur Verarbeitung zugelassenen Daten von Schülerinnen, Schülern und Eltern (VO-DV I)
VwGO	Verwaltungsgerichtsordnung
VwVfG NRW	Verwaltungsverfahrensgesetz für das Land Nordrhein-Westfalen
VwVG NRW	Verwaltungsvollstreckungsgesetz für das Land Nordrhein-Westfalen

Einleitung

Lehrer und Schulleiter stehen im Alltag vor der Herausforderung, auf das Fehlverhalten von Schülern angemessen reagieren zu müssen. Vielfach berichten Lehrkräfte in diesem Zusammenhang, dass **Gewalt an Schulen** zunimmt. Dieser Eindruck lässt sich statistisch untermauern. So befragt etwa der Verband für Bildung und Erziehung (VBE) seit dem Jahr 2016 Schulleitungen in zweijährigen Abständen dazu, wie sich die Gewalt an Schulen entwickelt hat.

Die zuletzt im Herbst 2022 veröffentlichte Umfrage zeigt, dass es in den letzten Jahren zu einer erheblichen Zunahme von Gewalt gekommen ist. Die Umfrage kam unter anderem zu folgenden Ergebnissen:

Es gab an der Schule in den letzten 5 Jahren Fälle, in denen Lehrkräfte…

	direkt beschimpft, bedroht, beleidigt, gemobbt oder belästigt wurden	**über das Internet** diffamiert, belästigt, bedrängt, bedroht oder genötigt wurden	**körperlich** angegriffen wurden
insgesamt	62 % (2018: 48 %)	34 % (2018: 20 %)	32 % (2018: 26 %)
Grundschule	58 % (2018: 46 %)	23 % (2018: 13 %)	36 % (2018: 32 %)
Haupt-, Real-, Gesamtschulen	72 % (2018: 59 %)	55 % (2018: 36 %)	23 % (2018: 12 %)
Gymnasium	41 % (2018: 33 %)	45 % (2018: 33 %)	6 % (2018: 4 %)
Förder-/ Sonderschulen	79 % (keine vorherigen Umfragen)	13 % (keine vorherigen Umfragen)	74 % (keine vorherigen Umfragen)

Nach den Umfrageergebnissen sind im Jahr 2022 im Übrigen nur noch 32 % der befragten Schulleitungen der Ansicht gewesen, dass mit dem Thema »Gewalt gegen Lehrkräfte« an Schulen in Deutschland weitgehend offen umgegangen wird. Fast die Hälfte aller Schulleitungen (49 %) hält diese Problematik eher für ein Tabu-Thema.

Insgesamt zeigt die Studie auf, dass sich die Situation an Schulen in den letzten Jahren deutlich »verschärft« hat. Dabei versteht es sich von selbst, dass es an den einzelnen Schulen erhebliche Unterschiede gibt, die sich unter anderem regional und auch schulformbezogen erklären lassen.

Praxistipp:

Sie können die Ergebnisse der von der forsa Politik- und Sozialforschung GmbH durchgeführten Umfragen auf der Internetseite des Verbandes für Bildung und Erziehung abrufen: www.vbe.de.

In einer solchen Situation ist es wichtig, dass Lehrkräfte hinreichende Kenntnisse darüber haben, wie sie diesen Herausforderungen rechtssicher begegnen können, um sich selbst und Mitschüler schützen zu können. Zudem ist das Wissen über erzieherische Einwirkungen und Ordnungsmaßnahmen unabdingbar, um auf Unterrichtsstörungen effektiv reagieren zu können. Das nordrhein-westfälische Schulgesetz gibt Lehrkräften hierfür zahlreiche erzieherische Einwirkungen und Ordnungsmaßnahmen an die Hand. Die zentralen Regelungen für diesen Bereich enthält **§ 53 SchulG**. Für die Verhängung einer der dort genannten Maßnahme wie beispielsweise die Androhung der Schulentlassung müssen zunächst bestimmte formelle Voraussetzungen beachtet werden. Hierzu gehören unter anderem die Regelungen über die Zuständigkeit (Lehrer, Schulleiter, Teilkonferenz oder obere Schulaufsichtsbehörde) und die Anhörung des Schülers. Daneben müssen erzieherische Einwirkungen und Ordnungsmaßnahmen auch in materieller Hinsicht, das heißt in der Sache rechtmäßig sein. In diesem Zusammenhang ist besonders zu berücksichtigen, dass die jeweilige Maßnahme verhältnismäßig bleibt. Der Verfasser zeigt mit den nachfolgenden Ausführungen auf, wie Rechtsfehler vermieden werden können. Dazu werden beispielhaft mehrere **Fälle** sowie die dazu ergangenen **Gerichtsentscheidungen** dargestellt und **Praxistipps** sowie **Formulierungshilfen** gegeben.

Es wird auch der Frage nachgegangen, unter welchen Voraussetzungen Schulen auf »neuartige« Pflichtverletzungen, wie beispielsweise Beleidigungen gegenüber Mitschülern und Lehrern in sozialen Netzwerken (**Cybermobbing**) beziehungsweise auf sogenanntes **Sexting** (unerlaubtes Weiterleiten von Nacktbildern unter Schülern) reagieren können.

Im Übrigen wird noch die **Inklusion**, also der gemeinsame Unterricht von Schülern mit und ohne Behinderung, in den Blick genommen und aufgezeigt, unter welchen Voraussetzungen Schulen ein Fehlverhalten von gewalttätigen Schülern ahnden können, die einen Bedarf an sonderpädagogischer Unterstützung haben und deren Pflichtverletzungen etwa auch auf Beeinträchtigungen der »emotionalen und sozialen Entwicklung« zurückzuführen sind.

Der Verfasser geht des Weiteren auf zahlreiche **haftungsrechtliche Fragen** ein. Welche Konsequenzen hat beispielsweise die **Aufsichtspflichtverletzung** eines Lehrers, wenn ein unbeaufsichtigt gelassener Schüler Schäden anrichtet? Unter welchen Voraussetzungen ist der Lehrer zum Ersatz des Schadens verpflichtet? Auch zu diesem Themenbereich werden viele praxisrelevante Gerichtsentscheidungen besprochen.

A. Allgemeines zu erzieherischen Einwirkungen und Ordnungsmaßnahmen

Das nordrhein-westfälische Schulgesetz unterscheidet zwischen erzieherischen Einwirkungen und Ordnungsmaßnahmen. Beide Maßnahmen dienen einem gemeinsamen **Ziel** und zwar der »geordneten Unterrichts- und Erziehungsarbeit der Schule sowie dem Schutz von Personen und Sachen« (vgl. § 53 Abs. 1 Satz 1 SchulG). Diese beiden Zwecke qualifizieren die Einwirkungen und Ordnungsmaßnahmen als ausschließlich zukunftsgerichtete pädagogische Maßnahmen (**Prävention**). Sie sollen den betroffenen Schüler selbst von einer Wiederholung seines Fehlverhaltens abhalten, ihn in seinem künftigen Verhalten zur Erfüllung seiner schulischen Pflichten anhalten und bei ihm Einsicht und Besserung bewirken (**Spezialprävention**) und/oder Mitschüler davon abhalten, ähnliche Ordnungsverstöße zu begehen, um Störungen des Schulbetriebs künftig zu unterbinden (**Generalprävention**). Es steht dabei grundsätzlich im Ermessen der Schule, ob sie eine Schulordnungsmaßnahme jeweils ausschließlich auf spezial- oder generalpräventive Gründe stützt und ob sie, wenn sie beide Gesichtspunkte heranzieht, diese kumulativ oder alternativ zugrunde legt (OVG NRW, Beschluss vom 17. September 2014, 19 B 985/14).

Bei erzieherischen Einwirkungen und Ordnungsmaßnahmen handelt es sich **nicht um Strafen** im Sinne des Strafgesetzbuches, weil ihnen kein Vergeltungs- oder Sühnegedanke zugrunde liegt. Die für den Bereich des Strafrechts geltenden Grundsätze finden daher im Schulordnungsrecht keine Anwendung. Hieraus folgt beispielsweise, dass es für die Verhängung einer Schulordnungsmaßnahme unbeachtlich ist, wenn ein Schüler im strafrechtlichen Sinne noch nicht schuldfähig sein sollte. Im Strafrecht gilt gemäß § 19 StGB, dass eine Person schuldunfähig ist, wenn sie bei Begehung der Tat noch nicht 14 Jahre alt ist. Die Verhängung einer Strafe beziehungsweise Jugendstrafe scheidet dann aus. Diese **Altersgrenze (14 Jahre)** findet im Schulordnungsrecht **keine Anwendung** (OVG NRW, Beschluss vom 17. Juni 2014, 19 B 679/14).

Im Übrigen gilt für Schulordnungsmaßnahmen auch das im Strafrecht einschlägige **Verbot der Mehrfachbestrafung** nicht. Nach diesem Verbot darf niemand wegen derselben Tat aufgrund der allgemeinen Strafgesetze mehrmals bestraft werden (vgl. Art. 103 Abs. 3 GG). Schulen können daher bei der Auswahl einer Ordnungsmaßnahme im Rahmen ihres pädagogischen Ermessens auch früher gezeigtes schulisches Fehlverhalten des Schülers erneut berücksichtigen. Das OVG NRW hat in diesem Zusammenhang bereits mit

Beschluss vom 3. Juni 2015, 19 B 542/15, ausgeführt, dass es keinen rechtlichen Bedenken begegnet, wenn ein Schulleiter gegenüber einem Schüler, der unter anderem mit Böllern auf dem Schulgelände geworfen hatte, zunächst einen Unterrichtsausschluss (im konkreten Fall für neun Kalendertage) ausspricht und hierbei ankündigt, dass sich die Teilkonferenz noch mit der Frage weitergehender Maßnahmen beschäftigen werde. Die Teilkonferenz hat in diesem Fall im Nachgang zu dem Unterrichtsausschluss noch den Ausschluss des Schülers »von allen sonstigen Schulveranstaltungen im laufenden Schuljahr« beschlossen. Nach den Ausführungen des OVG NRW kann es aus pädagogischen Gründen angezeigt sein, auf ein bestimmtes Fehlverhalten zunächst in engem zeitlichen Zusammenhang mit einer erzieherischen Einwirkung oder Ordnungsmaßnahme zu reagieren und sich weitere Maßnahmen vorzubehalten.

Auch mit Beschluss vom 1. April 2020, 19 B 272/20, hat das OVG NRW nochmals ausgeführt, dass gerade ein schwerwiegendes Fehlverhalten es erforderlich machen kann, einen Schüler nach § 53 Abs. 3 Satz 1 Nr. 3 SchulG als »**Akutmaßnahme**« vorübergehend vom Unterricht auszuschließen, ohne dass allein damit dem Fehlverhalten bereits angemessen begegnet wird. In einem solchen Fall kann eine weitere, auch strengere Ordnungsmaßnahme nach den Umständen des Einzelfalls durchaus geboten sein. Insbesondere darf die Schule auch nach einem kurz zuvor wegen desselben Fehlverhaltens ausgesprochenen Unterrichtsausschluss die Entlassung eines Schülers von der Schule verfügen, wenn die Schwere seines Fehlverhaltens dies rechtfertigt.

Praxistipp:

Vor dem Hintergrund, dass es sich bei erzieherischen Einwirkungen und Ordnungsmaßnahmen nicht um Strafen handelt, sollte es die Schule vermeiden, den Begriff »**Schulstrafe**« zu verwenden. Andernfalls könnte im gerichtlichen Verfahren die Frage aufgeworfen werden, ob die Schule den Sinn und Zweck beziehungsweise die pädagogische Zielrichtung der Schulordnungsmaßnahme verkannt haben könnte.

Die erzieherischen Einwirkungen sind im Gegensatz zu den Ordnungsmaßnahmen im Gesetz nicht abschließend, sondern lediglich beispielhaft aufgezählt. Dies folgt aus dem Begriff »insbesondere« in § 53 Abs. 2 Satz 1 SchulG. Rechtlich zulässig wäre es demnach, wenn eine Lehrkraft auch zu einer anderen – nicht im Gesetzestext aufgeführten – Einwirkung greift (z.B. die Aufforderung an einen störenden Schüler, sich umzusetzen). Denkbar ist es natürlich auch, einem Schüler, der beispielsweise Mitschüler beleidigt, aufzugeben, einen sogenannten »**Besinnungsaufsatz**« zu schreiben oder einen »**Reflexionsbogen**« anzufertigen, damit er sich mit seinem Fehlverhalten auseinandersetzt. Soweit es hingegen Ordnungsmaßnahmen betrifft, können nur die sieben Maßnahmen verhängt werden, die in § 53 Abs. 3 Satz 1 SchulG abschließend aufgeführt sind. Andere Ordnungsmaßnahmen sind nicht zulässig. Das bedeutet im Ergebnis auch, dass Schulen nicht berechtigt sind, in ihrer Schulordnung andere als die gesetzlich geregelten Ordnungsmaßnahmen aufzunehmen.

I. Erzieherische Einwirkungen

Die erzieherischen Einwirkungen werden beispielhaft in § 53 Abs. 2 Satz 1 SchulG aufgeführt. Zu ihnen gehören:

- Erzieherische Gespräche
- Ermahnungen
- Gruppengespräche mit Schülern und Eltern
- mündliche oder schriftliche Missbilligungen des Fehlverhaltens
- Ausschluss von der laufenden Unterrichtsstunde
- Nacharbeit unter Aufsicht nach vorheriger Benachrichtigung der Eltern
- zeitweise Wegnahme von Gegenständen (z.B. Handys, Smartwatches)
- Maßnahmen mit dem Ziel der Wiedergutmachung des Schadens
- Übertragung von Aufgaben zur Verdeutlichung des Fehlverhaltens (z.B. Säuberung des Schulhofs)

Erzieherische Gespräche und **Ermahnungen** sind im Schulalltag die üblichen Maßnahmen, um auf leichtere Pflichtverletzungen wie zum Beispiel Unterrichtsstörungen durch lärmende Schüler zu reagieren. **Gruppengespräche** mit Schülern und Eltern wiegen aus Sicht des betroffenen Schülers schon schwerer, weil er sein Fehlverhalten gegenüber mehreren anderen Personen erklären muss.

1. Missbilligung des Fehlverhaltens

Eine weitere erzieherische Einwirkung stellt die mündliche oder schriftliche **Missbilligung des Fehlverhaltens** dar. Umgangssprachlich handelt es sich hierbei um einen Tadel beziehungsweise eine Rüge. Sofern sich Lehrkräfte schriftlich an die Eltern wenden, ist zu beobachten, dass dies mitunter recht unbestimmt geschieht. In der Praxis ist häufig festzustellen, dass etwa folgende Formulierung in den Elternanschreiben enthalten ist: »*Ihr Sohn Maximilian hat wiederholt den Unterricht gestört und sich respektlos verhalten*«. Ein solch ungenaues Anschreiben ist aus zahlreichen Gründen rechtlich bedenklich. Zum einen wird nicht ohne weiteres deutlich, ob es sich um eine bloße Sachverhaltsinformation oder eben um eine Missbilligung handelt. In diesem Zusammenhang ist zu berücksichtigen, dass § 53 Abs. 2 Satz 2 SchulG vorsieht, dass bei wiederholtem Fehlverhalten **eine schriftliche Information der Eltern** erfolgen soll, damit die erzieherische Einwirkung der Schule vom Elternhaus aus unterstützt werden kann. Eine bloße Information ist aber weniger als eine Missbilligung. Vor dem Hintergrund, dass Lehrkräfte in aller Regel die Eltern nicht nur über das Fehlverhalten des Schülers informieren, sondern darüber hinaus auch zum Ausdruck bringen wollen, dass dieses Verhalten so nicht weiter hingenommen wird, sollte in dem Anschreiben – etwa in der **Überschrift** – ausdrücklich das Wort **Missbilligung** angeführt werden. Es kommt vor, dass Lehrkräfte hiergegen einwenden, dass man durch diese Wortwahl nicht unnötig »Öl ins Feuer gießen« will. Dieser Einwand überzeugt nicht. Wenn eine Verhaltensänderung des Schülers erwartet wird, sollte auch hinreichend deutlich zum Ausdruck gebracht werden, dass das bisherige Auftreten eben »missbilligt« wird. Über die Bedeutung des Anschreibens (als erzieherische Einwirkung) sollten die Eltern nach alledem nicht im Unklaren gelassen werden.

Zu berücksichtigen ist aus rechtlicher Sicht ferner, dass sich eine Missbilligung, wenn sie durch ein Anschreiben an die Eltern erfolgt, dem Verweis im Sinne des § 53 Abs. 3 Satz 1 Nr. 1 SchulG annähert, der aber eine Ordnungsmaßnahme darstellt. Der relevante Unterschied zwischen diesen beiden Maßnahmen liegt insbesondere darin, dass für den Verweis grundsätzlich der

Schulleiter zuständig ist (vgl. § 53 Abs. 6 Satz 1 SchulG), während die Missbilligung von jeder Lehrkraft ausgesprochen werden kann. Angesichts dessen wird dem Verweis gegenüber der Missbilligung des Fehlverhaltens ein höherer Grad an Missbilligung zugesprochen (vgl. Böhm, Grundkurs Schulrecht II, Seite 40). Durch die Überschrift (»Missbilligung«) können Lehrkräfte von vornherein deutlich machen, um welche Sanktion es sich im konkreten Fall handelt.

Bedenklich ist zudem, in einem an die Eltern gerichteten Anschreiben (nur) darauf hinzuweisen, dass der Schüler »wiederholt« den Unterricht gestört und sich »respektlos« verhalten hat. Wenn die Eltern auf ihr Kind erzieherisch einwirken sollen (vgl. § 53 Abs. 2 Satz 2 SchulG), ist es erforderlich, sie in Kenntnis von den konkreten Vorfällen zu setzen (*»Ihr Sohn Maximilian hat in der dritten Unterrichtsstunde am 21. August 2023 seine Mitschülerin Jasmin als dumme Schlampe beleidigt«*). Wenn in dem Anschreiben keine konkreten Tatsachen benannt sind, werden Schüler erfahrungsgemäß auf die Nachfrage ihrer Eltern, was in der Schule denn vorgefallen sei, antworten: *»Nichts.« oder »Ich weiß nicht, was die Lehrerin meint«* Vor dem Hintergrund, dass der Begriff »respektlos« zudem recht abstrakt ist, sollte den Eltern – wie soeben als Beispiel angeführt – möglichst genau mitgeteilt werden, in welcher Äußerung das konkret als respektlos beanstandete Verhalten gesehen wird (*»Jasmin, du dumme Schlampe«)*. Auch wenn in einem Anschreiben an die Eltern hervorgehoben wird, dass sich der Schüler »wiederholt« fehlverhalten habe, sollte (jedenfalls exemplarisch) angeführt werden, wann sich die letzten Vorfälle ereignet haben. Denn auch dieser Begriff (»wiederholt«) ist ungenau.

2. Wegnahme von Handys

Vielfach stellen sich Lehrkräfte die Frage, ob sie Schülern ihre Handys wegnehmen dürfen. Der Gesetzgeber hat diese Frage eindeutig beantwortet, indem er in § 53 Abs. 2 Satz 1 SchulG geregelt hat, dass Lehrkräfte »zeitweise Gegenstände wegnehmen« dürfen. Damit sind alle Gegenstände gemeint, mit denen der Unterricht gestört wird – natürlich auch Handys. In diesem Zusammenhang ist von besonderem Interesse, wie lange die Schule das Mobiltelefon einbehalten darf. In der maßgeblichen gesetzlichen Regelung (§ 53 Abs. 2 Satz 1 SchulG) ist eine **konkrete Zeitdauer** (»zeitweise«) nicht genannt. Juristen vertreten hierzu unterschiedliche Rechtsauffassungen. Zutreffend sind folgende

Grundsätze: Beim erstmaligen unerlaubten Gebrauch ist das Mobiltelefon am Ende der Unterrichtsstunde oder spätestens am Ende des Unterrichtstages zurückzugeben. Bei wiederholten Störungen soll es hingegen auch länger einbehalten und die Rückgabe (bei minderjährigen Schülern) mit einem Elterngespräch verbunden werden können. Dies folgt aus dem Grundsatz der **Verhältnismäßigkeit**, der es erlaubt, bei wiederholtem Fehlverhalten eines Schülers auch stärkere Sanktionen zu ergreifen, um ihn zu einer Besserung seines Verhaltens anzuhalten. Zudem ist im Gesetz (vgl. § 53 Abs. 2 Satz 2 SchulG) der Grundsatz verankert, dass bei wiederholtem Fehlverhalten eine schriftliche Information der Eltern erfolgen soll. Daraus kann gefolgert werden, dass Lehrkräfte bei einem wiederholten unerlaubten Handygebrauch das Recht haben, das Handy eben bis zu einem Elterngespräch einzubehalten. Nicht überzeugend ist die mitunter geäußerte Auffassung, ein Handy müsse immer (spätestens) am Ende eines Unterrichtstages an den Schüler herausgegeben werden, weil dieser ja auf dem Weg nach Hause unter Umständen in eine Notsituation geraten könne, in der er auf die Nutzung seines Handys angewiesen ist. Dem ist bereits entgegenzuhalten, dass es nach wie vor möglich ist, Hilfeleistungen auch in anderer Form (Ansprechen von Mitschülern, Aufsuchen bekannter sicherer Orte, etc.) in Anspruch zu nehmen. Es geht ja auch niemand davon aus, dass sich ein Schüler ernsthaft in Gefahr befindet, wenn beispielsweise der Akku leer ist, das Handy vergessen wurde oder beschädigt ist (Böhm, Der kommunikationsisolierte Schüler, SchuR 1-2, 2014; S. 8; Müller, Von Verwarnungen und Strafen gegen Schüler:innen, Schulmagazin 5-10, S. 23 f.). Das Verwaltungsgericht Berlin hat in seinem Urteil vom 4. April 2017, 3 K 797/15, betont, dass es die von Eltern eines Schülers geäußerte Meinung, das Einbehalten eines Handys über das Wochenende sei ein schwerer Grundrechtseingriff, nicht teilt. Dass der Entzug des Handys den Schüler vor erhebliche Probleme gestellt oder ihn in unzumutbarer Weise beeinträchtigt habe, sei nicht erkennbar gewesen.

Rechtlich bedenklich ist es allerdings, in der Schulordnung generell eine bestimmte Dauer des Einbehaltens des Handys festzulegen. Denn dies lässt die Umstände des jeweils zu beurteilenden konkreten Einzelfalles (Häufigkeit des Verstoßes, Einsichtigkeit des Schülers), auf die es entscheidend ankommt, unberücksichtigt.

Häufig erheben Schüler den Einwand, eine Lehrkraft dürfe das Handy nicht an sich nehmen, weil es ja schließlich »**mein Eigentum**« sei. Das ist juristisch gesehen Unsinn. Denn dadurch, dass eine Lehrkraft ein Mobiltelefon vorübergehend an sich nimmt, ändern sich ja die Eigentumsverhältnisse nicht; mit anderen Worten: Der Schüler bleibt Eigentümer des Handys, **lediglich die Besitzverhältnisse ändern sich** und gerade dies ist nun einmal von § 53 Abs. 2 Satz 1 SchulG gerechtfertigt. Nicht überzeugend ist auch der immer wieder erhobene Einwand von Schülern, Lehrkräfte dürften das Handy nicht herausverlangen, weil das Handy ihre »**Privatsphäre**« sei. Diese Auffassung ist schon deswegen unrichtig, weil die Schule in die Privatsphäre der Schüler aufgrund gesetzlicher Regelungen – wie hier die zeitweise Wegnahme von Gegenständen – eben zulässigerweise eingreifen darf.

Wenn der Schüler uneinsichtig ist und die Störungen des Unterrichts durch unerlaubte Nutzung seines Handy fortsetzt, obwohl sein Mobiltelefon bereits wiederholt einbehalten wurde, kann auch eine wirkungsvollere (Ordnungs-) Maßnahme ergriffen werden, um bei dem Schüler Einsicht und Besserung zu bewirken (vgl. Böhm, Der kommunikationsisolierte Schüler, SchuR 1-2, 2014, S. 8).

Zu beachten ist, dass das Handy im Falle einer Wegnahme sicher aufbewahrt wird und keinen Schaden erleidet. Das VG Kassel hat mit Urteil vom 28. April 2016, 1 K 1797/15, entschieden, dass die Aufbewahrung eines weggenommenen Handys in der hinteren Hosentasche keine sachgemäße Aufbewahrung darstellt. In diesem Fall hatte der Beamte beim Hinsetzen das Display des in seiner Gesäßtasche befindlichen Handys beschädigt.

Praxistipp:

Wenn das von Ihnen weggenommene Handy einen Schaden erleidet, kann der Schüler vom Land Nordrhein-Westfalen Schadensersatz verlangen. Der Dienstherr kann Sie selbst aber wiederum nur dann für den Schaden zur Verantwortung ziehen, wenn Sie vorsätzlich oder grob fahrlässig gehandelt haben. Dies wird eher selten der Fall sein. Sie sollten gleichwohl – insbesondere weil die Abgrenzung zwischen einfacher und grober Fahrlässigkeit nicht immer sicher vorhersehbar ist – darauf Acht geben, dass das Handy keinen Schaden nimmt und es unter Umständen im Schulsekretariat abgeben, um es dort sicher verwahren zu lassen.

Überdies können Lehrkräfte auch anordnen, dass die Handys **vor dem Unterrichtsbeginn am Lehrerpult »abzugeben«** sind. An eine solche Anordnung haben sich die Schüler zu halten, wie sich aus § 42 Abs. 3 Satz 3 SchulG ergibt.

Nun zu den weiteren erzieherischen Einwirkungen: Der **Ausschluss von der laufenden Unterrichtsstunde** darf sich nicht auf die nachfolgende Stunde erstrecken. Denn ein über die laufende Unterrichtsstunde hinausgehender Ausschluss ist nur als Ordnungsmaßnahme (und zwar als vorübergehender Ausschluss vom Unterricht für den verbleibenden Schultag) zulässig, die durch den Schulleiter oder ein hierzu beauftragtes Mitglied der Schulleitung beziehungsweise die Teilkonferenz auszusprechen ist (vgl. § 53 Abs. 3 Satz 1 Nr. 3 und § 53 Abs. 6 SchulG).

Praxistipp:

Es versteht sich von selbst, dass ein Lehrer einen Schüler nicht durch die Anwendung körperlicher Gewalt zwingen darf, den Klassenraum zu verlassen, nachdem er den Schüler von der laufenden Unterrichtsstunde ausgeschlossen hat. Für ein Herausziehen des Schülers aus dem Unterrichtsraum gibt es keine gesetzliche Ermächtigungsgrundlage (vgl. VG Münster, Urteil vom 19. April 2016, 13 K 2455/15.O).

Das Verwaltungsgericht Münster hat in der vorgenannten Entscheidung hervorgehoben, dass Lehrkräfte auch nicht auf der Grundlage des Hausrechts befugt sind, eine Aufforderung, den Klassenraum zu verlassen, mit Gewalt durchzusetzen. Dies gilt schon deshalb, weil das Hausrecht dem Schulleiter zusteht (vgl. § 59 Abs. 2 Satz 1 Nr. 6 SchulG). Zudem ist der von der Lehrkraft angewendete unmittelbare Zwang – der Lehrer nahm den 18jährigen Schüler eines Berufskollegs in den Schwitzkasten – mit einer hohen Eingriffsintensität verbunden, die nicht mit den pädagogischen Einwirkungen vergleichbar ist, die Lehrkräften nach § 53 Abs. 2 SchulG sonst zur Verfügung stehen. Hinzu kommt, dass die Ausübung von Gewalt auch unverhältnismäßig ist, weil es unwürdig ist, den Willen eines volljährigen Schülers durch körperlichen Zwang zu brechen (ausführlich hierzu Fall 28 »Der Schwitzkasten«).

Das Schulgesetz sieht ferner vor, dass der Schüler nach vorheriger Benachrichtigung seiner Eltern **zur Nacharbeit unter Aufsicht** verpflichtet werden kann. Diese Maßnahme dürfte insbesondere dann in Betracht kommen, wenn der Schüler durch unentschuldigtes Fernbleiben vom Unterricht oder unentschuldigtes verspätetes Erscheinen Lernstoff versäumt hat.

Den Schülern können ferner auch **Maßnahmen mit dem Ziel der Wiedergutmachung des angerichteten Schadens** auferlegt werden. Schließlich kann die **Beauftragung mit Aufgaben** erfolgen**, die geeignet sind, das Fehlverhalten zu verdeutlichen**. Hierzu kann gehören, dass einem Schüler, der Abfälle auf das Schulgelände wirft oder Schulgebäude mit Graffiti beschmiert, entsprechende Reinigungsaufgaben übertragen werden. Wenn Schüler – was nicht selten passiert – absichtlich neben Schultoiletten urinieren, können sie ebenfalls mit der Reinigung beauftragt werden. Hierin ist keinesfalls, insbesondere wenn dem Schüler Reinigungsmittel und Handschuhe überlassen werden, eine unwürdige Sanktion zu sehen. Im Gegenteil würde eine solche Maßnahme – nicht anders als die Säuberung des Schulhofs beim Wegwerfen von Abfall – im Zusammenhang mit dem Fehlverhalten des Schülers stehen und ihm vermutlich eindringlich vor Augen führen, dass ein solches Verhalten nicht toleriert wird. Bei diesen Fällen wird sich in aller Regel eher ein Problem dergestalt stellen, dass feststehen muss, welcher konkrete Schüler die Toilette tatsächlich verunreinigt hat. Eine bloße Vermutung reicht insoweit nicht aus. Sollte aber – etwa aufgrund von Aussagen von Mitschülern – feststehen, wer die Verunreinigungen (zum Beispiel das **Stopfen von Toilettenrollen in den Abfluss**) vorgenommen hat, können entsprechende Reinigungsaufgaben übertragen werden.

Bei Beleidigungen oder tätlichen Auseinandersetzungen kann einem Schüler im Übrigen auch aufgegeben werden, sich bei dem Opfer zu entschuldigen.

Praxistipp:

Zwischen den verhängten erzieherischen Einwirkungen und dem Fehlverhalten des Schülers muss ein Zusammenhang bestehen. Das wäre nicht der Fall, wenn einem Schüler die Reinigung des Schulhofes aufgegeben wird, obwohl seine Pflichtverletzung in der Störung des Unterrichts durch lautes Hereinrufen liegt.

Die erzieherischen Einwirkungen werden im Gesetz bewusst nicht als »Maßnahmen« bezeichnet, um sie klar von Ordnungsmaßnahmen abzugrenzen (vgl. Jülich, S. 165). Diese begriffliche Unterscheidung sollten Sie im Schulalltag nach Möglichkeit berücksichtigen.

Neben den in § 53 Abs. 2 SchulG aufgeführten Einwirkungen gibt es noch die Möglichkeit, dass der Schüler eine **Schulschiedsstelle** besucht. Dies kommt insbesondere dann in Betracht, wenn der betreffende Schüler auf Gespräche und Ermahnungen von Lehrkräften bisher nicht oder kaum eingegangen ist und zu erwarten ist, dass der Einfluss von Gleichaltrigen größere Wirkung auf ihn zeigt (Schulrechtshandbuch, § 53, Rn. 16). Die Schulschiedsstellen sind bei den Schulämtern angesiedelt. Dort sprechen drei Schüler aus verschiedenen Schulformen – beraten durch eine Fachkraft für Sozialarbeit – mit dem Schüler über sein Fehlverhalten, nehmen dazu Stellung und verhängen eine Sanktion. Als Sanktionen kommen unter anderem Sozialstunden, Handyverbot oder das Ausarbeiten eines Referates zu einem mit der Pflichtverletzung im Zusammenhang stehenden Thema in Betracht. Die Teilnahme an einer Sitzung einer Schulschiedsstelle ist **freiwillig**. Die Eltern des Schülers dürfen anwesend sein. Die Verhandlungen sind nicht öffentlich. Das Schüler-Team der Schiedsstelle hat die Grundlagen des Straf- und Schulrechts kennengelernt, Gesprächsführung trainiert und gelernt, mit Sanktionen adäquat auf Regelverletzungen zu reagieren. Diese Schüler sind erfahrungsgemäß besonders motiviert, anderen Kindern und Jugendlichen zu helfen, indem sie Rechts- und Verantwortungsbewusstsein schärfen und dazu klare Grenzen aufzeigen.

Nähere Informationen über die Arbeit der Schulschiedsstellen und die Orte, in denen sie eingerichtet sind, können Sie einer vom Ministerium für Schule und Bildung des Landes Nordrhein-Westfalen herausgegebenen Broschüre (»Schulschiedsstellen – Schülerinnen und Schüler setzen Grenzen«) entnehmen.

Das Schulgesetz sieht schließlich vor, dass bei wiederholtem Fehlverhalten eine schriftliche Information der Eltern erfolgen soll, damit die erzieherische Einwirkung der Schule vom Elternhaus unterstützt werden kann. Bei besonders häufigem Fehlverhalten einer Schülerin oder eines Schülers oder gemeinschaftlichem Fehlverhalten der Klasse oder Lerngruppe soll im Übrigen den Ursachen für das Fehlverhalten in besonderer Weise nachgegangen werden (vgl. hierzu § 53 Abs. 2 Sätze 2 und 3 SchulG). Im Gegensatz zu den Ordnungsmaßnahmen erfordert die Verhängung einer erzieherischen Einwirkung **kein besonderes förmliches Verfahren** (vgl. Schulrechtshandbuch, § 53, Rn. 4). Das heißt, dass es insbesondere keiner vorherigen Anhörung der Erziehungsberechtigten bedarf. Es wäre auch wenig effektiv, wenn beispielsweise vor einer Ermahnung zunächst den Eltern des betroffenen Schülers Gelegenheit zur Stellungnahme gegebenen werden müsste.

II. Ordnungsmaßnahmen

Das Gesetz nennt in § 53 Abs. 3 Satz 1 SchulG insgesamt sieben Ordnungsmaßnahmen:

(1) schriftlicher Verweis
(2) Überweisung in eine parallele Klasse oder Lerngruppe
(3) vorübergehender Ausschluss vom Unterricht von einem Tag bis zu zwei Wochen und von sonstigen Schulveranstaltungen
(4) Androhung der Entlassung von der Schule
(5) Entlassung von der Schule
(6) Androhung der Verweisung von allen öffentlichen Schulen des Landes
(7) Verweisung von allen öffentlichen Schulen des Landes

Der Gesetzgeber hat die Ordnungsmaßnahmen der Schwere nach aufgeführt. Der **schriftliche Verweis** greift dabei am wenigsten in die Rechte des betroffenen Schülers ein. In der Sache handelt es sich um einen Tadel beziehungsweise um eine Rüge des Fehlverhaltens. Bei minderjährigen Schülern ergeht der

Verweis an die Erziehungsberechtigten. Wenn der Schüler volljährig ist, nimmt er gemäß § 123 Abs. 2 SchulG die durch das Schulgesetz geregelten Rechte und Pflichten der Eltern selbst wahr. Dementsprechend ist der Verweis dann auch an ihn zu richten. Die **Überweisung in eine parallele Klasse oder Lerngruppe** kommt insbesondere in Betracht, wenn ein Schüler nicht unerheblich den Unterricht stört. Gegen diese Maßnahme haben die Schüler, Eltern und Lehrkräfte der Parallelklasse kein Vetorecht (vgl. Jehkul, § 53 Ziff. 3.3). Eine weitere Ordnungsmaßnahme stellt der **vorübergehende Ausschluss vom Unterricht** von einem Tag bis zu zwei Wochen und von sonstigen Schulveranstaltungen dar. Zu beachten ist hierbei, dass die Berechnung der Dauer des Unterrichtsausschlusses kalenderbezogen zu erfolgen hat, das heißt, dass ein Ausschluss von vierzehn Unterrichtstagen (der regelmäßig vierzehn Kalendertage überschreitet) nicht in Betracht kommt. Denn der Gesetzgeber hat in § 53 Abs. 3 Satz 1 Nr. 3 SchulG gerade nicht den Begriff »Unterrichtstage« verwendet (vgl. VG Düsseldorf, Beschluss vom 25. Februar 2004, 18 L 539/04).

Vor dem Hintergrund, dass in § 53 Abs. 3 Satz 1 Nr. 3 SchulG nur der Ausschluss vom Unterricht insgesamt geregelt ist, wäre es unzulässig, einen Schüler nur vom Besuch einzelner Unterrichtsstunden auszuschließen (vgl. Rux/Niehues, Rn. 422). Der vorübergehende Ausschluss vom Unterricht führt im Übrigen nicht dazu, dass der Schüler von der Pflicht befreit würde, den im Unterricht behandelten Stoff aufzuarbeiten oder an Klassenarbeiten oder sonstigen Prüfungen (für die ihm der Unterrichtsbesuch gestattet werden kann) teilzunehmen. Es liegt jedoch bei ihm, sich die erforderlichen Informationen zu beschaffen (Rux, Rn. 466).

Der Ausschluss kann sich auch auf sonstige Schulveranstaltungen, wie beispielsweise Klassenfahrten erstrecken. Anzumerken ist an dieser Stelle, dass die Wertung des Gesetzgebers, dass ein vorübergehender Unterrichtsausschluss aus Sicht des betroffenen Schülers schwerer wiegen soll, als die Überweisung in eine Parallelklasse, nicht überzeugt. Jedenfalls in der Regel dürften Schüler es als nachteiliger empfinden, dauerhaft aus dem Klassenverbund genommen zu werden, als wenige Tage dem Unterricht fernbleiben zu müssen. Soweit nach der Intention des Gesetzgebers die Ordnungsmaßnahmen in § 53 Abs. 3 Satz 1 SchulG der Schwere nach aufgeführt sein sollen, bestehen demnach hinsichtlich der Reihenfolge »Überweisung in eine Parallelklasse« und »vorübergehender Unterrichtsausschluss« Bedenken.

Wenn ein Schüler durch schweres oder wiederholtes Fehlverhalten die Erfüllung der Aufgaben der Schule oder die Rechte anderer ernstlich gefährdet oder verletzt hat, kann die Schule die **Androhung der Entlassung von der Schule** und schließlich auch die **Entlassung** selbst aussprechen. Zwar setzt die Entlassung eines Schülers grundsätzlich voraus, dass ihm diese zunächst angedroht worden ist. Je nach Art und Schwere des Fehlverhaltens und der Einsichtsfähigkeit des Schülers kann aber die »mildere« Ordnungsmaßnahme der Androhung der Schulentlassung auch übersprungen und unmittelbar die Entlassung ausgesprochen werden (zum Beispiel bei erheblichen Körperverletzungen gegenüber Mitschülern oder dem Handel mit Betäubungsmitteln auf dem Schulgelände). Mit der Entlassung von der Schule wird (lediglich) das Schulverhältnis zu der den Schüler entlassenden Schule beendet (vgl. § 47 Abs. 1 Nr. 9 SchulG), sodass der schulpflichtige Schüler auf einer anderen Schule beschult werden muss. Schließlich kann die obere Schulaufsichtsbehörde (dies ist gemäß § 88 Abs. 2 Satz 1 SchulG die Bezirksregierung) die **Androhung der Verweisung von allen öffentlichen Schulen** des Landes und die **Verweisung** aussprechen, wenn die Anwesenheit des Schülers aus Gründen der Sicherheit nicht weiter verantwortet werden kann.

B. Voraussetzungen für die Anwendung erzieherischer Einwirkungen und Ordnungsmaßnahmen

Um ein Fehlverhalten eines Schülers mit einer erzieherischen Einwirkung oder Ordnungsmaßnahme ahnden zu können, muss der Schüler eine ihm obliegende **Pflicht verletzt** haben (§ 53 Abs. 1 Satz 2 SchulG). Für erzieherische Einwirkungen und – soweit es die Ordnungsmaßnahmen betrifft – für den Verweis, die Überweisung in eine Parallelklasse und den vorübergehenden Unterrichtsausschluss reicht dies aus. Für schwerere Maßnahmen, also solche, die in die Rechte des Schülers stärker eingreifen, verlangt § 53 SchulG das Vorliegen zusätzlicher Voraussetzungen. So muss für die Androhung der Entlassung und die Schulentlassung ein »schweres oder wiederholtes Fehlverhalten« gegeben sein. Die Androhung der Verweisung von allen öffentlichen Schulen des Landes und die Verweisung selbst können schließlich nur ausgesprochen werden, wenn die Anwesenheit des Schülers aus Gründen der Sicherheit nicht verantwortet werden kann. Liegen diese Voraussetzungen vor, so ist weiter zu berücksichtigen, dass die Verhängung von erzieherischen Einwirkungen und Ordnungsmaßnahmen im **Ermessen** der Schule liegt. Dies bringt § 53 Abs. 1 Satz 2 SchulG zum Ausdruck, wonach die beiden Maßnahmen angewendet werden »**können**«, wenn ein Schüler seine Pflichten verletzt. Dies bedeutet, dass die Schule nicht verpflichtet ist, auf ein schulisches Fehlverhalten mit einer in § 53 SchulG aufgeführten Maßnahme zu reagieren. Schließlich darf die im Einzelfall ausgesprochene Maßnahme auch **nicht unverhältnismäßig** sein. Zur Veranschaulichung dieser Grundsätze dient die folgende Übersicht:

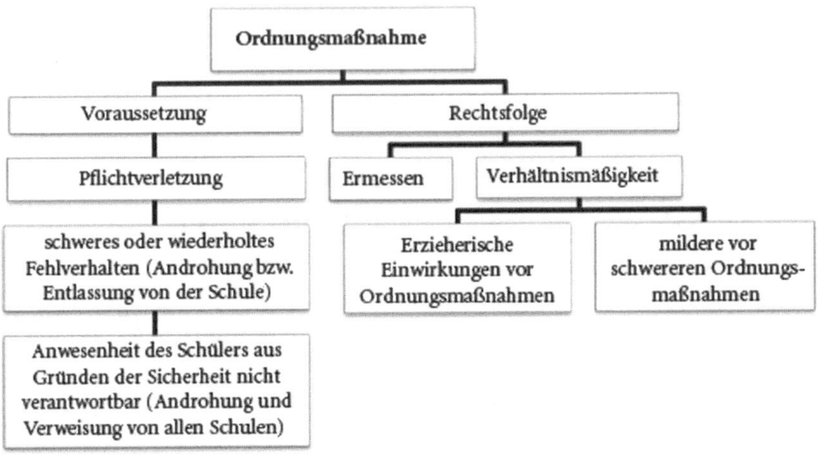

I. Pflichtverletzungen

Erzieherische Einwirkungen und Ordnungsmaßnahmen können nur dann angewendet werden, wenn ein Schüler seine Pflichten verletzt hat (§ 53 Abs. 1 Satz 2 SchulG). Die Pflichtverletzungen können ganz unterschiedlicher Art sein: Störungen des Unterrichts durch unentschuldigtes verspätetes Erscheinen oder unaufgefordertes Hereinrufen in den Unterricht, respektloses Verhalten gegenüber Mitschülern oder Lehrern, Tätlichkeiten, Beleidigungen und Sachbeschädigungen. Weil nicht jedes im Schulalltag auftretendes Fehlverhalten ausdrücklich als Pflichtverletzung in den schulrechtlichen Vorschriften benannt werden kann, findet sich in § 42 Abs. 3 SchulG eine **Generalklausel**.

§ 42 Abs. 3 SchulG:

Schülerinnen und Schüler haben die Pflicht daran mitzuarbeiten, dass die Aufgabe der Schule erfüllt und das Bildungsziel erreicht werden kann. Sie sind insbesondere verpflichtet, sich auf den Unterricht vorzubereiten, sich aktiv daran zu beteiligen, die erforderlichen Arbeiten anzufertigen und die Hausaufgaben zu erledigen. Sie haben die Schulordnung einzuhalten und die Anordnungen der Lehrerinnen und Lehrer, der Schulleitung und anderer dazu befugter Personen zu befolgen. Mit anderen Worten: **Schüler haben alles zu unterlassen, was den Unterricht stört.**

Anhand der nachfolgenden Fälle wird aufgezeigt, worin im Einzelnen ein Fehlverhalten liegen kann.

Fall 1: »Entlassung wegen sexualisierter Gewalt«

(VG Düsseldorf, Beschluss vom 17. Januar 2023, 18 L 92/23)

Ein Schüler einer Realschule hat seit seiner Aufnahme an dieser Schule am 1. August 2021 in zahlreichen Fällen und in sehr kurzer Abfolge Mitschüler beleidigt und bedroht. Nach den Feststellungen der Schule hat er Mitschüler geschlagen, unter anderem (mehrfach) in den Bauch. Mit einer Wasserflasche hat er zudem auf den Kopf und auf die Beine von Mitschülerinnen eingeschlagen. Einem weiteren Mitschüler hat er mit dem Tode gedroht. Sodann hat er eine

Mitschülerin sexuell beleidigt, in dem er ihr hinterherrief: »... geiler Arsch, zeig mal deinen Arsch, geiler Körper, schöne Kirschen, show me your Bunda! [Anmerkung des Verfassers: Hintern]«. Die Teilkonferenz hat am 16. November 2022 die Entlassung des Schülers und die sofortige Vollziehung dieser Maßnahme beschlossen. Die Bezirksregierung hat die Entlassung bestätigt. Zuvor (am 22. Juni 2022) hatte die Teilkonferenz dem Schüler bereits die Schulentlassung angedroht. Die Androhung basierte darauf, dass der Schüler am 8. Juni 2022 eine Mitschülerin zu Boden geworfen hatte und dies wie folgt kommentierte: »Ich nahm sie am Nacken, schmiss sie runter ... und dann habe ich ihr sehr weh getan.« Die Mitschülerin hatte eine Beule am Hinterkopf, eine blutende Schürfwunde am rechten Ellenbogen und sichtbare Würgemale am Hals. Die Eltern dieser betroffenen Mitschülerin haben vor kurzem angegeben, dass ihre Tochter im Juni 2022 keine Verletzungen davon getragen hätte und der Vorfall gar nicht stattgefunden habe.

Das Verwaltungsgericht hat diese **Entlassung** für **rechtmäßig** erachtet. Soweit der Schüler pauschal vorgetragen habe, er sei vor seinem beanstandeten Verhalten **provoziert** worden, rechtfertige dies nicht seine Gewaltausbrüche. Aus welchem Grund die Eltern der Mitschülerin fünf Monate nach dem Vorfall vom 8. Juni 2022 erklärt haben, dass sich der damalige Übergriff des Schülers gar nicht so ereignet habe, hat das Verwaltungsgericht nicht weiter aufgeklärt. Denn der Schüler habe in diesem Zusammenhang lediglich unsubstantiiert vorgetragen, es handele sich »um einen Betrugsfall« der Schule. Dieses Vorbringen wertete das Gericht angesichts der umfassenden Dokumentation des Vorfalls durch die Lehrkräfte als **bloße Schutzbehauptung**. Dies gelte insbesondere mit Blick darauf, dass es sich bei den **Aufzeichnungen von Lehrern** über schulische Vorgänge um dienstliche Unterlagen handele, denen eine **gesteigerte Beweiskraft** zukomme. Sie hätten kein geringeres Gewicht als eidesstattliche Versicherungen von Privatpersonen. Auch das weitere Vorbringen des Schülers begründe nicht die Rechtswidrigkeit der gegen ihn ausgesprochenen Entlassung von der Schule. So führte er weiter aus, er habe aufgrund des durch die Schule aufgebauten Drucks ein Burnout-Syndrom und bekomme ständig gespiegelt, er trage an allem die Schuld. Er nehme regelmäßig das Medikament Medikinet ein, sodass er während der Schulzeit »ruhig« sei. Das Hauptinteresse der Schule bestehe darin, ihn und seinen Zwillingsbruder »loszuwerden«. An der Schule herrschten unhaltbare Zustände, sie sei gänzlich »inkompetent«; zudem fänden seine

Beschwerden kein Gehör. Außerdem handele es sich nicht um sexuelle Belästigung, sondern vielfach um kindliche Schmeicheleien gegenüber gleichaltrigen Kindern, wobei er selbst ein altersgerechtes Verhalten zeige. Auch unter Berücksichtigung dieses Vortrags sei – so das Verwaltungsgericht – rechtlich nicht zu beanstanden, dass die Schule diesen Übergriffen entschieden entgegengetreten ist, zumal sich – was entscheidend ist – die betroffene Schülerin erheblich (sexuell) belästigt und bedroht gefühlt habe. Die einzelnen Vorfälle, insbesondere die massive und wiederholte körperliche Gewalt, seien durch schriftliche Aussagen von Schülern und Mitgliedern des Lehrkörpers belegt, sodass kein Zweifel daran bestehen könne, dass der Schüler durch die Art und Häufigkeit seiner Übergriffe die Erfüllung der Aufgaben der Schule, die Ordnung der Schule und die Rechte anderer ernstlich gefährdet und verletzt habe.

Die Schulentlassung sei auch **verhältnismäßig**. In § 53 Abs. 3 SchulG seien die schulischen Ordnungsmaßnahmen, beginnend mit dem schriftlichen Verweis und endend mit der Verweisung von allen öffentlichen Schulen des Landes, abgestuft in der Reihenfolge ihrer Belastung für dic Schüler aufgeführt. Aus dieser gesetzlichen Ausgestaltung und dem Grundsatz der Verhältnismäßigkeit folge, dass dem betroffenen Schüler gegenüber die am wenigsten in seine Rechte eingreifende Ordnungsmaßnahme anzuwenden sei, die noch geeignet, aber auch erforderlich sei, um die in § 53 Abs. 1 Satz 1 SchulG normierten Zwecke von Ordnungsmaßnahmen zu erreichen, nämlich die geordnete Unterrichts- und Erziehungsarbeit der Schule und den Schutz von Personen und Sachen zu gewährleisten. Hieraus folge umgekehrt aber auch, dass die Schule im Rahmen der ihr obliegenden Ermessensentscheidung je nach Art und Schwere des Fehlverhaltens und der Persönlichkeit des Schülers, insbesondere seiner Einsichtsfähigkeit, **mildere Ordnungsmaßnahmen gleichsam überspringen** und unmittelbar zu einer den Schüler stärker belastenden Ordnungsmaßnahme greifen dürfe. Zu berücksichtigen sei ferner, dass der Schule bei der Auswahl und Anwendung von Schulordnungsmaßnahmen und auch bei der Einschätzung der Erforderlichkeit der Maßnahme ein gerichtlich nur eingeschränkt überprüfbarer Spielraum eröffnet sei, weil die Entscheidung sich maßgeblich an pädagogischen Gesichtspunkten orientiere.

Im vorliegenden Fall sei die Entlassung zunächst geeignet, mit hinreichender Sicherheit den mit der Schulordnungsmaßnahme verfolgten Zweck – den

Schutz von Personen sowie die Fortsetzung einer geordneten Unterrichts- und Erziehungsarbeit der Schule – zu gewährleisten. Gegenteiliges folge nicht daraus, dass das zuständige Schulamt bereits mit Bescheid vom 7. Juli 2017 gemäß § 4 Abs. 4 AO-SF den sonderpädagogischen Förderbedarf mit dem **Förderschwerpunkt emotionale und soziale Entwicklung** festgestellt hatte. **Die bloße Feststellung und die entsprechende Förderung über mehr als vier Jahre impliziere nicht die Ungeeignetheit von Ordnungsmaßnahmen**. Die Verhängung von Ordnungsmaßnahmen scheide vielmehr nur dann aus, wobei gegebenenfalls Maßnahmen nach § 54 Abs. 4 SchulG in Betracht kommen, wenn eine Verhaltensstörung mit derartigem Krankheitswert vorliege, dass der Schüler sein Verhalten nicht kontrollieren und deshalb dafür nicht verantwortlich gemacht werden könne und aus diesem Grund die Ordnungsmaßnahme den ihr unter anderem zukommenden Zweck, nämlich eine Verhaltensänderung zu erreichen, von vorn herein nicht erfüllen könne.

Eine derartige Verhaltensstörung mit Krankheitswert habe bei dem Schüler aber nicht festgestellt werden können. Es sei ferner auch keine mildere Maßnahme ersichtlich, die gleichermaßen effektiv den Belangen der Schulgemeinschaft gerecht werden könnte. **Die sofortige Entlassung stelle das einzige sichere Mittel dar, um weiteres Fehlverhalten des Schülers und vor allem Gefährdungen der körperlichen Unversehrtheit seiner Mitschüler auszuschließen**. In diesem Zusammenhang ist zu beachten, dass der Schüler in der Vergangenheit mit einer ganzen Reihe von Verfehlungen aufgefallen sei. Der vorliegenden Maßnahme sei ein schriftlicher Verweis wegen heftiger verbaler und körperlicher Attacken gegenüber Mitschülern sowie wegen Regelverstößen im Unterricht vorausgegangen. Durch Beschluss der Teilkonferenz vom 22. März 2022 sei ein Ausschluss vom Unterricht wegen einer Wurfattacke gegenüber der Klassenlehrerin sowie Verstößen gegen die Haus- und Schulordnung ergangen. Schließlich habe die Teilkonferenz am 22. Juni 2022 die Androhung der Entlassung von der Schule ausgesprochen. Sämtliche Ordnungsmaßnahmen seien durch eine Reihe von erzieherischen Maßnahmen sowie Unterstützung und Beratung aufgrund des bestehenden sonderpädagogischen Unterstützungsbedarfs des Schülers ergänzt worden. Damit sei für ihn ersichtlich gewesen, dass erneute und – wie hier – massive Regelverstöße in Form von Gewalttätigkeiten die Entlassung zur Folge haben könnten. Zu Recht weist die Realschule in ihrem Entlassungsbescheid daher darauf hin, dass der Schutz der Mitschüler durch die bereits erfolgten Erziehungs- und Ordnungsmaßnahmen sowie der Androhung der Entlassung am 22. Juni 2022 nicht habe gewährleistet werden können. Durch die bisherigen Maßnahmen sei eine nachhaltige Verhaltensänderung nicht eingetreten, wobei auch keine Anhaltspunkte dafür ersichtlich seien, dass dies in absehbarer Zeit geschehen werde. Der Erziehungsauftrag der Schule – der gemäß §§ 42 Abs. 3 Satz 1, 2 Abs. 2 Satz 1 SchulG unter anderem darin bestehe, die Achtung vor der Würde des Menschen und die Bereitschaft zum sozialen Handeln zu wecken – erfordere es, auf derartige Übergriffe in einer für den Schüler tatsächlich spürbaren Weise zu reagieren. Dem Schüler sei zum Schutz der körperlichen und psychischen Integrität seiner Mitschüler mit der gebotenen Deutlichkeit vor Augen zu führen, dass sein Verhalten nicht tolerabel sei und konsequente schulische Maßnahmen nach sich ziehen würde. Denn dieses Verhalten habe bereits zu einer massiven Beeinträchtigung des Schulfriedens geführt, der nach nicht zu beanstandender Einschätzung der Realschule nur durch die Ordnungsmaßnahme der Entlassung wiederhergestellt werden könne.

Interessant an der hier dargestellten Entscheidung des Verwaltungsgerichts ist weiter, dass klar hervorgehoben wurde, dass neben der Entlassung als solcher auch die **sofortige Vollziehung** dieser Maßnahme ausgesprochen werden konnte. Das öffentliche Interesse an einer ungestörten Fortsetzung des Schul- und Unterrichtsbetriebes überwiege das Interesse des Schülers, weiterhin die Realschule zu besuchen. Dies beruhe insbesondere angesichts der Intensität und Häufigkeit der körperlichen Übergriffe durch den Schüler auf dem Erfordernis, die physische Unversehrtheit von Schülern und Lehrern zu schützen sowie den gestörten Schulfrieden wiederherzustellen.

Mit Beschluss vom 11. Januar 2023, 19 B 1187/22, hat das OVG NRW auch die Entlassung eines Schülers von einem Berufskolleg bestätigt, der einen Mitschüler mit **Trans-Identität** wiederholt beleidigt und ausgegrenzt hat. Zudem hat der Schüler den Unterricht dominiert, indem er Mitschülern Anweisungen gegeben, das Unterrichtsgeschehen kommentiert und Mitschüler nicht hat zu Wort kommen lassen. Durch sein einschüchterndes Verhalten hatte dieser Schüler in seiner Klasse zunehmend ein Klima der Angst und Spaltung herbeigeführt. Bedeutsam an dieser Entscheidung ist auch, dass das OVG NRW ausgeführt hat, dass die fehlende Bereitschaft des ausgegrenzten Schülers mit Trans-Identität zu einem Schlichtungsgespräch nicht das fortgesetzte Fehlverhaltens des »mobbenden« Schülers relativiert.

Fall 2: »Video mit pornographischem Inhalt«

(OVG NRW, Beschluss vom 17. Juni 2014, 19 B 679/14)

Eine neunjährige Schülerin der Jahrgangsstufe 3 einer städtischen Gemeinschaftsgrundschule hat in einem Zeitraum von etwa einer Woche in der Schule 14 Mitschülerinnen und Mitschülern ein zehnminütiges Video »mit stark jugendgefährdendem pornografischen Inhalt« gezeigt, das auf ihrem Smartphone gespeichert war. Die Schule hat daraufhin einen dreitägigen Unterrichtsausschluss sowie den Ausschluss der Schülerin von einer bevorstehenden viertägigen Klassenfahrt angeordnet. Im Nachgang zu dem verhängten Unterrichtsausschluss hat die betroffene Schülerin um verwaltungsgerichtlichen Rechtsschutz nachgesucht, um an der Klassenfahrt (»Herzenswunsch«) teilnehmen zu können.

Das OVG NRW hat hierzu festgestellt, dass die Schülerin durch das Zeigen des Videos ihre Pflicht verletzt habe, daran mitzuarbeiten, dass die erzieherischen Aufgaben der Schule erfüllt werden können (vgl. § 42 Abs. 3 SchulG). Die Schülerin müsse nämlich alles unterlassen, was eine geordnete Erziehungsarbeit störe. Diese Pflicht habe die Schülerin schwerwiegend verletzt. Die Schule habe den Auftrag, Schüler alters- und entwicklungsgemäß mit Fragen der Sexualität vertraut zu machen (vgl. § 33 SchulG). Das Verhalten der Schülerin sei geeignet gewesen, diesen Erziehungsauftrag der Schule und auch das Recht der Eltern betroffener Mitschüler auf Sexualerziehung ihres eigenen Kindes nachhaltig zu stören. Das aktive und insbesondere ungefragte und unvorbereitete Zeigen des 10minütigen Videos mit eindeutigen Sexpraktiken habe bei den betroffenen Mitschülern des dritten Jahrgangs zu einer verstörenden Konfrontation mit je nach Entwicklungsstand als bedrohlich erfahrenden Darstellungen führen können. Das OVG NRW hat weiter ausgeführt, dass der Ausschluss von der Klassenfahrt auch verhältnismäßig gewesen sei. Der Schulleiter sei insbesondere nicht verpflichtet gewesen, sich auf den Unterrichtsausschluss zu beschränken und von weiteren Ordnungsmaßnahmen Abstand zu nehmen. Die Entscheidung über die **Art der Ordnungsmaßnahme** und ihren **Umfang** habe die Schule in Ausübung des ihr obliegenden **pädagogischen Ermessens** je nach Art und Schwere des Fehlverhaltens und der Persönlichkeit des Schülers, insbesondere seiner Einsichtsfähigkeit zu treffen. Nach Maßgabe dieser Grundsätze sei der Ausschluss von der Klassenfahrt nicht zu beanstanden, zumal die Schülerin auch nicht in altersgemäßer Form zu ihrem Fehlverhalten gestanden habe.

Das Verwaltungsgericht Aachen hat mit Beschluss vom 13. März 2019 (9 L 297/19) entschieden, dass auch der **zweiwöchige Ausschluss** eines Schülers (aus der Jahrgangsstufe 7) vom Unterricht wegen **der Weiterverbreitung von extrem gewaltverherrlichenden und gewaltpornographischen Videos** unter seinen Mitschülern mittels des Klassenchats nicht unverhältnismäßig ist. In dem Fall ging es unter anderem um die Verbreitung von Videos, in denen Menschen hingerichtet worden sind.

Zu beobachten ist auch, dass vermehrt antisemitische Äußerungen von Schülern an Schulen bekannt werden. Zur Veranschaulichung dient der folgende Fall:

Fall 3: »Holocaustverharmlosung«

(VG Sigmaringen, Beschluss vom 14. November 2016, 4 K 4895/16)

Im Oktober 2016 unternahm die 12. Jahrgangsstufe eines Gymnasiums eine schulische Exkursion zu der Gedenkstätte Dachau. Über den Kurznachrichtendienst WhatsApp tauschten sich einige Schüler hierüber kurz zuvor aus. Dort fielen unterschiedliche Äußerungen, zum Beispiel:

> *»Hey stimmt es, dass jeder einmal auf den Gasknopf drücken darf?«*
> *»Davor muss die Dusche aber voll sein.«*
> *»Ja, da sind genug Missgeburten in der Stufe. Das geht schnell.«*
> *»Wieso gibt`s am KZ keinen Burger King?«*
> *»Weil es da schon McDonalds gibt.«*
> *»Aber ich habe gehört, dass ist mit Judenfleisch.«*
> *»An denen ist doch eh kein Gramm mehr dran.«*
> *»Gibt das dann nur eine 1-Stern-Bewertung?«*
> *»Na dann wünsch ich Euch allen einen juden Appetit.«*

Der volljährige Antragsteller hat diesen Chatverlauf mit folgendem Satz eingeleitet: »Hey nur eine Frage: da leben keine Juden mehr, ge?«. Er wurde daraufhin für 5 Tage vom Unterricht ausgeschlossen und darüber hinaus verpflichtet, in dieser Zeit eine Hausarbeit zum Thema Holocaust anzufertigen.

Das VG Sigmaringen hat hierzu festgestellt, dass der Beitrag des Antragstellers in der WhatsApp-Gruppe (»Hey nur eine Frage: Da leben keine Juden mehr, ge?« [»ge« ist hier im Sinne von »stimmt`s« zu verstehen, Anmerkung des Verfassers]) zu einer verbalen Eskalation in Gestalt von Äußerungen geführt hat, welche den **Holocaust verharmlosten** und dessen Opfer herabwürdigten und zum reinen Objekt der Belustigung machten. Ein solches Verhalten wie es sich in dieser Gruppenunterhaltung vollzog, stellt – gleich wie ernsthaft oder scherzhaft es gemeint gewesen sein mag – ein von der Rechtsordnung und Gesellschaft nicht hinnehmbares sowie sinn- und geschmackloses Verhalten dar, welches auch **nicht** als noch **zulässige**, verfassungsrechtlich geschützte **Ausübung der Meinungsfreiheit** oder als Ausübung der allgemeinen Handlungsfreiheit in Form eines »Witzes« bewertet werden kann. Denn Maßnahmen (wie auch der hier verfügte Unterrichtsausschluss), die der Gutheißung des nationalsozialistischen Regimes Grenzen setzen, können zulässigerweise die Meinungsfreiheit und die allgemeine Handlungsfreiheit einschränken. Das Gericht hat weiter ausgeführt, dass die sich selbst beantwortende Frage des Schülers, ob in Dachau noch Juden lebten, darauf gezielt haben dürfte, die Unterhaltung mit dem Verlauf und dem Inhalt, der ihr später zukam, hervorzurufen. Es müsste dem Schüler bei seinem Bildungs- und Entwicklungsstand als volljähriger Gymnasiast bewusst und für ihn auch vorhersehbar gewesen sein, dass die Unterhaltung den Verlauf nehmen würde, den sie sodann auch tatsächlich nahm. Insbesondere billigte der Schüler im weiteren Fortgang mit einem Tränen lachenden Smiley offenkundig die judenfeindlichen Äußerungen seiner Mitschüler. Sein Vortrag im Gerichtsverfahren, dass er selbst keine antisemitischen oder menschenverachtenden Äußerungen getätigt habe, lässt unberücksichtigt, dass er den Unterhaltsverlauf selbst in Gang gebracht hat.

Wenn Sie sich in diesem Zusammenhang die Fragen stellen, gegen welche konkrete *gesetzliche* Pflicht der Schüler in dem angeführten Fall verstoßen hat, dann ist der Blick wiederum auf § 42 Abs. 3 SchulG zu richten, wonach Schüler die Pflicht haben, daran mitzuarbeiten, dass die Aufgabe der Schule erfüllt und das Bildungsziel erreicht werden kann. Die Bildungs- und Erziehungsziele der Schule hat der nordrhein-westfälische Gesetzgeber insbesondere in § 2 SchulG aufgeführt. In dem dortigen Absatz 2 ist festgelegt worden, dass die **Achtung vor der Würde des Menschen** vornehmstes Ziel der Erziehung ist. Die Jugend soll unter anderem im Geist der Menschlichkeit, der Demokratie und der Freiheit, zur Duldsamkeit und zur Achtung vor der Überzeugung des anderen, zur Völkergemeinschaft und zur Friedensgesinnung erzogen werden. Diesen Erziehungszielen läuft eine Verharmlosung des Holocaust zuwider.

Es ist selbstverständlich, dass auch **rassistische Äußerungen gegenüber einem dunkelhäutigen Mitschüler** wie etwa

»Der Scheißnigger soll nicht meinen Bruder anfassen! Der soll froh sein, dass nicht mehr 1940 ist! Den Drecksnigger sollte man vergasen.«

im **absoluten Widerspruch zu dem Bildungs- und Erziehungsauftrag der Schule stehen** (vgl. zu der rechtlichen Bewertung dieser Äußerungen: VG Augsburg, Beschluss vom 14. September 2015, 3 E 15.1328). Das VG Augsburg hat in dieser Entscheidung folgenden Grundsatz betont: »**Letztlich gilt es, seitens der Schulleitung gerade in Fällen öffentlicher rassistischer Beleidigungen das deutliche Signal gegenüber der gesamten Schülerschaft zu setzen, dass ein solches Verhalten absolut inakzeptabel ist und zeitnahe schulrechtliche Konsequenzen nach sich zieht.**«

Fall 4: »Antisemitische Äußerungen«

(VG Düsseldorf, Beschluss vom 17. Mai 2017, 18 L 2294/17)

Ein Schüler einer Gesamtschule hat in das von einem Mitschüler mitgebrachte Witzebuch sinngemäß hineingeschrieben, »Als Adolf Hitler im Judengefängnis ist, zieht ihm ein kleines Mädchen am Mantel und sagt: > Hör mal. Ich habe morgen Geburtstag.< Darauf sagt Hitler: > Ich glaube nicht.<.« Die Teilkonferenz hat den Schüler daraufhin für die Dauer von acht Unterrichtstagen vom Unterricht ausgeschlossen.

Das Verwaltungsgericht hat den Unterrichtsausschluss für rechtmäßig gehalten und ausgeführt, dass die Schüler die Pflicht haben, an der Erreichung des Bildungsziels mitzuwirken (vgl. § 42 Abs. 3 SchulG). Ein Erziehungsziel der

Schulen sei es, den Schülern die **Achtung vor der Würde des Menschen** nahezubringen. § 2 Abs. 2 SchulG würde dies ausdrücklich vorsehen. In dieser Vorschrift heißt es weiter, dass die Jugend im Geist der Menschlichkeit, der Demokratie und der Freiheit, zu Duldsamkeit und zur Achtung vor der Überzeugung des anderen erzogen werden solle. Zwar hätten Schüler gemäß § 45 Abs. 1 SchulG das Recht, in der Schule ihre Meinung frei zu äußern. Jedoch dürften durch die Ausübung dieses Rechts der Bildungs- und Erziehungsauftrag der Schule, insbesondere die Durchführung des Unterrichts, sowie die Rechte anderer nicht beeinträchtigt werden (vgl. § 45 Abs. 2 SchulG). Das Verwaltungsgericht hat darauf hingewiesen, dass diese »Witze« auch unter Berücksichtigung der besonderen Sensibilität dieses Themas in Deutschland die Erziehungsziele konterkarierten. Darüber hinaus seien sie auch geeignet, den Schulfrieden zu stören. Den Unterrichtsausschluss hat das Verwaltungsgericht auch deswegen für verhältnismäßig erachtet, weil der Schüler bereits zuvor durch mehrere Vorfälle aufgefallen war. So hatte er mit zwei Fingern an der Oberlippe ein Hitlerbärtchen geformt, Mitschüler als »illegale Flüchtlinge« und »Ayse« beschimpft und im Unterricht eine Äußerung mit »ich vergase« getätigt. Die Schule sei auch nicht gehalten gewesen, mildere Ordnungsmaßnahmen oder lediglich eine Erziehungsmaßnahme zu ergreifen. Dass sich der Schüler nicht allein von Erziehungsmaßnahmen beeindrucken lasse, habe sich daran gezeigt, dass es trotz entsprechender Mahnungen nach den zuletzt genannten Vorfällen (Hitlerbärtchen und antisemitische Äußerungen), die auch jeweils den Eltern mitgeteilt worden seien, zu den Eintragungen in dem Witzebuch des Mitschülers gekommen sei. Der Schüler habe zwar angegeben, dass er seit ungefähr einem halben Jahr zweimal wöchentlich an einer individualpädagogischen Maßnahme eines Erziehungsvereins teilnehme. Dies ändere nach der Entscheidung des Verwaltungsgerichts aber nichts an der Rechtmäßigkeit des Unterrichtsausschlusses. Denn auch diese Maßnahme habe den Schüler gerade nicht davon abgehalten, antisemitische »Witze« in das Buch eines Mitschülers niederzuschreiben. Dem Schüler sei daher mit der gebotenen Deutlichkeit vor Augen zu führen, dass ein solches Verhalten nicht tolerabel sei und konsequente schulische Maßnahmen nach sich ziehe. Mit dem vorübergehenden Unterrichtsausschluss lasse sich das von der Schule ausdrücklich verfolgte Ziel, dass der Schüler sein Verhalten reflektiere, deutlich besser erreichen als mit einem (bloßen) Verweis. Gleiches gelte auch im Verhältnis zu einer möglichen Überweisung in eine Parallelklasse.

Das Verwaltungsgericht hat im Übrigen entschieden, dass allein der Umstand, dass die Schule die vorangegangenen Vorfälle (Hitlerbärtchen und antisemitische Äußerungen) nicht zum Anlass für Ordnungsmaßnahmen genommen habe, nicht die Annahme rechtfertige, dass der nunmehr wegen der Eintragungen in das Witzebuch ausgesprochene Unterrichtsausschluss unverhältnismäßig sei, weil es sich nicht um die »leichteste« Ordnungsmaßnahme (nämlich den Verweis) handele. Denn die Häufung beziehungsweise permanente Wiederholung eines Fehlverhaltens könne dazu führen, dass nicht nur der Erlass der mildesten, sondern einer einschneidenderen Ordnungsmaßnahme erforderlich sei.

Immer häufiger berichten Lehrkräfte darüber, dass **Fotos** oder Videoaufnahmen von Ihnen ohne ihr Einverständnis – etwa über WhatsApp oder Snapchat – **verbreitet** werden. Schülern ist in diesem Zusammenhang die Schwere ihres Fehlverhaltens regelmäßig nicht bewusst. Sie greifen nämlich in kein geringeres Recht als das **Allgemeine Persönlichkeitsrecht der Lehrkräfte** ein, das durch Art. 2 Abs. 1 und Art. 1 Abs. 1 des Grundgesetzes geschützt wird.

Fall 5: »Veröffentlichung eines Videos über eine Unterrichtssequenz bei Facebook«

(OVG NRW, Beschluss vom 17. September 2014, 19 B 985/14)

Ein Schüler einer Klasse der Jahrgangsstufe 8 einer Gesamtschule hat mit seinem Handy eine Videoaufnahme von seiner Klassenlehrerin im Unterricht angefertigt, als diese gerade einen Mitschüler laut und heftig gemaßregelt hat. Dabei war der Anlass für diese Maßregelung, nämlich dass der Mitschüler die Lehrerin seinerseits unerlaubt mit dem Handy fotografiert hatte, selbst im Video nicht erkennbar. Der Schüler hat das von ihm erstellte Video sodann auf seiner Facebook-Seite eingestellt. Die betroffene Lehrkraft war daraufhin über Tage hinweg unangemessenen Bemerkungen von Schülern der eigenen Klasse und aus anderen Jahrgangsstufen ausgesetzt. Die Schule hat in der Folge die Überweisung des Schülers in eine Parallelklasse und einen fünftägigen Unterrichtsausschluss ausgesprochen.

Das OVG NRW hat diese Maßnahmen für rechtsfehlerfrei gehalten. Die Pflichtverletzung hat es darin gesehen, dass der Kläger verbotswidrig eine Videoaufnahme von seiner Klassenlehrerin erstellt habe. Die Klassenlehrerin hatte zuvor einen anderen Mitschüler aufgrund eines von diesem angefertigten Fotos wegen der Verletzung ihres **Rechts am eigenen Bild** gemaßregelt. Mit dem Erstellen des Videos und dem Einstellen des Videos auf der Facebook-Seite habe der Kläger bewusst gerade gegen dieses schulische Verbot (keine Foto- bzw. Videoaufnahmen im Unterricht anzufertigen) verstoßen und dabei die hiermit im Zusammenhang stehende Zurechtweisung der Klassenlehrerin der Lächerlichkeit preisgegeben. Überdies habe der Kläger das allgemeine Persönlichkeitsrecht der Klassenlehrerin schwer verletzt. Angesichts der Schwere dieses Pflichtverstoßes, der Störung des Schulfriedens und vor dem Hintergrund, dass der Kläger keine **Einsicht in sein Fehlverhalten** gezeigt und die Klassenlehrerin auch nicht um Entschuldigung gebeten habe (wobei ein **bloßes »Lippenbekenntnis« nicht ausreichend** sei), sei die Überweisung in die Parallelklasse neben dem vorübergehenden Unterrichtsausschluss, gegen den der Schüler im Übrigen gerichtlich nicht vorgegangen sei, verhältnismäßig gewesen. Es habe ein generalpräventives Bedürfnis für die Überweisung des Schülers in die Parallelklasse bestanden. Ein solches Bedürfnis würde in aller Regel bestehen, wenn ein Schüler ein kompromittierendes Foto oder Video von einem Lehrer mit dem Vorsatz in ein soziales Netzwerk einstelle, dessen Ansehen vor der Schulöffentlichkeit und gegebenenfalls auch außerhalb der Schule herabzuwürdigen.

Das OVG NRW hat weiter ausgeführt, dass die Schule sich nicht mit dem vorübergehenden Unterrichtsausschluss begnügen musste. Denn ein auf eine Woche begrenzter Unterrichtsausschluss sei für die interessierte Schulöffentlichkeit heute allenfalls noch aus der Erinnerung heraus wahrnehmbar, während der Klassenwechsel des Schülers langfristig bei den Mitschülern, Lehrern und Eltern das Bewusstsein schärfe, dass die Schule gegen unerlaubte kompromittierende **Facebook-Veröffentlichungen** konsequent einschreite und damit dem Persönlichkeitsrecht Betroffener Priorität einräume.

———

Praxistipp:

In diesem Zusammenhang soll noch darauf hingewiesen werden, dass es – was an sich selbstverständlich sein sollte – auch Lehrkräften untersagt ist, ohne Einwilligung der Schüler beziehungsweise ihrer Eltern **Fotoaufnahmen von Schülern** anzufertigen. Das Anfertigen von Lichtbildern ist auch nicht gerechtfertigt, »um sich die Namen der Schüler besser einprägen« zu können. Ein solches Verhalten stellt eine Dienstpflichtverletzung dar, die disziplinarrechtlich geahndet werden kann (vgl. OVG NRW, Beschluss vom 7. Juli 2016, 3d A 1203/16.O).

— — —

Fall 6: »Alkohol auf der Klassenfahrt«

(VG Düsseldorf, Urteil vom 17. Juni 2009, 18 K 1448/09)

Der Kläger ist Schüler der Jahrgangsstufe 10 eines Gymnasiums. Im März 2007 ist ihm die Entlassung von der Schule angedroht worden. Verbunden war diese Androhung mit der erzieherischen Maßnahme der Teilnahme an einer Beratung zum Thema: »Alkoholmissbrauch«. Zur Begründung hat die Schule ausgeführt, der Kläger habe auf dem Schulweg vor Unterrichtsbeginn alkoholische Getränke gekauft und konsumiert. Am darauffolgenden Tag habe er sich im Politikunterricht in der sechsten Unterrichtsstunde erneut am Alkoholkonsum beteiligt. Gegen die Androhung der Schulentlassung ist der Kläger gerichtlich nicht vorgegangen. Im September 2008 nahm er an einer fünftägigen Klassenfahrt teil. Im Vorfeld der Klassenfahrt wurde den Eltern und den Schülern folgende Verhaltensregel mitgeteilt:

»Einhaltung des Jugendschutzgesetzes und des Schulgesetzes: generelles Verbot von Alkohol, Nikotin, Drogen und Waffen.«

Der Kläger und seine Mutter erklärten, dass sie diese Verhaltensregeln akzeptieren. Auf der Klassenfahrt hat der Kläger zusammen mit Mitschülern gleichwohl an einer Tankstelle Alkohol gekauft und anschließend getrunken. Daraufhin ist der Kläger von der Schule entlassen worden. Die Schule hat zur Begründung unter anderem angegeben, dass der Kläger zum wiederholten Male in gravierender Art und Weise gegen die Haus- und Schulordnung verstoßen habe, wonach der Konsum von Alkohol auf dem Schulgelände verboten sei. Der Kläger hat gegen die Schulentlassung Klage erhoben und vorgetragen, die Schulentlassung sei unverhältnismäßig. Davon abgesehen erstrecke sich das in der Schulordnung geregelte Alkoholverbot nur auf das Schulgelände, wozu das Schullandheim nicht gehöre. Zudem habe kein exzessiver Konsum von Alkohol stattgefunden, weil er an zwei Abenden insgesamt nur drei Dosen Bier (je 0,33 Liter) getrunken habe.

Das Verwaltungsgericht hat die Klage abgewiesen und ausgeführt, die Schulentlassung setze voraus, dass der Schüler durch schweres oder wiederholtes Fehlverhalten die Erfüllung der Aufgaben der Schule verletzt habe (§ 53 Abs. 4 Satz 1 SchulG). Diese Voraussetzungen seien hier erfüllt. Aus § 42 Abs. 3 SchulG folge, dass der Schüler die Pflicht habe, an der Aufgabenerfüllung der Schule und der Erreichung des Bildungszieles mitzuwirken. Dabei müsse er die Schulordnung einhalten und Anordnungen der Lehrer befolgen. Hiervon ausgehend habe ein Schüler alles zu unterlassen, was eine geordnete Unterrichts- und Erziehungsarbeit hindere. Gegen diese Pflichten habe der Kläger mehrfach verstoßen, weil er entgegen der zur Durchführung der Klassenfahrt getroffenen Vereinbarung wiederholt Alkohol konsumiert habe. Vor dem Hintergrund, dass die Schule ein **generelles Alkoholverbot** ausgesprochen habe, sei die Menge des konsumierten Alkoholkonsums unerheblich. Abwegig sei die Auffassung des Klägers, dass das generelle Alkoholverbot stillschweigend durch den behaupteten Alkoholkonsum der die Klassenfahrt begleitenden Lehrkräfte aufgehoben worden sei. Die Entlassung von der Schule sei schließlich verhältnismäßig, auch wenn sie empfindlich in die Rechte des betroffenen Schülers eingreife und mit nicht unerheblichen Nachteilen für ihn verbunden sei. Die Entscheidung über die Entlassung habe sich nämlich daran auszurichten, ob ein Verbleiben des Schülers an der betreffenden Schule im Hinblick auf die unbeeinträchtigte Erfüllung des Bildungs- und Erziehungsauftrages oder wegen des Schutzes Dritter, etwa der Mitschüler, nicht mehr hingenommen werden könne und ob dem Schüler in dieser Deutlichkeit vor Augen geführt werden müsse, dass sein Verhalten nicht weiter geduldet werden könne. Das VG Düsseldorf hat hierzu ausgeführt, dass die wiederholten Verfehlungen des Klägers im Umgang mit Alkohol und die Erfolglosigkeit der früheren

Ordnungs- und Erziehungsmaßnahme über das hinausgehen würden, was die Schule noch ohne Entlassung hinnehmen müsse, so dass die Schulentlassung im Ergebnis rechtmäßig gewesen sei.

– – –

Das Verwaltungsgericht Münster hat mit Beschluss vom 13. Juni 2018, 1 L 611/18, ausgeführt, dass der Ausschluss einer Schülerin von einer einwöchigen **Schüleraustauschfahrt nach Frankreich** in der Jahrgangsstufe 8 wegen **Alkoholkonsums** in der Schule rechtmäßig ist. Die Schülerin hatte neun Tage vor Beginn der Austauschfahrt eine Flasche Wodka mit in die Schule gebracht, dort gemeinsam mit Mitschülerinnen mit Orangensaft gemischt und konsumiert. Damit hat sie gegen das Alkoholverbot (vgl. § 54 Abs. 5 SchulG) verstoßen. Zwar trifft der Ausschluss von der Fahrt nach Frankreich die Schülerin spürbar, aber nicht unangemessen hart. Das Verwaltungsgericht hat in diesem Zusammenhang berücksichtigt, dass gegen die Schülerin zuvor bereits eine mildere Ordnungsmaßnahme in Form der Überweisung in eine andere Lerngruppe ergangen ist, die aber offenbar keine nachhaltige Wirkung entfaltet hat. Darüber hinaus stellt der Verstoß gegen das schulische Alkoholverbot eine **gravierende Pflichtverletzung** dar, zumal hier mit Wodka ein nach der Wertung des Schulgesetzes (vgl. § 54 Abs. 5 Satz 3 SchulG: »Für branntweinhaltige Getränke und sonstige Rauschmittel ist keine Ausnahme möglich.«) besonders verpöntes Getränk mitgebracht und konsumiert wurde. Im Übrigen erscheint die von der Schule ergriffene Ordnungsmaßnahem gerade vor dem Hintergrund angemessen, dass die Schüler im Rahmen des Austausches in französischen Gastfamilien untergebracht werden und damit zeitweilig der unmittelbaren Aufsicht der mitfahrenden Lehrkräfte entzogen sind; unter diesen Umständen muss eine besondere Gewähr für das grundsätzlich pflichtgemäße Verhalten der Schüler bestehen, die die Schülerin hier nicht geboten hat.

– – –

Unter Umständen kann im Vorfeld einer Klassenfahrt Unklarheit darüber bestehen, ob ein Schüler Anweisungen von Lehrern einhalten wird. Sollte ein Schüler auf eine entsprechende Nachfrage **schweigen**, dürfen Lehrer dies unter Berücksichtigung der Umstände des Einzelfalles als Verneinung verstehen. Denn wenn ein Schüler die Bereitschaft hat, von Lehrern aufgestellte Regeln zu befolgen, kann er dies ohne weiteres auch bekunden. Hierzu ist er aufgrund seiner Mitwirkungspflicht aus § 42 Abs. 3 SchulG im Übrigen auch verpflichtet (OVG NRW, Beschluss vom 27. Juni 2012, 19 B 769/12).

— — —

Schüler verletzen auch dann ihre Pflichten, wenn sie gegen das **Rauchverbot** verstoßen. Gemäß § 54 Abs. 6 SchulG bestimmt sich das Rauchverbot an Schulen nach den Vorschriften des Nichtraucherschutzgesetzes. Danach gilt auf dem gesamten Schulgrundstück ein Rauchverbot. Dieses Verbot gilt auch für schulische Veranstaltungen außerhalb des Schulgrundstücks (vgl. § 3 Abs. 1 des Nichtraucherschutzgesetzes). Auch das **Rauchen einer E-Sisha** auf dem Schulgelände kann eine Pflichtverletzung darstellen, die die Verhängung von Ordnungsmaßnahmen zur Folge hat. Zwar erfasst das Nichtraucherschutzgesetz nach der Auffassung des OVG NRW das Rauchen von E-Sishas nicht (vgl. Urteil vom 4. November 2014, 4 A 775/14). Darauf kommt es aber nach der Rechtsprechung des VG Düsseldorf (vgl. Beschluss vom 25. Februar 2015, 18 L 562/15) nicht an, weil die Nutzung von E-Sishas jedenfalls ungesund sei. Die Folgen eines längeren und intensiven Konsums seien noch nicht hinreichend erforscht. Zudem bestünde die dringende Gefahr der Verharmlosung des Rauchens von Nikotin und gefährlicheren Stoffen. Das Rauchen von E-Sishas könne im Übrigen einen Einstieg in späteren Nikotin-Konsum erleichtern. Es würde aber dem verfassungsrechtlichen Schutzauftrag der Schule entsprechen, nicht nur minderjährige Schüler an einer Selbstgefährdung mit allen Mitteln zu hindern, sondern auch einer negativen Vorbildwirkung entgegen zu wirken. Das Rauchen von E-Sishas in der Schule durch minderjährige Schüler verstoße daher auch ohne ausdrücklich hierauf bezogenes Verbot jedenfalls gegen den Erziehungsauftrag in § 2 Abs. 6 Nr. 8 SchulG, wonach Schüler insbesondere lernen sollen, sich gesund zu ernähren und gesund zu leben.

— — —

Wenn Schüler während der Unterrichtszeit unerlaubt an Streiks teilnehmen (sog. **Schülerstreiks**), verletzen sie ihre in § 43 Abs. 1 Satz 1 SchulG geregelte Pflicht zur Unterrichtsteilnahme. Der Runderlass des Ministeriums für Schule und Weiterbildung vom 29. Mai 2015 (ABl. NRW. S. 354) hebt unter Ziffer 1.2 hervor, dass Schülerstreiks oder von Eltern veranlasste Schulstreiks unzulässig sind. Zwar wird das Recht von Schülern, an öffentlichen Versammlungen, Demonstrationen, Protestzügen oder Mahnwachen teilzunehmen, von dem Grundrecht auf Versammlungsfreiheit (Art. 8 Abs. 1 GG) geschützt. Dieses Recht wird für Schüler aber durch den ebenfalls mit Verfassungsrang ausgestatteten staatlichen Bildungs- und Erziehungsauftrag (vgl. Art. 7 GG) begrenzt. Volljährige Schüler beziehungsweise die Eltern bei minderjährigen Schülern haben aber die Möglichkeit, einen Antrag auf **Beurlaubung** bei der Schulleitung gemäß § 43 Abs. 4 SchulG zu stellen. Dies setzt allerdings das **Vorliegen eines wichtigen Grundes** voraus. Der angeführte Erlass führt als Beispiel unter anderem die Teilnahme an politischen Veranstaltungen (z.B. Bildungsarbeit der Parteien, der Gewerkschaften oder ihnen nahestehender Organisationen) auf. Diese Aufzählung ist aber, wie das Wort »insbesondere« in Ziffer 3. des Erlasses zum Ausdruck bringt, nicht abschließend. Grundsätzlich denkbar ist daher auch eine Beurlaubung wegen der beabsichtigten Teilnahme an einer Demonstration.

II. Corona-Rechtsprechung

Das Auftreten der **Corona-Pandemie** hat auch Schulen und Schulaufsichtsbehörden vor enorme Herausforderungen gestellt. Zur Eindämmung des Virus hatte sich die nordrhein-westfälische Landesregierung dazu entschlossen, in fortlaufend aktualisierten Rechtsverordnungen (**Coronaschutzverordnungen und Coronabetreuungsverordnungen)** verschiedene Pflichten von Schülern festzuschreiben. Vor dem Hintergrund, dass kaum absehbar ist, ob sich eine vergleichbare pandemische Lage wieder einstellt, soll im Folgenden auf zentrale Regelungen und Gerichtsentscheidungen zu diesem Themenbereich eingegangen werden. Im Übrigen stellen sich in diesem Kontext auch Fragen, beispielsweise nach der Aussagekraft ärztlicher Atteste (zum Tragen von Masken), die auch außerhalb der Corona-Rechtsprechung relevant sind.

Die Corona-Bestimmungen sahen zuletzt noch vor, dass in Schulen **Testungen** grundsätzlich **anlassbezogen im Wege der freiwilligen Selbsttestung** der Schüler **im häuslichen Umfeld** erfolgen sollten (§ 6 der Coronaschutzverordnung in einer inzwischen außer Kraft getretenen Fassung). Bei Unterrichtsveranstaltungen und Betreuungsangeboten in der Schule hat die verantwortliche Lehr- oder Betreuungsperson zudem die weitere Teilnahme von Schülern, die offenkundig typische Symptome einer Atemwegsinfektion aufwiesen, vom negativen Ergebnis eines unter Aufsicht durchgeführten Coronaselbsttests abhängig gemacht. Auf den Test wurde verzichtet, wenn eine Bestätigung vorlag, dass ein Test mit negativem Ergebnis am selben Tag vor dem Schulbesuch im häuslichen Umfeld durchgeführt worden ist. Die Bestätigung musste bei minderjährigen Schülern durch mindestens eine sorgeberechtigte Person erfolgen, bei volljährigen Schülern konnte die Bestätigung auch durch diese selbst erfolgen. Nur bei einer offenkundigen, deutlichen Verstärkung der Symptome erfolgte eine erneute Testung in der Schule.

Das OVG NRW hat die für Schulen geltenden Testregelungen für rechtmäßig erachtet. Es hat unter anderem in dem Beschluss vom 29. März 2022, 13 B 1441/21, ausgeführt, dass die zugelassenen **Tests gesundheitlich unbedenklich** sind. Zudem sei auch nicht ersichtlich, dass eine ordnungsgemäße Anwendung der Tests durch die Schüler nach Anleitung und unter Aufsicht schulischen Personals nicht gewährleistet sein sollte, zumal die Anwendung regelmäßig erfolgt und damit zur Routine geworden sein dürfte. Der bei einem Selbsttest nur vorzunehmende Abstrich im vorderen Nasenbereich birgt auch nicht die Gefahr schwerwiegender Verletzungen. Das Gericht hat ferner festgestellt, das auch der mitunter erfolgte Verweis auf eine hohe Quote falsch positiver Testergebnisse die Rechtmäßigkeit der Tests nicht in Frage stelle. Denn die Tests würden dennoch dabei helfen, tatsächlich infizierte Schüler zu identifizieren. Zum anderen werde das Ergebnis bei positiv getesteten Schüler durch einen PCR-Test kontrolliert, sodass zeitnah festgestellt werde, ob ein Schüler tatsächlich infiziert sei.

Die zuvor in der Coronabetreuungsverordnung geregelte **Maskenpflicht** gilt ebenfalls nicht mehr. Danach waren von allen Personen innerhalb von Schulgebäuden medizinische Masken (sog. **OP-Masken**) zu tragen. Dies galt aber unter anderem nicht

- für Personen, die aus **medizinischen Gründen** keine Maske tragen konnten; das Vorliegen der medizinischen Gründe war durch ein ärztliches Zeugnis nachzuweisen, welches auf Verlangen vorzulegen war,
- soweit Schülerinnen und Schüler **bis zur Klasse 8** und insbesondere im Bereich der **Primarstufe** aufgrund der Passform keine medizinische

Gesichtsmaske tragen konnten; in diesen Fällen war ersatzweise eine Alltagsmaske (textile Mund-Nasen-Bedeckung einschließlich Schals, Tücher oder ähnliches) zu tragen,
- für Schülerinnen und Schüler, während der **Pausenzeiten** zur Aufnahme von Speisen und Getränken, wobei ein Mindestabstand von 1,5 Metern einzuhalten war, wenn sie dabei nicht auf ihren Sitzplätzen saßen oder sich innerhalb der derselben Bezugsgruppe in anderen Räumen (zum Beispiel in Schulmensen) aufhielten,
- für **immunisierte Lehrkräfte**, immunisierte Betreuungskräfte und sonstiges immunisiertes Personal im Unterrichtsraum sowie bei Konferenzen und Besprechungen ohne Beteiligung von externen Personen, wenn ein Mindestabstand von 1,5 Metern zu den anderen Personen eingehalten wurde,
- wenn die verantwortliche Lehr- oder Betreuungskraft ausnahmsweise festgestellt hat, dass das Tragen einer Maske in Innenbereichen zeitweise oder in bestimmten Unterrichtseinheiten **mit den pädagogischen Erfordernissen und den Zielen des Unterrichts nicht vereinbar** war, sowie im Rahmen von Betreuungsangeboten mit wenigen Personen in ausreichend großen Räumlichkeiten; in diesen Fällen sollte ein Mindestabstand von 1,5 Metern zwischen den Personen gewährleistet werden,
- bei **Prüfungen**, wenn der Mindestabstand von 1,5 Metern zwischen den Personen gewährleistet war.

Von besonderer Bedeutung war § 2 Abs. 2 der Coronabetreuungsverordnung. **Danach waren Personen, die eine Verpflichtung zum Tragen einer Maske nicht beachteten, durch den Schulleiter von der schulischen Nutzung auszuschließen.**

In der Rechtsprechung ist die **Maskenpflicht** für Schüler für **rechtmäßig** erachtet worden. So hat beispielsweise das OVG NRW mit Beschluss vom 9. März 2021 (13 B 267/21.NE) ausgeführt, dass auch **Grundschüler** zum Tragen einer Maske verpflichtet sind. Der Verordnungsgeber trage damit im Zusammenhang mit der Wiedereröffnung des Präsenzunterrichts in den Grundschulen der erhöhten Infektionsgefahr durch das Auftreten leichter übertragbarer Virusvarianten Rechnung. Konkrete Anhaltspunkte für eine Gesundheitsgefährdung von Grundschulkindern durch das Tragen einer (medizinischen) Maske lägen nicht vor. Es sei nicht zu beanstanden, wenn der Verordnungsgeber davon ausgeht, dass die Corona-Pandemie eine ernstzunehmende Gefahrensituation begründet, die staatliches Einschreiten nicht nur rechtfertigt, sondern mit Blick auf die Schutzpflicht des Staates für Leib und Gesundheit der Bevölkerung grundsätzlich gebietet (vgl. auch OVG NRW, Beschluss vom 20. August 2020, 13 B 1197/20.NE).

Beachten Sie, dass das Verwaltungsgericht Münster mit Beschluss vom 3. Mai 2021 (5 L 276/21) entschieden hat, dass Lehrkräfte dazu verpflichtet sind, die Schüler an ihrer Schule bei der Anwendung von Corona-Selbsttests anzuleiten und zu beaufsichtigen. In dem gerichtlichen Verfahren hatte der Schulleiter einer Gesamtschule eine Lehrerin dazu angewiesen, die Schüler bei der Durchführung der Selbsttests zu beaufsichtigen. Die Anweisung beruhte auf der Coronabetreuungsverordnung. Die Lehrerin hatte dies verweigert und geltend gemacht, dass sie insoweit zu einer Tätigkeit verpflichtet werde, die außerhalb ihrer Ausbildung, ihres Berufsbildes und ihrer Qualifikation liege und vielmehr als Tätigkeit auf dem allgemeinen staatlichen Gebiet der öffentlichen Gesundheitspflege anzusehen sei. Auch sei sie nicht geimpft und deshalb bei der Durchführung der ihr abverlangten Aufsicht bei den Corona-Selbsttests einer ihr nicht zumutbaren Gesundheitsgefährdung ausgesetzt. Dem ist das Verwaltungsgericht nicht gefolgt. Die Lehrerin sei beamtenrechtlich verpflichtet, ihre Kernaufgabe der Unterrichtserteilung zu erfüllen. Die Unterrichtserteilung erfolge gegenüber den Schülern grundsätzlich in persönlicher Präsenz. Die nach der Coronabetreuungsverordnung vorgesehenen wöchentlich durchzuführenden Selbsttests dienten der möglichst sicheren Durchführung des Präsenzunterrichts. Gleiches gelte für die Aufsicht durch schulisches Personal. Aus dem beamtenrechtlichen Anspruch auf Fürsorge durch den Dienstherrn ergebe sich **kein Anspruch** darauf, an der Schule eine **»Nullrisiko-Situation«** anzutreffen. Ein allumfassender Gesundheitsschutz während einer pandemischen Lage könne nicht sichergestellt werden. Zudem umfasse die Beratungs-, Betreuungs- und Aufsichtspflicht für Lehrer an öffentlichen Schulen auch die Durchführung von Selbsttests. Von einer Tätigkeit im Bereich der allgemeinen Gesundheitspflege könne nicht die Rede sein.

Praxistipp:

Mitunter legten Schüler **ärztliche Atteste** zum Zwecke der Befreiung von d er Maskenpflicht vor, die sich im Kern beispielsweise in der Aussage erschöpfen: »Maximilian ist aus gesundheitlichen Gründen nicht in der Lage, eine Maske zu tragen«. Dies reicht für eine Befreiung nicht aus. Atteste müssen vielmehr bestimmten Anforderungen genügen. Aus dem Attest muss sich regelmäßig **nachvollziehbar** ergeben, welche konkret zu benennenden gesundheitlichen Beeinträchtigungen aufgrund der Verpflichtung zum Tragen einer Maske in der Schule alsbald zu erwarten sind und woraus diese resultieren. Soweit relevante **Vorerkrankungen** vorliegen, sind diese **konkret** zu **bezeichnen**. Darüber hinaus muss im Regelfall erkennbar werden, auf welcher Grundlage der attestierende Arzt zu seiner Einschätzung gelangt ist, damit letztlich auch keine Atteste »auf Zuruf« der Patienten ausgestellt werden (vgl. hierzu OVG NRW, Beschluss vom 19. Februar 2021, 13 B 2078/20).

Die recht strengen Anforderungen an die inhaltliche Ausgestaltung ärztlicher Atteste werden häufig von Eltern kritisiert. Hierbei wird mitunter der Einwand erhoben, dass auch Arbeitgebern gegenüber vorzulegende **Arbeitsunfähigkeitsbescheinigungen** keine näheren Angaben und Diagnosen enthalten müssten. Dies überzeugt nicht. Nach der Rechtsprechung ist die rechtliche Situation von Schülern und Arbeitnehmern nicht miteinander vergleichbar. Schüler verfolgen das Ziel, mithilfe der ärztlichen Bescheinigungen einen rechtlichen Vorteil zu erwirken, nämlich die Erteilung einer Ausnahmegenehmigung von der Maskenpflicht. In derartigen Konstellationen muss die Verwaltung – hier die Schulleitung – beziehungsweise das Gericht aufgrund konkreter und nachvollziehbarer Angaben in den ärztlichen Bescheinigungen in die Lage versetzt werden, das Vorliegen der Voraussetzungen für eine Maskenbefreiung selbstständig zu prüfen. Der Benennung konkreter medizinischer Gründe in einer entsprechenden Bescheinigung stehen im Übrigen auch keine **datenschutzrechtlichen Aspekte** entgegen (OVG NRW, Beschluss vom 24. September 2020, 13 B 1368/20).

1. Verletzung der Maskenpflicht

Angesichts der Corona-Pandemie stellte sich an Schulen nicht selten die Frage, wie mit sogenannten **Maskenverweigerern** umgegangen wird.

Fall 7: »Befreiung von der Maskenpflicht«

(VG Düsseldorf, Beschluss vom 25. August 2020, 18 L 1608/20)

Das Verwaltungsgericht Düsseldorf hat sich in seinem Beschluss vom 25. August 2020, 18 L 1608/20, mit folgendem Fall zu befassen gehabt:

Ein Schüler eines städtischen Gymnasiums ist am ersten Schultag nach den Sommerferien 2020 ohne eine Mund-Nase-Bedeckung zum Unterricht erschienen. Daraufhin hat die Schulleiterin den Eltern ausrichten lassen, dass der Schüler nicht mehr am Präsenzunterricht teilnehmen darf. Das Tragen einer alternativen Mund-Nase-Bedeckung aus einem (leichten) Mückenschutzstoff hat die Schulleiterin nicht akzeptiert. Der Schüler sollte erst wieder nach Vorlage eines »glaubwürdigen Attestes eines niedergelassenen Arztes, aus dem hervorgehe, dass das Tragen einer Maske aus medizinischen Gründen nicht möglich sei«, am Präsenzunterricht teilnehmen dürfen.

Das Verwaltungsgericht hat hierzu entschieden, dass dieser Unterrichtsausschluss rechtswidrig war. Die Coronabetreuungsverordnung (in der damals geltenden Fassung) enthalte zwar die für sich gesehen rechtlich nicht zu beanstandende Verpflichtung der Schüler einer weiterführenden Schule, auch im Unterricht eine Mund-Nase-Bedeckung zu tragen. Sie enthalte aber keine Befugnis, aus der sich die Ermächtigung eines Schulleiters ergebe, Schüler vom Präsenzunterricht fernzuhalten, wenn diese der Verpflichtung nicht nachkommen würden. Soweit der Schulleiter für den Unterrichtsausschluss zunächst auf § 54 Abs. 3 SchulG Bezug genommen hatte, lässt sich ein Ausschluss auf diese Rechtsgrundlage vorliegend auch nicht stützen. Nach § 54 Abs. 3 SchulG können Schüler, deren Verbleib in der Schule oder deren Teilnahme an anderen schulischen Veranstaltungen eine konkrete Gefahr für die physische oder psychische Unversehrtheit anderer oder die eigene bedeutet, vorübergehend oder dauernd vom Schulbesuch ausgeschlossen werden. Dabei ist diese Entscheidung aufgrund eines regelmäßig zu überprüfenden amtsärztlichen Gutachtens zu treffen (§ 54 Abs. 3 Satz 2 SchulG). Allerdings ist der Schulleiter bei Gefahr im Verzug befugt, einen vorläufigen Ausschluss vom Besuch der Schule auszusprechen, wobei in diesem Fall das amtsärztliche Gutachten unverzüglich nachträglich einzuholen ist (§ 54 Abs. 3 Sätze 3 und 4 SchulG). Die danach auch im Falle eines vorläufigen Ausschlusses vom Besuch der Schule erforderliche konkrete Gefahr für die physische oder psychische Unversehrtheit anderer oder die eigene ist hier nicht ersichtlich gewesen. Die Norm zielt in erster Linie auf die Ermöglichung eines Ausschlusses von Schülern, die etwa aufgrund einer ansteckenden Krankheit eine Gefahr für andere Schüler darstellen. Diese Voraussetzungen lagen aber im konkreten Fall nicht vor, weil der Schüler nicht unter einer Corona-Infektion litt. Grundsätzlich kann aber ein Unterrichtsausschluss wegen Verletzung der Maskenpflicht auf § 53 Abs. 3 Satz 1 Nr. 3 SchulG gestützt werden. Denn die für die Verhängung einer Ordnungsmaßnahme erforderliche **Pflichtverletzung kann auch in einem Verstoß gegen die Coronabetreuungsverordnung liegen**. Im oben angeführten Streitfall hatte es die Schulleitung allerdings versäumt, den Unterrichtsausschluss für einen bestimmten Zeitraum (1 bis 14 Tage) auszusprechen. Zudem hätte sie bei der Wahl der konkreten Länge des Unterrichtsausschlusses ihre entsprechenden Ermessenserwägungen begründen müssen. Diese **Entscheidung** hat in den Medien eine gewisse Aufmerksamkeit erlangt. Sie ist aber dadurch »**überholt**«, dass sich Schulleiter ausweislich der zuletzt ergangenen Coronabetreuungsverordnungen auf eine ausdrückliche Ermächtigungsgrundlage zum Ausschluss von Schülern, die die Maskenpflicht verletzen, berufen konnten.

Praxistipp:

Häufig taucht in Schulen das Problem auf, dass Schüler (oder deren Eltern) Krankmeldungen einreichen und die Schule berechtigte Zweifel hat, ob tatsächlich eine Erkrankung vorliegt. In diesem Zusammenhang ist § 43 Abs. 2 SchulG in den Blick zu nehmen. Danach gilt Folgendes: Wenn ein Schüler durch Krankheit oder aus anderen nicht vorhersehbaren Gründen verhindert ist, die Schule zu besuchen, so müssen die Eltern (oder der volljährige Schüler selbst) unverzüglich die Schule benachrichtigen und den Grund für das Schulversäumnis schriftlich mitteilen. **Bei begründeten Zweifeln, ob Unterricht aus gesundheitlichen Gründen versäumt wird, kann die Schule von den Eltern ein ärztliches Attest verlangen und in besonderen Fällen ein amtsärztliches Gutachten einholen.**

Mittlerweile gibt es eine Vielzahl von Gerichtsentscheidungen, die sich mit der Corona-Pandemie beschäftigen. Die Entscheidungen durchziehen alle Lebensbereiche. Für das Schulrecht ist unter anderem folgende Entscheidung des Verfassers noch von Bedeutung:

Mit Beschluss vom 14. Juni 2021 hat das Verwaltungsgericht Düsseldorf in dem Verfahren 2 L 1053/21 die sogenannte **Suspendierung** (rechtlich ist hierunter das Verbot der Führung der Dienstgeschäfte zu verstehen) einer Grundschulleiterin für rechtmäßig erachtet, die sich geweigert hat, eine Gesichtsmaske zu tragen und an ihrer Schule Coronaselbsttests durchführen zu lassen. Durch dieses Verhalten habe die Schulleiterin das **Vertrauen in ihre ordnungsgemäße Dienstausübung erheblich erschüttert** und nicht nur eine Eigengefährdung, sondern zudem eine unmittelbare Gefährdung der Schüler und Kollegen an der in Rede stehenden Grundschule billigend in Kauf genommen.

Fall 8: »Kein Schulbesuch aus Angst vor einer Corona-Infektion«

(nachgebildet: VG Düsseldorf, Beschluss vom 5. August 2022, 18 L 621/22)

Eine alleinerziehende Mutter (Antragstellerin) möchte nicht, dass ihr Sohn, der im Schuljahr 2021/2022 die Jahrgangsstufe 8 eines Gymnasiums besucht hat, im Präsenzunterricht beschult wird. Sie strebte vielmehr – aufgrund der Gefahr einer Corona-Infektion ihres Sohnes – eine Beschulung im Distanzunterricht an. Nachdem dies abgelehnt worden ist, hat sie erfolglos gerichtlichen Rechtsschutz beantragt. Das OVG NRW wies ihr Begehren zurück. Dennoch nahm der Sohn der Antragstellerin nicht mehr am Präsenzunterricht teil. Daraufhin hat die Bezirksregierung die Antragstellerin mittels einer Ordnungsverfügung dazu aufgefordert, sofort dafür zu sorgen, dass ihr Sohn seiner Schulpflicht nachkommt. Für den Fall, dass sie diesem Bescheid nicht nachkommt, hat die Bezirksregierung ihr ein Zwangsgeld angedroht. Die Mutter hat dagegen einen Eilantrag beim Verwaltungsgericht gestellt und unter anderem vorgetragen, sie könne und wolle den entgegenstehenden Willen ihres Sohnes, der die Schule aufgrund des Infektionsgeschehens nicht mehr besuchen wolle, nicht brechen. Zudem genieße er zu Hause eine exzellente Bildung.

Das Verwaltungsgericht Düsseldorf hat diese sog. **Schulbesuchsanordnung** in der oben angeführten Entscheidung für rechtmäßig gehalten. Rechtsgrundlage hierfür ist § 41 Abs. 1 Satz 2 SchulG. Nach dieser Vorschrift sind die Eltern dafür verantwortlich, dass ihr schulpflichtiges Kind am Unterricht und an sonstigen verbindlichen Veranstaltungen der Schule regelmäßig teilnimmt. Zur Erfüllung dieser Pflicht können die Eltern von der Schulaufsichtsbehörde durch Zwangsmittel angehalten werden. Das Gericht hat hervorgehoben, dass Pflege und Erziehung der Kinder nach Art. 6 Abs. 2 Satz 1 GG nicht nur das natürliche **Recht** der Eltern, sondern auch »die zuvörderst ihnen obliegende **Pflicht**« ist. **Die Eltern haben nach Art. 7 Abs. 1 GG die verfassungsrechtlich unbedenkliche allgemeine Schulpflicht hinzunehmen**. Solange diese andauert, ist ihr Grundrecht aus Art. 6 Abs. 2 Satz 1 GG, unmittelbar in eigener Person und in pädagogischer Alleinverantwortung auf ihre Kinder einzuwirken, auf den außerschulischen Bereich beschränkt. Das Verwaltungsgericht Düsseldorf hat weiter festgestellt, dass die gegenüber der Antragstellerin (der Mutter des Schülers) erlassene Schulbesuchsanordnung auch **verhältnismäßig** ist. Insoweit ist es ausreichend, dass eine derartige Anordnung für die Erreichung des mit ihr verfolgten Zwecks, nämlich dass der Schüler wieder die Schule besucht, förderlich ist. Davon ist bei Erziehungsberechtigten, die mit dem betreffenden Schüler in häuslicher Wohngemeinschaft leben, regelmäßig schon deshalb auszugehen, weil sie über ständige und unmittelbare Einwirkungsmöglichkeiten verfügen. Ob die in Ausschöpfung dieser Möglichkeiten ergriffenen Maßnahmen erfolgreich sind, ist für die Frage der Rechtmäßigkeit der Ordnungsverfügung nicht relevant. Darüber hinaus wird von den Adressaten einer Schulbesuchsanordnung (Eltern minderjähriger Schüler) nicht verlangt, dass sie sich mit nicht legalen oder rechtlich fragwürdigen Mitteln für eine regelmäßige Teilnahme des schulpflichtigen Kindes am Unterricht und den sonstigen verbindlichen Schulveranstaltungen einsetzen. **Allerdings können sich Eltern nicht mit Erfolg darauf berufen, es sei mit ihren Erziehungszielen nicht vereinbar, einen entgegenstehenden Willen ihres Kindes zu beugen. Denn das Grundgesetz selbst setzt die Bevormundung von Kindern notwendigerweise voraus**. Gemessen daran ist im Streitfall die Schulbesuchsanordnung als erforderlich und geeignet anzusehen, weil die Antragstellerin über entsprechende Einwirkungsmöglichkeiten auf ihren Sohn verfügt und nicht ersichtlich ist, dass diese ausgeschöpft sind. Aus ihren Ausführungen im gerichtlichen Verfahren ging hervor, dass sie der Ansicht war, dass ihr Sohn sich aufgrund des Infektionsgeschehens aus berechtigten Gründen weigert, die

Schule im Präsenzunterricht zu besuchen und sie nicht gewillt ist, aktiv dessen regelmäßigen Schulbesuch durchzusetzen und entsprechend erzieherisch auf ihren zwischenzeitlich 15 Jahre alten Sohn einzuwirken. Dabei spielt es für die Frage der Rechtmäßigkeit der Verfügung keine Rolle, ob in Ausübung der Befugnis als Erziehungsberechtigte ergriffene Maßnahmen bei dem Kind auch Erfolg zeitigen, sodass es darauf, ob der Sohn der Antragstellerin dieser körperlich überlegen ist, nicht ankommt.

Soweit die Antragstellerin vorträgt, dass sie ihren Sohn **zu Hause** in seinem Recht auf Bildung unterstütze und er dort eine **exzellente Bildung** erhalte, ergibt sich aus § 34 Abs. 2 Satz 2, Abs. 3 SchulG, dass die Schulpflicht nur durch den Besuch einer öffentlichen Schule, einer Ersatzschule oder einer anerkannten Ergänzungsschule erfüllt wird. Damit ermöglicht es das Schulgesetz Nordrhein-Westfalen nicht, dem Wunsch von Eltern zu entsprechen, ihr Kind ausschließlich zu Hause selbst zu unterrichten, zu erziehen und zu bilden. **Ein solcher Privatunterricht ist kein Unterricht, durch den ein Schulpflichtiger seine Schulpflicht erfüllen kann**.

Schließlich hat das Verwaltungsgericht betont, dass nicht ersichtlich war, dass die Pflicht des Schülers zur Teilnahme am Präsenzunterricht mit unverhältnismäßigen Gesundheitsgefahren verbunden oder aus anderen Gründen unvertretbar gewesen wäre. Insbesondere war auch nicht feststellbar, dass dem Schüler bei dessen Schulbesuch ein unzumutbares Risiko der Infektion mit dem COVID-19-Virus drohte, dem die Schule nicht mit angemessenen Maßnahmen begegnet ist.

In diesem Zusammenhang ist darauf hinzuweisen, dass die **Schulpflicht** in der nordrhein-westfälischen Landesverfassung statuiert ist (dort in Art. 8 Abs. 2 Satz 1 LV NRW) und auch vom Grundgesetz (dort Art. 7 GG) vorausgesetzt wird. Die Schulpflicht ist eine **Grundpflicht**, die die Grundrechtspositionen von Eltern einschränkt. Ziel der Schulpflicht ist die Durchsetzung des staatlichen Bildungs- und Erziehungsauftrags, der sich nicht nur auf die Vermittlung von Wissen richtet, sondern auch auf die Heranbildung verantwortlicher Staatsbürger, die gleichberechtigt und dem Ganzen gegenüber verantwortungsbewusst an den demokratischen Prozessen in einer pluralistischen Gesellschaft sollen teilhaben können. Soweit die Grundrechtspositionen von

Eltern und Kindern einerseits und der Erziehungsauftrag des Staates andererseits kollidieren, sind diese Konflikte im Einzelfall im Wege einer Abwägung nach den Grundsätzen der sog. praktischen Konkordanz zu lösen. Hierunter versteht man, dass kollidierende Verfassungsgüter – wie etwa die Schulpflicht einerseits und die Grundrechte der Schüler und Eltern andererseits – in einem möglichst schonenden Ausgleich miteinander gebracht werden sollen. Hierbei heben die Gerichte stets hervor, dass insbesondere aus der Pflicht des Staats, sich im Schulverhältnis schützend vor die Rechtsgüter Leben und körperliche Unversehrtheit der Schüler zu stellen, ein **Einschätzungsspielraum des Gesetzgebers** erwächst, um die Lösung dieser Kollisionslage auszugestalten und zu konkretisieren.

Dabei gilt Folgendes: **Der staatliche Erziehungsauftrag ist gegenüber dem grundrechtlichen Elternrecht und dem Recht der Schüler auf körperliche Unversehrtheit nicht nachrangig.** Es ist Aufgabe des hierfür demokratisch legitimierten Gesetzgebers und der seiner Kontrolle unterliegenden Exekutive, den Gesundheitsschutz bezogen auf das Risiko einer Infektion mit COVID-19 und etwaiger Folgeerkrankungen einerseits und körperlich-gesundheitliche und psychologische Beeinträchtigungen sowie soziale Auswirkungen aufgrund des zum Fernbleiben ihres Sohnes von der Schule führenden Verhaltens der Antragstellerin andererseits im Spannungsverhältnis von Individualgrundrechten und Schulpflicht angemessen in Abwägung zu bringen und einer vertretbaren Bewertung zuzuführen.

Dies zugrunde gelegt, stellen die Verwaltungsgerichte fest, dass (entgegen der Vorstellung vieler Eltern) im Verhältnis zwischen Schülern und Staat kein Anspruch auf einen absoluten Ausschluss einer Infektion mit dem COVID-19-Virus besteht. Einen vollkommenen Schutz vor jeglicher Gesundheitsgefahr gebietet die Verfassung auch allgemein nicht. **Im Zusammenhang mit der COVID-19-Pandemie gehört vielmehr ein gewisses Infektionsrisiko für die gesamte Bevölkerung zum allgemeinen Lebensrisiko.** Dieses Risiko lässt sich durch das freiwillige Tragen einer medizinischen Maske bzw. einer FFP2-Maske im schulischen Bereich sowie regelmäßige Durchführung von Antigenselbsttests im häuslichen Bereich vor dem Schulbesuch minimieren. Zudem vermindern Impfungen die Auswirkungen einer möglichen Corona-Infektion. Mit Blick auf diese, jedem Einzelnen zur Verfügung stehenden Möglichkeiten, das Infektionsrisiko zu senken bzw. den Verlauf einer Infektion abzumildern, ist in Zusammenschau mit den weiteren staatlichen Schutzvorkehrungen ein unzumutbares Risiko im Falles eines Schulbesuchs zu verneinen. Das gilt jedenfalls dann – wenn wie in der oben angeführten Gerichtsentscheidung – die alleinerziehende Mutter weder für sich noch für ihren Sohn eine individuelle Risikoerhöhung im Falle einer Corona-Infektion geltend macht hat, sondern sich allein auf die abstrakte Gefahr der Folgen einer möglichen Corona-Infektion in der Schule beruft, die für jeden am Präsenzunterricht teilnehmenden Schüler besteht.

Das Gericht hat in seinem oben angeführten Beschluss vom 5. August 2022, 18 L 621/22, weiter hervorgehoben, dass die alleinerziehende Mutter den Präsenzunterricht für ihren Sohn während der Dauer der Corona-Pandemie offenbar generell ablehnt. Mit Blick einerseits darauf, dass überhaupt nicht abzusehen war, wann die Corona-Pandemie beendet ist bzw. der Schulbesuch ohne jegliche Pandemieregelungen gestattet ist, und andererseits zu besorgen war, dass ihrem Sohn durch die Nichtteilnahme am Präsenzunterricht schulische Entwicklungsdefizite drohten, war die Schulbesuchsanordnung erforderlich. **Neben der Wissensvermittlung ist die Bildung der Persönlichkeit eines Kindes und die Vermittlung von Werten sowie die Heranbildung verantwortlicher Staatsbürger in einer Klassengemeinschaft nämlich ein tragender Grund für die Schulpflicht**.

2. Pflichtverletzungen im Distanzunterricht

Vielfach bestehen Unsicherheiten, ob und wie Pflichtverletzungen von Schülern im Distanzunterricht geahndet werden können. In diesem Zusammenhang ist zu berücksichtigen, dass das nordrhein-westfälische Schulministerium für den Distanzunterricht eigens eine Verordnung über die Einrichtung von Distanzunterricht (**Distanzunterrichtsverordnung**) erlassen hat. Danach soll der Unterricht in den Schulen auch dann im größtmöglichen Umfang erteilt werden, wenn der Präsenzunterricht zeitweilig aufgrund eines epidemischen **Infektionsgeschehens** oder einer unmittelbar bevorstehenden oder bestehenden **Extremwetterlage** lokal, regional oder landesweit nicht oder nicht vollständig erteilt werden kann. Nach dieser Verordnung ist der Distanzunterricht dem Präsenzunterricht **gleichwertig**. Auch der Distanzunterricht dient dem Erreichen der schulischen Bildungs- und Erziehungsziele durch Vertiefen,

Üben und Wiederholen sowie altersgemäß der Erarbeitung neuer Themen und der weiteren Entwicklung von Kompetenzen der Schüler. Die Verordnung legt überdies fest, dass der Distanzunterricht dem Präsenzunterricht im Hinblick auf die Zahl der wöchentlichen Unterrichtsstunden der Schüler wie der Unterrichtsverpflichtung der Lehrer gleichwertig ist (§ 2 der Verordnung). Distanzunterricht soll **digital** erteilt werden, wenn die Voraussetzungen dafür erfüllt sind (§ 3 Abs. 6 der Verordnung). Soweit nötig, stellt die Schule den Schülern zur Sicherung eines chancengerechten und gleichwertigen Lernumfeldes im Einvernehmen mit dem Schulträger Räume für den Distanzunterricht zur Verfügung (§ 3 Abs. 7 der Verordnung). Zu beachten ist, dass der Verordnungsgeber in § 4 Abs. 3 der Verordnung überdies festgelegt hat, dass die **Eltern** dafür zu **sorgen** haben, dass ihr Kind der Pflicht zur **Teilnahme am Distanzunterricht** nachkommt und dass die Schüler ihre Pflichten aus dem Schulverhältnis im Distanzunterricht im gleichen Maße erfüllen wie im Präsenzunterricht. Nach Maßgabe der vorstehenden Regelungen steht fest, dass Pflichtverletzungen im Distanzunterricht ebenso geahndet werden können, wie ein Fehlverhalten im Präsenzunterricht. Mit anderen Worten: Auch im Distanzunterricht haben Schüler alles zu unterlassen, was »guten« Unterricht stört. Insbesondere ist es unzulässig, Unterrichtsbeiträge der Lehrkräfte in Bild und/oder Ton ungefragt aufzunehmen.

III. Pflichtverletzungen außerhalb der Schule

Lehrkräften stellt sich häufig die Frage, ob ein »außerhalb« der Schule gezeigtes Fehlverhalten eines Schülers mit erzieherischen Einwirkungen oder Ordnungsmaßnahmen der Schule geahndet werden kann. Die Beantwortung hängt von den Umständen des Einzelfalles ab. Die Pflichtverletzung, die Anlass für eine Sanktion der Schule sein soll, muss einen **Schulbezug** haben. Dies folgt aus § 53 Abs. 1 Satz 1 SchulG. Nach dieser Vorschrift dienen erzieherische Einwirkungen und Ordnungsmaßnahmen unter anderem der geordneten Unterrichts- und Erziehungsarbeit *der Schule*. Schulische Sanktionen können bei pflichtverletzendem Fehlverhalten eines Schülers außerhalb des Schulgeländes daher nur dann verhängt werden, wenn ein direkter Zusammenhang zum Schulverhältnis besteht, insbesondere **wenn das Fehlverhalten unmittelbar in den schulischen Bereich hineinwirkt**. Das ist der Fall, wenn das Zusammenleben der am

Schulleben Beteiligten durch das Fehlverhalten gestört oder gefährdet worden ist und wenn die Ordnungsmaßnahme daher erforderlich ist, den Schulfrieden wieder herzustellen, damit eine geordnete Unterrichts- und Erziehungsarbeit in der Schule gewährleistet ist. Zur Veranschaulichung dieser abstrakten Rechtsgrundsätze dienen die nachfolgenden Fälle:

Fall 9: »Prügel an der Bushaltestelle«

(Klassiker: OVG NRW, Beschluss vom 21. Juli 1998, 19 E 391/98)

Ein Schüler (im Folgenden: der Kläger) hat einen Mitschüler einer Parallelklasse an der Bushaltestelle vor der Schule geschlagen, getreten, bedroht, seiner Tasche beraubt und gezwungen, vor ihm niederzuknien. Der betroffene Schüler hat sich daraufhin nicht gewagt, zusammen mit dem Kläger den Schulbus zu nehmen, sondern trat den 10 km langen Heimweg zu Fuß an. Die Schule drohte dem Kläger daraufhin die Entlassung von der Schule an.

Das OVG NRW hat hierzu festgestellt, dass das Verhalten des Klägers gegen den **Grundsatz des gewaltfreien Umgangs der Schüler** miteinander im Bereich der schulischen Sphäre (zu der auch der Schulweg gehört) verstoßen habe. Das Verhalten des Mitschülers, der es nicht gewagt habe, den Bus zu besteigen, zeige, dass durch das Fehlverhalten des Klägers auch die geordnete Unterrichts- und Erziehungsarbeit der Schule beeinträchtigt worden sei. Dazu gehöre nämlich nicht nur das Lernen in einer angst- und gewaltfreien Atmosphäre, sondern auch die Gewährleistung einer möglichst **angst- und gewaltfreien Bewältigung des Schulweges**. Das OVG NRW hat in der Entscheidung überdies hervorgehoben, dass die Androhung der Entlassung von der Schule verhältnismäßig gewesen sei, auch wenn gegenüber dem Kläger bislang keine milderen Ordnungsmaßnahmen angewandt worden seien. Ausschlaggebend hierfür sei, dass es sich nicht um eine von beiden Beteiligten aktiv betriebene »Rauferei« unter Schülern gehandelt habe, sondern um einen einseitigen gewaltsamen Übergriff auf einen sich nicht wehrenden Mitschüler, der obendrein durch den Zwang zum Niederknien auch noch schwer gedemütigt worden sei.

— — —

Die Frage, ob der für die Verhängung einer Ordnungsmaßnahme erforderliche Schulbezug gegeben ist, stellt sich insbesondere auch bei Beleidigungen im Internet.

Fall 10: »Beleidigung einer Schülerin im Internet«

(VG Gelsenkirchen, Urteil vom 20. Oktober 2010, 4 K 2662/08)

Über den Computer einer Schülerin (im Folgenden: der Klägerin) der Jahrgangsstufe 7 einer Gesamtschule ist in einem Internetforum unter anderem folgender an eine Mitschülerin gerichteter Eintrag eingestellt worden: »Du fickst jeden Assi in der Stadt«. Die Klägerin hatte ihre Beteiligung an diesem Vorgang zuletzt bestritten und angegeben, ein Freund habe die Beleidigungen über ihren Computer und ohne ihr Wissen ausgeführt. Die Gesamtschule erteilte der Schülerin einen schriftlichen Verweis und überwies sie in eine Parallelklasse.

Das Verwaltungsgericht hat festgestellt, dass ungeachtet der unzureichenden Feststellungen der Schule hinsichtlich eines gerade durch die Klägerin begangenen Pflichtverstoßes (unter Umständen hat ihr Freund den Eintrag in das Internet eingestellt) die Schulordnungsmaßnahmen jedenfalls deshalb rechtswidrig seien, weil die »Internetaktion« nicht den erforderlichen Schulbezug aufweise. Die Beleidigungen seien insbesondere nicht im Intranet der Schule, also gleichsam im virtuellen Klassenzimmer, erfolgt und daher den Schülern und Lehrern im Schulbetrieb nicht zugänglich gewesen. Letztlich könnten die Beleidigungen der Schülerin mittels des Mediums Internet deshalb nicht anders behandelt werden als eine entsprechende verbale Beleidigung außerhalb der Schule. Es sei auch nicht ersichtlich, dass sich die Internetbeleidigungen unmittelbar auf den Schulbetrieb ausgewirkt hätten. Sie würden weder räumlich noch zeitlich in einer Beziehung zur Schule stehen. Die betroffene Schülerin werde in ihren Ansprüchen aus dem Schulverhältnis, insbesondere auf ein angst- und gewaltfreies Lernen in der Schule, nicht verletzt. Die Äußerungen im Chatroom enthielten auch keine Drohungen, die bei der betroffenen Schülerin Angst vor dem Schulbesuch erzeugen könnten. Soweit die Äußerungen neben ihrem beleidigenden Charakter geeignet seien, den Ruf der Schülerin zu gefährden, könne ihnen wiederum wegen der fehlenden Schulöffentlichkeit kein Schulbezug beigemessen werden. Auch der Unterrichts- und

Erziehungsauftrag werde nicht unmittelbar gestört. **Nicht jede Beleidigung außerhalb der Schule könne demnach einem Mobbing in der Schule gleichgestellt werden.**

> **Praxistipp:**
>
> Wenn Schüler in ihrer Freizeit von Mitschülern »**gemobbt**« werden, muss die Schule – wenn sie dieses Verhalten unterbinden will, weil die betroffenen Schüler nicht mehr zum Unterricht erscheinen oder nicht mehr konzentriert im Unterricht mitarbeiten – besonders sorgfältig aufklären und darlegen, dass sich die im privaten Umfeld (also außerhalb des Schulbetriebes) getätigten Beleidigungen auf den Schulalltag nachteilig auswirken.

Fall 11: »Mobbing über WhatsApp«

(VG Sigmaringen, Beschluss vom 14. November 2016, 4 K 4895/16)

Ein volljähriger Schüler der Jahrgangsstufe 12 eines Gymnasiums (im Folgenden: der Antragsteller) hat in einer WhatsApp-Gruppe, an der zahlreiche Mitschüler seiner Jahrgangsstufe teilnahmen, am Vorabend eines schulischen Ausflugs in die Gedenkstätte des Konzentrationslagers Dachau folgenden – an einen Mitschüler gerichteten – Beitrag eingestellt: »Willst Du morgen statt nach Dachau ins Krankenhaus?« Verbunden hat er dies mit einem blinzelnden Icon. Daraufhin entgegnete eine Mitschülerin zum Antragsteller: »Wenn du (ihn) ins Krankenhaus beförderst, kannst du danach noch zum Friseur gehen? Vielleicht kann der Dir eine nicht ganz so schwule Frisur verpassen.« Hierauf antwortete der Antragsteller: »Du fettes Stück Scheiße. Anstatt mich schwul zu nennen, lass Dich von deinem 30jährigen pädophilen Freund flachlegen«. Die Schule verhängte gegen den Antragsteller unter anderem wegen dieser Äußerung einen fünftägigen Unterrichtsausschluss.

Das Gericht hat hierzu festgestellt, dass beleidigende Äußerungen und Verhaltensweisen nicht in jedem Falle einen Unterrichtsausschluss rechtfertigen. Vielmehr sind zur Einordnung des Gewichts der jeweiligen Verfehlung die konkreten **Einzelfallumstände** heranzuziehen. Insoweit sind etwa das **Alter** des betroffenen Schülers, der **allgemeine Sprachgebrauch** unter seinen Altersgenossen und Schulkameraden sowie **Anlass** und **Zusammenhang** der Äußerungen in den Blick zu nehmen. Hier hat das Gericht ausgeführt, dass es nicht verkannt hat, dass der Umgangston in Wortwahl und Niveau teilweise weit unter dem, welches von 17- bis 18jährigen Gymnasiasten zu erwarten ist, liegen dürfte. Dennoch dürfte zu berücksichtigen sein, dass dem Antragsteller bekannt war, dass die beleidigte Schülerin bereits vorher wegen Mobbings und psychischer Probleme in Behandlung war. Derartige personenbezogene Äußerungen zu Lasten einer psychisch angeschlagenen Person zu tätigen, kann in seinem erheblichen sittlichen Unwert auch nicht dadurch abgemildert werden, dass diese Äußerungen möglicherweise durch eine geringfügige Ehrverletzung provoziert wurden. Zwar kann wohl auch der vorangegangene Beitrag dieser Schülerin

> »Wenn Du L [ein Mitschüler] ins Krankenhaus beförderst, kannst du danach noch zum Friseur gehen? Vielleicht kann der Dir eine nicht ganz so schwule Frisur verpassen.«

aufgrund der darin enthaltenen Diskriminierung homosexueller Männer nicht hingenommen werden. In seinem Unwert bleibt dieser Beitrag jedoch hinter der Äußerung des Antragstellers zurück, da er sich nicht auf besondere, die Persönlichkeit des Antragstellers betreffende Merkmale – wie Homosexualität – bezieht.

Der Äußerung des Antragstellers fehle es vielmehr an auch nur ansatzweise erkennbaren Anzeichen von Empathie, Sozialadäquanz oder Verhältnismäßigkeit. Im Übrigen hat das Gericht weiter ausgeführt, dass von einem volljährigen und altersgemäß denkenden Gymnasiasten erwartet werden darf, auch solchen Äußerungen der Mitschülerin zu widerstehen.

— — —

Das Verwaltungsgericht Düsseldorf hat ferner mit Beschluss vom 27. Juni 2019 (18 L 1522/19) die sofortige Entlassung eines 14-jährigen Realschülers für rechtmäßig gehalten, der ein Video über eine WhatsApp-Gruppe weitergeleitet hat, in der ein junges Mädchen von einem Hund sodomiert wird. Die Weiterleitung dieses Videos hatte der Realschüler mit der Behauptung versehen, dass es sich bei dem abgebildeten Mädchen um eine 13-jährige Mitschülerin handeln würde. Diese massive Persönlichkeits- und Ehrverletzung, welche sich in Windeseile über die Schule hinaus in den Nachbargemeinden verbreitet habe und zudem zu einem Spießrutenlauf der betroffenen Mitschülerin geführt habe, rechtfertige nach den Feststellungen des Verwaltungsgerichts die sofortige Entlassung. Mildere Maßnahmen, wie etwa die bloße Androhung der Schulentlassung, seien nicht geeignet, den Zweck – und zwar den Schutz der betroffenen Schülerin vor weiteren Zusammentreffen mit dem Schüler, der das Video verbreitet hat, – zu erreichen.

Wenn Sie gegen Mobbing vorgehen möchten, das über soziale Netzwerke praktiziert wird, sollten Sie folgende Grundsätze beachten: Für die Verhängung von Schulordnungsmaßnahmen kommt es nicht darauf an, ob beleidigende Mitteilungen in Netzwerken während der Schulzeit oder in der Freizeit in das Internet eingestellt werden. Entscheidend für die Qualifizierung eines Vorfalls als schulischer Vorfall ist, ob der Vorfall einen **engen Bezug zur Schule** hat. Einen solchen engen Schulbezug hat beispielsweise das Verwaltungsgericht München im Urteil vom 21. April 2021 (3 K 17.5634) bejaht, wenn ein Vorgang in engem, räumlichem, zeitlichem oder personellem Zusammenhang mit Schule und Unterricht steht. Das Gericht hat angenommen, dass dem Verhalten einer Schülerin – **ein Post auf der Plattform Instagram** (»Scheiss auf Hausverbot wir schlagen sie von der Schule Pech für sie.«) – der erforderliche schulische Bezug inne wohnt. Es ist ein personeller Bezug gegeben. Sowohl die Schülerin, die die Nachricht eingestellt hat, als auch die Adressatin des Posts (»@...«) sind Schülerinnen der fraglichen Schule gewesen. Auch der Kreis derjenigen, die den Post lesen konnten und sollten, besteht – wenn auch nicht ausschließlich – zu Teilen aus Mitschülern. Es liegt also trotz räumlicher und zeitlicher Nutzung des Internets außerhalb des regulären Schulbetriebs ein schulischer Bezug vor. Einmal im Internet oder in Chats veröffentlichte Aussagen sind so gut wie nicht mehr löschbar und können vielfältig weitergegeben oder manipuliert werden. Eine Begrenzung schulrechtlicher Ordnungsmaßnahmen auf Fehlverhalten in den Schulräumen ist gerade aufgrund der hohen faktisch Bedeutung der sozialen Netzwerke und Chatprogramme für den Schulalltag nicht angebracht. Die Schüler begegnen einander tagtäglich in der Schule, die Schulgemeinschaft erlangt – wie im vorliegenden Fall – durch den offenen Zugang im Internet Kenntnis von den Vorfällen. Zusätzlich stellen Mitschüler häufig die wichtigste soziale Bezugsgruppe dar. Dies alles begründet den für die Verhängung einer Ordnungsmaßnahme erforderlichen schulischen Bezug.

— — —

Fall 12: »Beleidigung einer Lehrerin im Internet«

(Einen Schulbezug bejahend: VG Düsseldorf, Urteil vom 27. Februar 2008, 18 K 2667/07)

Ein Schüler erstellte die Internetseite »anti-[Lehrername].de«. Die Internetseite, die die Überschrift »GO TO HELL [Lehrername]« trug, diente der Verächtlichmachung der namentlich bezeichneten Lehrerin. Sie begann mit den Worten: »Wir müssen gemeinsam die Erde und unsere Zukunft vor diesem Virus retten. Darum bitte ich euch die HP [Homepage] an alle Leute weiterzuschicken, die diese Kanacke auslöschen wollen!« Es schließt sich im weiteren Text unter anderem die Frage an, »Sacht ma wie ihr dieses Jägermeister saufende Geschöpf findet!«. Der Kläger – ein 13-jähriger Schüler des Gymnasiums – »verbesserte« in der Folgezeit die Internetseite und fügte unter anderem die Anmerkung hinzu: »Nein, was hatten wir nur da wieder für einen Geniestreich!«. Die Schule sprach gegenüber dem Kläger daraufhin die Androhung der Entlassung von der Schule aus, weil sein Verhalten die Erfüllung des Bildungs- und Erziehungsauftrages der Schule und die Person der Lehrerin verletze. Der Kläger hat gegen diese Ordnungsmaßnahme Klage erhoben und vorgetragen, die Androhung der Schulentlassung sei überzogen und unverhältnismäßig. Außerdem habe er die Lehrerin nach den Vorschriften des Strafgesetzbuches weder beleidigt noch verunglimpft. Zudem habe er nur an der äußeren Gestaltung der Internetseite mitgewirkt. Schließlich sei er sich aufgrund seines jugendlichen Alters der Bedeutung und Tragweite des Inhalts nicht bewusst gewesen.

Das Verwaltungsgericht hat die Klage abgewiesen und ausgeführt, dass gemäß § 53 Abs. 4 Satz 1 SchulG die Androhung der Entlassung von der Schule zulässig sei, wenn der Schüler durch schweres Fehlverhalten die Erfüllung der Aufgaben der Schule oder die Rechte anderer ernstlich gefährdet oder verletzt habe. Aus § 42 Abs. 3 SchulG folge, dass der Schüler die Pflicht habe, an der Aufgabenerfüllung der Schule und der Erreichung des Bildungszieles mitzuwirken. Ein Schüler müsse daher alles unterlassen, was eine geordnete Unterrichts- und

Erziehungsarbeit hindere sowie die Rechte der beteiligten Personen ernstlich verletze. Gegen diese Pflichten habe der Kläger in massiver Weise verstoßen. Die Veröffentlichung der **Internetseite** sei Ausdruck eines schweren Fehlverhaltens. Der Inhalt der Internetseite sei in extremem Ausmaß **geschmack-, distanz- und schamlos**. Unerheblich sei, ob und gegebenenfalls welche strafrechtlichen Normen durch seine Anfertigung und Veröffentlichung erfüllt sein könnten. Hierauf komme es nicht an, weil es vorliegend nicht um Strafrecht, sondern um von strafrechtlichem Inhalt unabhängiges Schulordnungsrecht gehe. Es handele sich bei der Internetseite um ein Pamphlet übelster Art und Sorte, das wegen seines extrem herabwürdigenden Inhalts die **Autorität und die Persönlichkeitsrechte der angegriffenen Lehrerin** in geradezu unerträglicher Weise **verletzt** habe. Es sei auch nicht entscheidend, ob die Lehrerin eventuell Anlass für die behauptete Unzufriedenheit gegeben habe. Denn kein Fehlverhalten eines Lehrers rechtfertige es, dass seine vom Grundgesetz geschützten, unantastbaren Persönlichkeitsrechte in einer solchen unerträglichen Weise verletzt werden. Die Übergriffe seien dem Kläger auch zuzurechnen. Denn er habe die Internetseite verändert, also aktiv an deren Gestaltung mitgewirkt, anstatt ihre Veröffentlichung zu verhindern. Er habe sich zudem durch die Verwendung des Wortes »wir« (»Nein, was hatten wir nur da wieder für einen Geniestreich!«) im Zusammenhang mit der Veröffentlichung der Internetseite auch deren Inhalt zu Eigen gemacht.

Die Androhung der Entlassung sei nach den Ausführungen des Gerichts auch verhältnismäßig. Angesichts des massiven Fehlverhaltens des Klägers hätte sogar auch eine Entlassung von der Schule ohne vorherige Androhung in Betracht gezogen werden können. Denn es seien in derart unerträglicher Weise die Persönlichkeitsrechte der Lehrerin und der Schulfrieden verletzt worden, dass eine vertrauensvolle Zusammenarbeit zwischen den Lehrern der Schule und dem Kläger in Zukunft nicht mehr möglich erscheine. Infolgedessen sei die mildere Maßnahme, nämlich die Androhung der Entlassung von der Schule, ohne weiteres angebracht und nicht zu beanstanden. Es sei ausgeschlossen, dass sich der Kläger der Bedeutung und Tragweite des Inhalts der Internetseite nicht bewusst gewesen sein soll. Er sei zum Zeitpunkt der Erstellung und Veröffentlichung der Internetseite knapp 13 Jahre alt gewesen und damit als Schüler eines Gymnasiums in einem Alter, in dem ihm nach aller

Lebenserfahrung bewusst sei, welche Folgen er mit einer solchen Verunglimpfung auslöse.

– – –

Das VG Düsseldorf hat entschieden, dass der für die Verhängung einer Schulordnungsmaßnahme erforderliche Schulbezug im Übrigen auch dann gegeben sei, wenn ein Schüler mit seinem **Handy** eine vor der Schule stattfindende **Schlägerei** zwischen Mitschülern filmt und das **Video** anschließend auf seiner **Facebook-Seite veröffentlicht**. Denn auch dieses Verhalten wirke unmittelbar in den schulischen Bereich hinein, weil zum einen der Grund der Schlägerei in der Schule seinen Ausgangspunkt genommen habe und zum anderen das Video über »Freundeslisten« in Facebook einer weiteren Schüleröffentlichkeit zugänglich und auf die Weise zum Gegenstand von den Schulfrieden tangierenden Diskussionen innerhalb der Schülerschaft gemacht worden sei (Beschluss vom 11. Mai 2011, 18 L 669/11).

IV. Provokation durch Mitschüler

Im Einzelfall kann es vorkommen, dass ein Schüler zu seinem Fehlverhalten – etwa einer körperlichen Auseinandersetzung – von einem Mitschüler provoziert worden ist. Es stellt sich dann die Frage, ob dieser Umstand bei der Verhängung einer Ordnungsmaßnahme mildernd berücksichtigt werden muss. Dies ist grundsätzlich nicht der Fall, wie der nachfolgende Fall aufzeigt.

Fall 13: »Provokation auf dem Schulhof«

(VG Berlin, Urteil vom 18. Februar 2014, 3 K 320.13)

Ein Schüler der Jahrgangsstufe 10 eines Gymnasiums (im Folgenden: der Kläger) hatte vor Beginn des Sportunterrichts eine körperliche Auseinandersetzung mit einem Mitschüler in der Umkleidekabine. Vorausgegangen war eine in der Pause gefallene Bemerkung von Letzterem, dass der Kläger Läuse in den Haaren habe. Der Kläger fühlte sich durch diese Bemerkung in seiner Ehre verletzt und provoziert. Beide Schüler haben wegen der Auseinandersetzung, über deren Verlauf die Schüler unterschiedliche Angaben gemacht haben, einen schriftlichen Verweis erhalten. Zusätzlich ist ihnen aufgegeben worden, eine schulinterne Mediation zu besuchen.

Das Verwaltungsgericht hat festgestellt, dass der Kläger die Äußerung nachvollziehbar als Beleidigung beziehungsweise **Provokation** empfunden habe. Es sei nicht entscheidungserheblich, wie sich die körperliche Auseinandersetzung zwischen den beiden Schülern in der Umkleidekabine im weiteren Verlauf im Einzelnen vollzogen habe. Denn dem Kläger müsse jedenfalls der Vorwurf gemacht werden, den Streit, als er noch beherrschbar gewesen sei (vor dem Betreten der Umkleidekabine), nicht vermieden zu haben. Die ordnungsgemäße Unterrichts- und Erziehungsarbeit der Schule setze voraus, dass die Schüler die Bildungs- und Erziehungsziele nicht nur akzeptierten, sondern dass sie auch bereit seien, an deren Umsetzung aktiv mitzuarbeiten. Hierzu gehöre insbesondere zu lernen, aktives soziales Handeln zu entwickeln, aufrichtig und selbstkritisch zu sein und das als richtig und notwendig Erkannte selbstbewusst zu tun, **Konflikte zu erkennen, vernünftig und gewaltfrei zu lösen**, sie aber auch zu ertragen und die Beziehung zu anderen Menschen in Respekt, Gleichberechtigung und gewaltfreier Verständigung zu gestalten.

Praxistipp:

Nach der Rechtsprechung ist es nicht zu beanstanden, wenn einem Schüler durch Schulordnungsmaßnahmen deutlich gemacht wird, dass er, selbst wenn er von einem Mitschüler provoziert sein sollte, nicht mit körperlicher Gewalt oder der Androhung von körperlicher Gewalt reagieren darf (VG Düsseldorf, Beschluss vom 10. Januar 2017, 18 L 18/17).

Es wirkt sich auf die Verhängung der Ordnungsmaßnahme auch nicht mildernd aus, wenn ein Schüler mittels der Anwendung körperlicher Gewalt meint, die Ehre seiner Familie wiederherstellen zu müssen.

Fall 14: »Familienehre«

(VG Düsseldorf, Beschluss vom 22. April 2016, 18 L 1414/16)

Ein minderjähriger Schüler einer Realschule (im Folgenden: der Kläger) hat einen Schüler der Jahrgangsstufe 9 mit körperlicher Gewalt bedroht, damit dieser es unterlässt, mit seiner (des Klägers) Schwester, die die Klasse 7 besucht, Kontakt aufzunehmen. Die Schule hat daraufhin den vorübergehenden Unterrichtsausschluss des Klägers beschlossen.

Das Verwaltungsgericht hat ausgeführt, dass der Kläger es sich rechtswidriger Weise angemaßt habe, durch Drohung mit Gewalt einem anderen Schüler vorzuschreiben, wie dieser seine sozialen Kontakte zu gestalten habe. Zudem habe der Kläger die erhebliche Relevanz seines Verhaltens nicht erkannt, weil er im Widerspruchsverfahren durch seinen Bevollmächtigten vorgetragen habe, dass es unzulässig sei, ihm vorzuschreiben, ob er seine jüngere Schwester verteidigen dürfe. In diesem Zusammenhang hat das Verwaltungsgericht darauf hingewiesen, dass in der Bundesrepublik Deutschland Menschen bei Bedrohung durch Dritte durch den Staat und seine Organe, nicht aber durch den **Familienclan** geschützt werden. Abgesehen davon sei nicht ersichtlich gewesen, wovor die Schwester des Klägers zu schützen gewesen sei. Der Umstand, dass ein Schüler der Jahrgangsstufe 9 Kontakt zu seiner Schwester pflege, begründe kein Schutzbedürfnis der Schwester, welche die siebte Klasse besuche und daher in einem Alter sei, in dem sie über ihre sozialen Kontakte selbst entscheiden dürfe. **Die hiesige Rechtsordnung räume älteren Brüdern weder das Recht ein, über die sozialen Kontakte ihrer jüngeren Schwestern zu bestimmen, noch dieses vermeintliche Recht durch Drohung mit Gewalt durchzusetzen.**

V. Nachweis der Pflichtverletzung

Die Entscheidung der Schule darüber, ob beziehungsweise welche Ordnungsmaßnahme ausgesprochen werden soll, erfordert eine sorgfältige Aufklärung des Sachverhalts mit dem Ziel, dass alle entlastenden und belastenden Umstände des Einzelfalles ermittelt werden. Die Schule hat dabei den **Sachverhalt von Amts wegen aufzuklären** (§ 2 Abs. 3 Nr. 3, § 24 Abs. 1 VwVfG NRW). Bei komplexen, strittigen Sachverhalten können ausführliche Befragungen von Mitschülern notwendig werden, die in **Protokollen** möglichst genau festgehalten werden sollten (vgl. Böhm, Fälle und Lösungen aus der schulrechtlichen Praxis, 2010, S. 156). Geht es um Äußerungen eines Schülers während des Unterrichts, gebietet es die Sachverhaltsaufklärungspflicht der Schule unter Umständen auch von dem von der Ordnungsmaßnahme betroffenen Schüler benannte Sitznachbarn zu hören (VG Aachen, Beschluss vom 29. Januar 2014, 9 L 12/14). Zum Nachweis des in Rede stehenden Fehlverhaltens können auch

detaillierte und anschauliche Erläuterungen der Lehrkräfte, eine datumsgenaue Auflistung des Fehlverhaltens oder Auszüge aus dem Klassenbuch dienen. Nach der Rechtsprechung des OVG NRW werden Stellungnahmen von Lehrkräften über das Fehlverhalten von Schülern wegen der beamtenrechtlichen umfassenden Wahrheitspflicht und des Risikos dienst- und gegebenenfalls disziplinarrechtlicher Konsequenzen im Übrigen eine hohe Beweiskraft beigemessen, die der Beweiskraft einer (gegenteiligen) eidesstattlichen Versicherung des Schülers nicht nachstehen (OVG NRW, Beschluss vom 29. Mai 2013, 19 B 526/13).

Zu beachten ist, dass eine **unzureichende Sachverhaltsermittlung** nicht nur einen (formellen) Verfahrensfehler darstellt, sondern sich bei Ermessensentscheidungen – wie dem Erlass von Ordnungsmaßnahmen – regelmäßig auch auf die materielle Rechtmäßigkeit auswirkt. Denn eine Ordnungsmaßnahme kann nur dann ermessensfehlerfrei und verhältnismäßig sein, wenn sich die Schule über die Art und den Umfang der Pflichtverletzung nach einer sorgfältigen Sachverhaltsaufklärung im Klaren ist. Auch deshalb ist bei der Aufklärung seitens der Schule besondere Sorgfalt an den Tag zu legen.

Im Rahmen der Aufklärung des Sachverhalts ist der Klassenlehrer dazu berechtigt, mit dem Schüler aus Anlass eines bestimmten Vorfalls ein **Gespräch** zu führen und hierbei von dem **Schüler ein schriftliches Protokoll** erstellen zu lassen, **ohne** das **Einverständnis der sorgeberechtigten Eltern** einzuholen. Dieses Vorgehen ist durch den gesetzlichen Erziehungsauftrag der Schule und ihre damit zusammenhängende Befugnis, erzieherische Einwirkungen und Ordnungsmaßnahmen zu verhängen, gedeckt. Ihrem Erziehungsauftrag können die Schulen nur dann gerecht werden, wenn sie nötigenfalls auch gegen den Willen der Eltern erzieherisch tätig werden. Ebenso wenig bedarf es der Zustimmung der Eltern, wenn es zunächst nur darum geht aufzuklären, ob überhaupt ein Fehlverhalten vorliegt, das Anlass zu einer Maßnahme nach § 53 SchulG gibt. Nach der Rechtsprechung des OVG NRW wäre es in diesem Stadium mit einer effektiven Erziehungsarbeit der Schule unvereinbar, wenn sie Schüler nur nach Einholung des Einverständnisses der Sorgeberechtigten oder nur in deren Anwesenheit zu dem in Rede stehenden Geschehen befragen könnten. Für die Dauer der Schulpflicht sei das Grundrecht der Eltern aus Art. 6 Abs. 2 Satz 1 GG (wonach die Erziehung der Kinder das natürliche Recht der Eltern ist), unmittelbar in eigener Person und in pädagogischer Alleinverantwortung auf ihre Kinder einzuwirken, auf den außerschulischen Bereich beschränkt (vgl. OVG NRW, Beschluss vom 27. März 2017, 19 A 508/16). Das Gericht hat in diesem Zusammenhang weiter betont, dass Ordnungsmaßnahmen pädagogische Ziele verfolgen und es sich bei ihnen nicht um Strafen handelt. Daher bedürfe es auch nicht der Belehrung über **Aussageverweigerungsrechte**. Dementsprechend würde der Umstand, dass eine Belehrung unterblieben ist, auch nicht auf ein Beweisverwertungsverbot führen.

Die Pflichtverletzungen von Schülern dürfen in dem jeweiligen **Klassenbuch** beziehungsweise **Kursheft** festgehalten und auf diese Weise (etwa in einem gerichtlichen Verfahren) nachgewiesen werden. Geregelt ist dies in Anlage 2 zu § 4 Abs. 5 der Verordnung über die zur Verarbeitung zugelassenen Daten von Schülerinnen, Schülern und Eltern. Danach gehören zu dem über den Schüler anzufertigenden sonstigen Datenbestand auch »Vermerke über Schulversäumnisse, Verspätungen und besondere (z.B. im Hinblick auf § 53 SchulG relevante) Vorkommnisse im Unterricht«. Es ist hingegen nicht zulässig, Fehlverhalten in das Schülerstammblatt aufzunehmen, weil dort nach § 4 Abs. 2 VO-DV I nur bestimmte Daten Eingang findet dürfen, wie etwa die Personaldaten des Schülers oder Angaben über seinen individuellen Leistungsstand. Bei einem Schulwechsel übermittelt die abgebende Schule der aufnehmenden Schule personenbezogene Daten aus dem Schülerstammblatt und dem sonstigen Datenbestand, soweit die Daten für die weitere Schulausbildung des Schülers erforderlich sind (vgl. § 6 Abs. 1 Satz 1 VO-DV I). Danach ist die Weitergabe von Vermerken über Pflichtverletzungen des Schülers jedenfalls nicht ohne weiteres zulässig, sondern nur dann, wenn dies für erforderlich gehalten wird. Von der Datenübermittlung sollte daher zurückhaltend Gebrauch gemacht werden.

Praxistipp:

Die Verhängung einer Ordnungsmaßnahme wird von Schulen häufig damit begründet, dass der Schüler bereits in der Vergangenheit »wiederholt« und in »schwerwiegender Weise« Pflichten verletzt habe. Diese Begründung ist angreifbar, weil sie nicht erkennen lässt, wann beziehungsweise in welchen zeitlichen Abständen der Schüler Pflichtverletzungen begangen haben soll.

Im Übrigen lässt die Angabe »schwerwiegendes« Fehlverhalten auch nicht erkennen, welche konkreten Pflichten der Schüler schon früher einmal verletzt haben soll. Daher ist auch der Vorwurf, der Schüler habe sich »respektlos« verhalten, zu ungenau. Das **Fehlverhalten sollte** möglichst **nach Datum und Art** (beispielsweise im Klassenbuch oder Kursheft) **konkret festgehalten werden**. Bei respektlosen Äußerungen bietet es sich an, die Aussage möglichst wortgetreu niederzuschreiben (»Du blöde Kuh«), damit sich das Gericht selbst einen Eindruck über die Schwere des Fehlverhaltens bilden kann.

VI. Unzulässigkeit von Kollektivstrafen

Zu beachten ist zudem, dass Einwirkungen gegen mehrere Schüler nur zulässig sind, wenn das Fehlverhalten jedem Einzelnen zuzurechnen ist (§ 53 Abs. 1 Satz 5 SchulG). Der Nachweis über die Pflichtverletzung muss demnach gegen jeden einzelnen der in Betracht kommenden Schüler geführt werden. Mit anderen Worten: **Kollektivmaßnahmen sind unzulässig**.

Fall 15: »Nachsitzen für die gesamte Klasse«

(AG Neuss, Urteil vom 24. August 2016, 12 Ds 333/16)

Ein Lehrer unterrichtete in den beiden letzten Stunden des Unterrichtstages eine Klasse 6 im Fach Musik. Regulärer Unterrichtsschluss war um 13.20 Uhr. Den in der Doppelstunde vorgesehenen Unterrichtsabschnitt »Was ist ein Virtuose?« wollte der Lehrer den anwesenden 26 Schülern durch Vorführung eines Hörspiels und eines Filmausschnittes über »Paganini« vermitteln. Mit seinem Vorhaben stieß er durch Unruhe und Undiszipliniertheiten (Lachen, Schreien) von mindestens einem Drittel der Schüler auf nachhaltige Ablehnung. Wer im Einzelnen die Unruhestifter waren, ließ sich nicht feststellen. Nach Angaben des Angeklagten gab es auch ruhige, lernwillige Schüler. Zur Disziplinierung verlangte er von allen Schülern das Abschreiben des Wikipedia-Textes »Warum wird Paganini«Der Teufelsgeiger« genannt?«. Der Text wurde über Smartboard an die Wand projiziert. Nach 15 Minuten erklärte er das Abschreiben für beendet. Nachdem wieder Unruhe eingekehrt war, verlangte er das Abschreiben eines weiteren

Textteils. Während des neuerlichen Abschreibens bemerkte er, dass ein Schüler einer Schülerin, die er als fleißig einschätzte, deren Abschrift durch »Zerknautschen des Papiers« in eine unansehnliche Form brachte. Dies veranlasste ihn zu der Aufforderung an alle Schüler, ihm nacheinander die jeweilige Arbeit persönlich am Ende der Doppelstunde auszuhändigen. Niemand durfte die Klasse verlassen, bevor er nicht seine Abschrift bei ihm abgegeben und er diese überprüft habe. Dazu mussten sich die Schüler in einer Reihe vor ihm aufstellen. Er wusste, dass einige Schüler nichts abgeschrieben hatten. Der Lehrer errichtete zur Durchsetzung seiner Aufforderung eine Art »Schleuse«, indem er sich in den Türrahmen des Klassenraums auf einen Stuhl setzte und seine mitgebrachte Konzertgitarre quer über den Schoß legte. So war es den Schülern nicht möglich, ohne Einwilligung des Lehrers den Klassenraum zu verlassen. Diejenigen, die die Abschrift vollständig gefertigt hatten und die er für in Ordnung befunden hatte, durften nacheinander gehen. Dem Lehrer war klar, dass nicht alle Schüler die Arbeit bis zum Schulende erledigen konnten. Um 13.35 Uhr – also 15 Minuten nach dem Ende des Schultages – befanden sich noch mindestens sechs Schüler in dem Klassenraum. Einer der Schüler – der zu einer Nachhilfestunde musste, aber von dem Lehrer an dem Verlassen des Klassenraumes gehindert wurde, weil die Abschrift nicht vollständig war – rief daraufhin die Polizei, die um 13.35 Uhr eintraf und dafür Sorge trug, dass die noch anwesenden Schüler den Klassenraum verlassen durften. Während der »Schleusen-Kontrolle« erschien einer der Schüler bei dem Lehrer und legte ihm die Arbeit eines befreundeten Mitschülers auf den Schoß. Der Lehrer ergriff das Papier und gab es dem Schüler mit einer heftigen Armbewegung zurück; dabei geriet er zumindest aus Unachtsamkeit gegen den Bauchbereich des Schülers. Dem Schüler tat der Treffer in der Magengegend weh. Die Staatsanwaltschaft bot dem Lehrer im Ermittlungsverfahren die Einstellung des Strafverfahrens gegen Zahlung von 350 Euro an. Dies lehnte er ab. Das Amtsgericht Neuss hat den Lehrer wegen Freiheitsberaubung verwarnt und sich die Verurteilung zu einer Geldstrafe von 10 Tagessätzen zu je 100 Euro vorbehalten; wegen der angeklagten Körperverletzung hat es ihn freigesprochen. Das Landgericht Düsseldorf änderte diese Entscheidung und sprach den Lehrer mit Urteil vom 17. Februar 2017, 5 Ns 63/16, insgesamt frei.

Das Amtsgericht Neuss hat festgestellt, dass der Lehrer eine **Freiheitsberaubung** im Sinne des § 239 Abs. 1 StGB begangen habe. Eine solche begehe, wer einen anderen Menschen einsperre oder auf andere Weise der Freiheit beraube. Dazu sei erforderlich, dass dem Betroffenen, wenn auch nur vorübergehend, unmöglich gemacht wird, nach seinem freien Willen seinen Aufenthalt zu verändern. Eine bestimmte Dauer der Freiheitsberaubung sei nicht erforderlich. Der Lehrer habe durch die Errichtung der »Schleuse« verhindert, dass die bis zum Eintreffen der Polizei im Klassenraum verbliebenen Schüler den Raum trotz ihres entgegenstehenden und auch zum Ausdruck gebrachten Willens verlassen konnten. Dieses Verhalten sei rechtswidrig gewesen. Denn der Unterrichtstag sei beendet gewesen und die Schüler hätten einen Anspruch darauf gehabt, die Schule verlassen zu dürfen. Das Amtsgericht hat im Rahmen der Rechtswidrigkeit des Handels des Lehrers die Frage aufgeworfen, ob das Verhalten als erzieherische Einwirkung oder Ordnungsmaßnahme gerechtfertigt gewesen sein könnte. Diese Frage hat es verneint und ausgeführt, zu den erzieherischen Einwirkungen gehöre zwar auch die Nacharbeit unter Aufsicht nach vorheriger Benachrichtigung der Eltern. **Kollektivmaßnahmen** seien jedoch **unzulässig**. Einwirkungen gegen mehrere Schüler seien nur zulässig, wenn das Fehlverhalten jedem Einzelnen zuzurechnen sei (vgl. § 53 Abs. 1 Satz 5 SchulG). Dies sei hier nicht der Fall gewesen, weil auch nach den Angaben des Lehrers nicht alle Schüler den Unterricht gestört hatten. Daher habe er eine Freiheitsberaubung zum Nachteil der Schüler begangen. Vom Vorwurf der vorsätzlichen und fahrlässigen **Körperverletzung** (§ 223, § 229 StGB) sprach das Amtsgericht den Lehrer hingegen frei. Eine Körperverletzung begeht, wer eine andere Person körperlich misshandelt oder an der Gesundheit schädigt. Die körperliche Misshandlung wird als eine üble, unangemessene Behandlung definiert, durch die das Opfer in seinem körperlichen Wohlbefinden mehr als nur unerheblich beeinträchtigt wird. Die Gesundheitsschädigung entsteht mit dem Hervorrufen oder Steigern eines pathologischen Zustandes. Das Amtsgericht ging zu Gunsten des Lehrers davon aus, dass er mit der aus der Erregung erfolgten heftigen Armbewegung gegen den Oberbauch des Schülers weder eine körperliche Misshandlung noch eine Gesundheitsschädigung herbeiführen wollte. Auszugehen sei vielmehr von einer körperlichen Überreaktion, die bei dem Schüler lediglich aus reiner Unachtsamkeit die Magengegend getroffen habe. Der erforderliche Grad an Erheblichkeit an körperlicher Beeinträchtigung sei im Übrigen nicht erreicht. Die kurzen Oberbauchschmerzen seien

Minuten später verschwunden, das »bisschen« Schmerzen hätte nach den Angaben des Schülers auch keine medizinischen Maßnahmen erfordert.

Das Amtsgericht hat den Lehrer lediglich verwarnt. Die Verhängung einer Strafe sei unter Berücksichtigung der nachfolgenden Gründe nicht erforderlich gewesen. Auf die Erwägungen des Gerichts soll an dieser Stelle kurz eingegangen werden, um aufzuzeigen, dass Sie – entgegen der mitunter landläufigen Meinung – nicht immer »mit einem Bein im Gefängnis stehen«, wenn einmal strafbares Verhalten im Raume steht. Die Strafzumessungserwägungen des Amtsgerichts verhalten sich natürlich nur zu der Person des Musiklehrers. Die dort angestellten Überlegungen dürften aber auch in anderen Fällen zutreffen. Nach den Ausführungen des Amtsgerichts habe begründeter Anlass zu der Erwartung bestanden, dass der Lehrer künftig auch ohne Verurteilung zu einer Strafe keine Straftaten mehr begehen werde (**keine Wiederholungsgefahr**). Diese Erwartung beruhte auf mehreren Aspekten. Unter anderem habe die zweitägige Gerichtsverhandlung mit einer umfangreichen Beweisaufnahme und hohem Medieninteresse »Eindruck« bei dem Lehrer hinterlassen. Zudem habe er erklärt, dass er einer gerichtlichen Anweisung, eine Fortbildungsmaßnahme zum richtigen Umgang mit undisziplinierten Schülern aufzusuchen, positiv gegenüber stehen würde. Schließlich habe seine Tat Aufmerksamkeit bei seinem Dienstherrn und – möglicherweise auch kritischen – Kollegenkreis erzeugt. Daneben hat das Amtsgericht noch berücksichtigt, dass der Lehrer aufgrund der wiederholten und massiven Unterrichtsstörungen an seine **pädagogischen Grenzen** gelangt sei.

Das LG Düsseldorf hat diese Entscheidung abgeändert und den Lehrer mit Urteil vom 17. Februar 2017, 5 Ns 63/16, freigesprochen. Auf die unterschiedlichen Gerichtsentscheidungen soll kurz eingegangen werden, zeigen sie doch auf, dass die Grenze zwischen strafbarem Handeln und (noch) rechtmäßigem Lehrerverhalten im Einzelfall schwer zu ziehen ist. Das Landgericht hat ausgeführt, dass nicht festgestellt werden konnte, dass der Lehrer ein physisches Hindernis herstellen *wollte*, um die Schüler am Verlassen des Klassenraums zu hindern. Es habe dem Lehrer daher am Vorsatz gefehlt, eine Freiheitsberaubung durch »Einsperren« der Schüler zu begehen. Der Lehrer habe die Schüler auch nicht »auf andere Weise« der Freiheit beraubt. Die bloße Anweisung, den Klassenraum nicht vor der Abgabe der Texte zu verlassen, reiche hierfür nicht aus. Denn um die Strafbarkeitsvoraussetzungen nicht zu weit auszudehnen, sei vielmehr eine Tathandlung erforderlich, die zu einer physischen oder psychischen Zwangswirkung führe, die es dem betroffenen Schüler unmöglich mache, seinen Aufenthaltsort zu verlassen. Hiervon könne im vorliegenden Fall nicht die Rede sein. Es erscheint als fraglich, ob diese Gründe überzeugen. Denn den im Klassenraum befindlichen Schülern dürfte es tatsächlich unmöglich gewesen sein, den Klassenraum zu verlassen, weil der Lehrer schließlich auf einem Stuhl im Türrahmen der Klassenzimmertür saß und zudem noch seine Konzertgitarre auf seinen Beinen hatte. Diese von ihm bewusst errichtete »Schleuse« dürfte die Schüler psychisch und physisch daran gehindert haben, aus freien Stücken den Klassenraum zu verlassen. Die beiden von einander abweichenden Gerichtsentscheidungen verdeutlichen jedenfalls, dass im Einzelfall zwischen strafbarem und straffreiem Verhalten ein schmaler Grat verlaufen kann.

VII. Vorliegen weiterer Voraussetzungen für Ordnungsmaßnahmen

Das Schulgesetz verlangt für den Ausspruch bestimmter schärferer Schulordnungsmaßnahmen (Androhung/Entlassung von der Schule und Androhung/Verweisung von allen öffentlichen Schulen des Landes), dass weitere Voraussetzungen vorliegen:

1. Androhung der Entlassung und Entlassung

Diese Maßnahmen sind nur zulässig, wenn der Schüler durch **schweres oder wiederholtes Fehlverhalten** die Aufgaben der Schule oder die Rechte anderer ernstlich gefährdet oder verletzt hat (§ 53 Abs. 4 Satz 1 SchulG). Bei Schulpflichtigen bedarf die Entlassung von der Schule der Bestätigung durch die Schulaufsichtsbehörde, die den Schüler einer anderen Schule zuweisen kann. Die Entlassung eines Schülers, der nicht mehr schulpflichtig ist, kann ohne vorherige Androhung erfolgen, wenn der Schüler innerhalb eines Zeitraumes von 30 Tagen insgesamt 20 Unterrichtsstunden unentschuldigt versäumt hat. Daneben ist noch die Regelung in § 47 Abs. 1 Nr. 8 SchulG zu beachten. Danach endet das Schulverhältnis, wenn der nicht mehr schulpflichtige Schüler trotz schriftlicher Erinnerung **ununterbrochen 20 Unterrichtstage** unentschuldigt fehlt. Das Schulverhältnis ist dann kraft Gesetzes beendet. Einer Ermessensausübung durch den Schulleiter bedarf es in einem solchen Fall nicht mehr. Zu beachten ist in diesem Zusammenhang, dass das OVG NRW mit Beschluss vom 30. Dezember 2021, 19 B 1782/21, insbesondere Ausführungen dazu gemacht hat, welche Anforderungen an eine **schriftliche Erinnerung** zu stellen sind. Besondere praktische Bedeutung hat diese Entscheidung für **Berufskollegs**, an denen erfahrungsgemäß mitunter zahlreiche Schüler, die nicht mehr schulpflichtig sind, oftmals länger unentschuldigt fehlen. Die Erinnerung nach § 47 Abs. 1 Nr. 8 SchulG setzt zunächst inhaltlich voraus, dass die Schule dem nicht mehr schulpflichtigen Schüler gegenüber zum Ausdruck bringt, **ab welchem konkreten Unterrichtstag sie sein Fehlen im Unterricht als unentschuldigt ansieht**, und dass ihre Mitteilung als »**letzte Warnung**« dem Zweck dient, mit Ablauf des 20. Unterrichtstags des ununterbrochenen unentschuldigten Fernbleibens ohne jedes weitere Tätigwerden, also unmittelbar kraft Gesetzes die Rechtsfolge der Beendigung des Schulverhältnisses herbeizuführen. Diese inhaltliche Anforderung ergibt sich aus dem Zweck der in § 47 Abs. 1 Nr. 8 SchulG vorausgesetzten schriftlichen Erinnerung. Sie soll der Warnung des säumigen Schülers dienen und ihm die Möglichkeit geben, durch Teilnahme am Unterricht das Erlöschen des Schulverhältnisses kraft Gesetzes als Rechtsfolge des § 47 Abs. 1 Nr. 8 SchulG zu verhindern.

Dieser Warnfunktion wird die Erinnerung nach § 47 Abs. 1 Nr. 8 SchulG nur gerecht, wenn sie dem säumigen Schüler die drohende Beendigung seines Schulverhältnisses als konkreten Zeitraum von 20 Unterrichtstagen vor Augen führt. Nur dann kann er erkennen, bis wann er spätestens wieder am Unterricht teilnehmen oder sein Fehlen entschuldigen muss, um Schüler der Schule zu bleiben. Gegen diese inhaltliche Anforderung spricht auch nicht, dass der säumige Schüler die mit der Erinnerung bezweckte Rechtsfolge bei einem so konkret gefassten Hinweis umso leichter konterkarieren kann, indem er durch eine **punktuelle Unterrichtsteilnahme** nur am 20. Unterrichtstag eine Unterbrechung herbeiführt und dadurch die Wirksamkeit des früher als »fiktive Entlassung« bezeichneten gesetzlichen Instruments in § 47 Abs. 1 Nr. 8 SchulG herabsetzt. Der Gesetzgeber hat diese **Umgehungsmöglichkeit** durchaus berücksichtigt. Denn § 53 Abs. 4 Satz 3 SchulG hat gerade auch den Zweck, der

Schule als angemessene Reaktion auf ein solches Verhalten des säumigen Schülers die Ordnungsmaßnahme der Entlassung (als Ermessensentscheidung) zu ermöglichen.

Schon begrifflich **keine »Erinnerung«** im Sinne des § 47 Abs. 1 Nr. 8 SchulG ist demgegenüber eine **allgemeine Erstinformation** über die Teilnahmepflicht am Unterricht und die möglichen Rechtsfolgen von Unterrichtsversäumnissen, welche die Schule den säumig gewordenen Schülern möglicherweise schon bei der **Schulaufnahme** erteilt hat, auch wenn sie eine solche allgemeine Information zu Beginn eines jeden Schuljahres wiederholt.

Denn in dem Begriff »Erinnerung« kommt gerade zum Ausdruck, dass diese regelmäßig auf einer solchen allgemeinen Vorabinformation aufbaut (d. h. an sie »erinnert«), der Vorabinformation selbst also noch keine hinreichend konkrete Warnfunktion zukommen soll. Ebenso wenig liegt inhaltlich eine Erinnerung im Sinne des § 47 Abs. 1 Nr. 8 SchulG vor, wenn die Schule dem nicht mehr schulpflichtigen Schüler eine Entlassung nach § 53 Abs. 3 Satz 1 Nr. 5, Abs. 4 Satz 3 SchulG ankündigt. Mit einer solchen Ankündigung stellt sie ihm lediglich ein weiteres eigenes Handeln in Aussicht, nämlich den Erlass des Verwaltungsakts der Schulentlassung, an das dann die Rechtsfolge der Beendigung des Schulverhältnisses nach § 47 Abs. 1 Nr. 9 SchulG anknüpfen soll. Eine solche Ankündigung ist keine Erinnerung im Sinne des § 47 Abs. 1 Nr. 8 SchulG, weil sie inhaltlich auf eine grundlegend andere Rechtsfolge zielt als auf eine Beendigung des Schulverhältnisses kraft Gesetzes. Insbesondere stehen nur dem von einer Entlassung durch Verwaltungsakt nach § 53 Abs. 3 Satz 1 Nr. 5, Abs. 4 Satz 3 SchulG betroffenen Schüler Widerspruch und Anfechtungsklage offen.

In **zeitlicher Hinsicht** setzt die Erinnerung nach § 47 Abs. 1 Nr. 8 SchulG voraus, dass die Schule sie dem säumigen Schüler **so rechtzeitig** übermittelt, **dass ihm ausreichend Zeit bleibt, die gesetzliche Rechtsfolge der Beendigung des Schulverhältnisses durch Unterrichtsteilnahme oder Entschuldigung abzuwenden**. Dies bedeutet, dass grundsätzlich nur ein **nach dem ersten versäumten Unterrichtstag** des 20-tägigen Zeitraums übermittelter Hinweis eine Erinnerung nach § 47 Abs. 1 Nr. 8 SchulG sein kann. Denn regelmäßig wird die Schule den 20-Tages-Zeitraum erst nach seinem Beginn hinreichend konkret bezeichnen können. Denkbar ist aber durchaus auch, dass die Schule dem säumigen Schüler vor Beginn des 20-Tages-Zeitraums hinreichend konkret ankündigt, dass sie etwa sein aktuell noch entschuldigtes Fernbleiben ab einem in Kürze bevorstehenden konkreten Unterrichtstag als unentschuldigt ansehen wird.

Beachten Sie, dass – mit Ausnahme der soeben erörterten Entlassung wegen unentschuldigten Fernbleibens vom Unterricht – der Grundsatz der Verhältnismäßigkeit für eine Entlassung eines Schülers von der Schule im Regelfall die **vorherige Androhung** der Entlassung voraussetzt, auch wenn dies im Schulgesetz nicht ausdrücklich bestimmt ist. Dies folgt daraus, dass die Schulordnungsmaßnahmen in § 53 Abs. 3 Satz 1 SchulG, beginnend mit dem schriftlichen Verweis und endend mit der Verweisung von allen öffentlichen Schulen des Landes, abgestuft in der Reihenfolge ihrer Belastung für die Schüler aufgeführt sind. Aus dieser gesetzlichen Ausgestaltung und dem Grundsatz der Verhältnismäßigkeit folgt, dass dem betroffenen Schüler gegenüber die am wenigsten in seine Rechte eingreifende Ordnungsmaßnahme anzuwenden ist, die noch geeignet, aber auch erforderlich ist, um die geordnete Unterrichts- und Erziehungsarbeit der Schule und den Schutz von Personen und Sachen zu gewährleisten. Hieraus folgt aber umgekehrt auch, dass die Schule im Rahmen der ihr obliegenden Ermessensentscheidung je nach Art und Schwere des Fehlverhaltens und der Persönlichkeit des Schülers, insbesondere seiner Einsichtsfähigkeit, **mildere Ordnungsmaßnahmen** gleichsam **überspringen** und unmittelbar zu einer den Schüler stärker belastenden Ordnungsmaßnahme greifen darf (vgl. zu diesen Grundsätzen: vgl. OVG NRW, Beschluss vom 6. Juni 2006, 19 B 742/06).

Nach der Rechtsprechung kann beispielsweise bei einem **Handel mit Drogen** die Entlassung von der Schule auch ohne vorherige Androhung ausgesprochen werden (vgl. Bayerischer Verwaltungsgerichtshof, Beschluss vom 14. April 2014, 7 CS 14.553). Auch ein gewalttätiges Handeln, mit **dem gravierende sexuelle Handlungen** erzwungen worden sind, kann eine sofortige Entlassung rechtfertigen (vgl. VG Aachen, Beschluss vom 12. März 2012, 9 L 69/12, bei dem ein Schüler zwei Mitschüler dazu gezwungen hat, dass diese wechselseitig ihren Penis in den Mund nehmen).

Fall: 16: »Der bekiffte Schüler«

(VG Köln, Beschluss vom 16. März 2017, 10 L 1040/17)

Ein Schüler der Jahrgangsstufe 9 eines Gymnasiums zeigte zu Beginn der siebten Unterrichtsstunde deutliche Anzeichen von Cannabiskonsum; nach Hinzuziehen der Polizei wurden bei ihm neben einer kleinen Metalldose mit Resten eines Cannabisprodukts fünf Plastiktütchen gefunden, die üblicherweise für Cannabisprodukte genutzt werden und Spuren eines solchen Produkts enthielten. Bei dem Schüler ist bereits ein halbes Jahr zuvor der Besitz von drei Plastiktütchen mit Marihuana während der Unterrichtszeit festgestellt worden. Die Teilkonferenz hatte deswegen die Androhung der Schulentlassung ausgesprochen. Aufgrund des neuerlichen Vorfalls hat die Schule nunmehr die Entlassung von der Schule unter Anordnung der sofortigen Vollziehung beschlossen.

Das Gericht hat die sofortige Entlassung des Schülers für rechtmäßig erachtet, weil er ein wiederholtes, die Erfüllung der Aufgaben der Schule gefährdendes Fehlverhalten (vgl. § 53 Abs. 4 Satz 1 SchulG) an den Tag gelegt habe. Denn der Schüler habe sich unter Drogeneinfluss in der Schule aufgehalten und auch Cannabis-Produkte in der Schule mitgeführt. Die sofortige Schulentlassung sei auch verhältnismäßig, da die zuvor ausgesprochene Androhung der Entlassung keine nachhaltige Verhaltensänderung bei dem Schüler bewirkt habe. Die Entlassung von der Schule sei danach erforderlich und geeignet, um den Schüler zukünftig (an einer anderen Schule) zu einem regelkonformen Verhalten anzuhalten; es sei nichts dafür ersichtlich, dass der Schüler durch eine mildere Ordnungsmaßnahme noch zu beeindrucken gewesen wäre. Das Gericht hat weiter ausgeführt, dass die sofortige Entlassung des schulpflichtigen Schülers für ihn auch nicht mit unzumutbaren Nachteilen verbunden sei. Denn er könne seine Schullaufbahn an einem anderen Gymnasium, das bereits seine Aufnahmebereitschaft signalisiert habe, fortsetzen. Hervorzuheben ist an dieser Entscheidung noch, dass das VG Köln festgestellt hat, dass die noch ausstehende förmliche Zuweisung durch die Bezirksregierung an das den Schüler aufnehmende Gymnasium der sofortigen Entlassung nicht entgegensteht. Denn angesichts der erklärten Aufnahmebereitschaft bedürfe es zum einen bereits keiner förmlichen Zuweisung. Zum anderen könne eine solche Zuweisungsentscheidung jederzeit nachgeholt werden.

Fall 17: »Sexistische Beleidigung gegenüber Mitschülerinnen«

(VG Düsseldorf, Beschluss vom 15. Dezember 2016, 18 L 3741/16)

Ein Schüler der 7. Jahrgangsstufe einer Gesamtschule »spielte« in der Pause mit drei anderen Jungen das Spiel »Hast Du Eier, dann...«. Offensichtlich ging es dabei um Mutproben. Im Verlaufe des Spiels ging der Schüler auf zwei Schülerinnen des 5. Schuljahres zu und sprach diese sinngemäß mit den Worten an: »Lass uns zusammen sein und ficken«; »hast du geile Titten, darf ich die mal anfassen...«. Dabei fuhr er einem der Mädchen durch die Haare. Die Schülerinnen meldeten diesen Vorfall ihren Klassenlehrern; an den Folgetagen wollten sie aus Angst vor dem Schüler nicht mehr zur Schule kommen. Drei weitere Mädchen aus der 5. Jahrgangsstufe waren von dem Schüler mit ähnlichen Worten angesprochen worden und hatten dies ebenfalls ihren Klassenlehrern gemeldet. Gegen den Schüler war bereits vor einem Jahr die Androhung der Entlassung ausgesprochen worden, weil er einen Mitschüler provoziert, geschlagen und den bereits am Boden Liegenden getreten hatte. Auch in der Folgezeit ist der Schüler durch Pflichtverletzungen aufgefallen. Die sexuelle Belästigung der Mitschülerinnen hatte die Teilkonferenz zum Anlass genommen, gegen den Schüler die sofortige Entlassung auszusprechen.

Das Gericht hat festgestellt, dass der sofortigen Entlassung des Schülers ein schweres Fehlverhalten zu Grunde gelegen habe, das die Erfüllung der Aufgaben der Schule und die Rechte anderer im Sinne des § 53 Abs. 4 Satz 1 SchulG ernstlich gefährdet habe. Besonders hervorzuheben ist an dieser Entscheidung, dass das Gericht betont hat, dass es bei der Beurteilung des Fehlverhaltens auf den sogenannten **objektiven Empfängerhorizont** ankomme. Entscheidend ist also, wie ein vernünftiger Empfänger das Verhalten des Schülers verstehen durfte. Im konkreten Fall hätten sich die betroffenen Schülerinnen ernsthaft belästigt und eingeschüchtert gefühlt. Unbeachtlich sei hingegen, dass der Schüler selbst sein Verhalten lediglich als »Spaß« und seine Eltern es als »**Dumme-Jungen-Streich**« aufgefasst haben.

Das Gericht hat weiter ausgeführt, dass die sofortige Entlassung auch verhältnismäßig sei. Angesichts der gesamten Vorgeschichte des Schülers und der schwerwiegenden Rechtsverletzung erscheine es nicht als unverhältnismäßig, dass die Teilkonferenz nicht nochmals mildere Ordnungsmaßnahmen ergriffen habe. Trotz zahlreicher vorhergehender pädagogischer Maßnahmen und

Ordnungsmaßnahmen habe der Schüler in der Vergangenheit massiv den Unterricht gestört, sich Anweisungen der Lehrer widersetzt und sei verbal gegenüber Mitschülern und Lehrern entgleist. Hinzu sei gekommen, dass der Schüler nunmehr zielgerichtet die jüngsten und kleinsten Mädchen mit seiner sexuellen Ansprache und körperlichen Präsenz so geängstigt habe, dass diese nicht mehr oder nur noch mit großer Angst zur Schule kommen würden. Der Erziehungsauftrag der Schule – der gemäß § 42 Abs. 3 Satz 1, § 2 Abs. 2 Satz 1 SchulG unter anderem darin bestünde, Achtung vor der Würde des Menschen zu wecken – erfordere es, auf derartige Übergriffe in einer für den Schüler tatsächlich spürbaren Weise zu reagieren. Dem Schüler sei zum Schutz der körperlichen und psychischen Integrität seiner Mitschüler mit der gebotenen Deutlichkeit vor Augen zu führen, dass sein Verhalten nicht tolerabel sei und konsequente schulische Maßnahmen nach sich ziehe. Vor dem Hintergrund, dass weder eine Vielzahl von pädagogischen Maßnahmen noch die Androhung der Schulentlassung zu einer nachhaltigen Verhaltensänderung geführt haben, sei auch nicht erkennbar, mit welchen Mittel die Schule noch eine vertrauensvolle Zusammenarbeit mit dem Schüler erreichen könne; sämtliche milderen Maßnahmen seien ausgeschöpft.

Das Verwaltungsgericht hatte auch keine Bedenken dagegen, dass die Gesamtschule die »sofortige« Entlassung – rechtstechnisch also die sofortige Vollziehung der Entlassung – angeordnet hat. Es hat hierzu ausgeführt, dass es eine dringliche, grundsätzlich keinen zeitlichen Verzug duldende Aufgabe sei, dass Schüler angstfrei die Schule besuchen könnten. Dieses Interesse und das öffentliche Interesse an einer ungestörten Fortsetzung des Schul- und Unterrichtsbetriebes würden das Anliegen des Schülers, weiterhin seine bisherige Schule besuchen zu können, überwiegen. Angesichts der Gefahren für die psychische und physische Integrität der Mitschüler und der Qualität und Anzahl der über einen langen Zeitraum andauernden Verfehlungen des Schülers, habe sein Interesse, seinen Bildungsweg ohne Unterbrechung an derselben Schule fortzusetzen, zurückzutreten.

Fall 18: »Täuschung und Entlassung«

(OVG NRW, Beschluss vom 28. Februar 2003, 19 B 223/03)

Ein Schüler der Oberstufe hat innerhalb von zwei Jahren zwei nachgewiesene Täuschungshandlungen begangen. Er hatte zunächst bei einer Facharbeit im

Leistungskurs Englisch eine Täuschungshandlung verwirklicht, indem er große Teile der Arbeit aus einer Fremdarbeit, die er sich über das Internet zugänglich gemacht hat, abgeschrieben hatte, ohne die Textteile als Zitat zu kennzeichnen und die Quelle anzugeben. Im folgenden Jahr hat er während einer Klausur unter anderem unerlaubt Unterrichtsmitschriften verwendet. Die Schule hat daraufhin – ohne vorherige Androhung – die Entlassung des Schülers beschlossen. Das Verwaltungsgericht Düsseldorf hat den dagegen eingelegten Rechtsschutzantrag des Schülers abgelehnt. Auf die Beschwerde des Schülers hat das OVG NRW dem Eilantrag jedoch stattgegeben.

Das OVG NRW hat ausgeführt, dass ein Schüler, der sich zur Erbringung der Leistung unerlaubter Hilfe bediene und damit eine Täuschungshandlung begehe (vgl. § 6 Abs. 7 APO-S I), zwar die Pflicht verletze, die geforderten Leistungsnachweise zu erbringen, weil er eine eigenständig erbrachte Leistung vortäusche und die Lernkontrolle beeinträchtige. Ein solches Fehlverhalten könne auch je nach der Schwere der Tathandlung und dem Maß der Beeinträchtigung der Lernkontrolle mit Blick auf das Ziel von Ordnungsmaßnahmen (eine geordnete Unterrichts- und Erziehungsarbeit zu gewährleisten) in vereinzelten Fällen über eine erzieherische Einwirkung hinaus eine Ordnungsmaßnahme rechtfertigen. Die Verhängung einer Ordnungsmaßnahme sei auch durch die in § 6 Abs. 7 APO-S I besonders geregelten gestuften Folgen eines Täuschungsversuchs im Bereich der Leistungsbewertung nicht prinzipiell ausgeschlossen, sondern könne grundsätzlich auch daneben angewendet werden. In dem konkreten Fall hatte das OVG NRW entschieden, dass der Schüler ein **schweres Fehlverhalten** an den Tag gelegt habe. Er hatte bei der Anfertigung einer Klausur einen Doppelbogen aus dem Hausheft mit einer Mitschrift einer Unterrichtsfolie und weiteren Notizen aus dem Unterricht benutzt und umfangreiche Textteile aus einer Internetquelle nahezu wörtlich abgeschrieben. Damit habe der Schüler eine **reguläre Leistungskontrolle unterlaufen** und sich mit unerlaubten Mitteln einen nicht gerechtfertigten Vorteil verschaffen wollen. Es seien jedoch keine hinreichenden Anhaltspunkte dafür ersichtlich, dass er durch dieses Fehlverhalten die Erfüllung der Aufgabe der Schule ernstlich gefährdet habe. Der Schüler habe dadurch, dass die Klausur mit »ungenügend« (0 Punkte) bewertet worden sei, die Quittung bekommen. Eine Störung der Leistungskontrolle im konkreten Fall habe so nicht mehr nachgewirkt. Die

Prognose, dass sich der Schüler trotz dieser Note auch bei künftigen Leistungsnachweisen unerlaubten Mitteln bedienen werde, habe auch unter Berücksichtigung der früheren Täuschungshandlungen nicht als so gesichert angesehen werden können, dass schon deswegen *eine ernstliche Gefährdung der Erfüllung der Aufgaben der Schule* habe angenommen werden können.

An dieser Stelle ist noch einmal zu betonen, dass die Schulentlassung nach § 53 Abs. 4 Satz 1 SchulG eben nicht nur ein schweres oder wiederholtes Fehlverhalten voraussetzt, sondern darüber hinaus – worauf auch das OVG NRW in der angeführten Entscheidung abstellt –, dass durch das Fehlverhalten (hier die Täuschungshandlungen) die Erfüllung der Aufgaben der Schule ernstlich gefährdet wird. Auch mit Blick auf die von der Schule angeführte »Signalwirkung« für andere Schüler der Oberstufe gebe es keinen für die Gefährdungsprognose hinreichenden Anhalt dafür, dass gerade durch die bekannt gewordene Täuschungshandlung des Schülers eine Bereitschaft anderer Schüler zu entsprechenden Täuschungshandlungen mit beachtlicher Wahrscheinlichkeit gefördert und so die Unterrichts- und Erziehungsarbeit der Schule ernstlich gefährdet werde. Hinzu käme, dass der Vorfall in der schulischen Öffentlichkeit eine gewisse Breitenwirkung erfahren habe. Das spektakuläre Fehlschlagen des Täuschungsversuchs und dessen Folge, die Note »ungenügend«, seien nicht verborgen geblieben. Es könne daher davon ausgegangen werden, dass die erfolgte Sanktion im Bereich der Notengebung einen nachhaltigen Eindruck entfaltet habe und Nachahmungseffekten entgegengewirkt hätte. Es sei – so hat das OVG NRW weiter ausgeführt – auch nicht ersichtlich, dass in der Schülerschaft eine »Erwartungshaltung« bestanden habe, die eine so scharfe Reaktion wie die sofortige Entlassung erforderlich machen würde, um eine Gefährdung der Unterrichts- und Erziehungsarbeit in der Schule abzuwenden. Interessant an dieser Entscheidung ist, dass das OVG NRW auch deswegen die sofortige Entlassung als unverhältnismäßig betrachtet hat, weil ein früheres Fehlverhalten (nämlich die Täuschung bei der Facharbeit im Leistungskurs Englisch) lediglich mit einem Tadel geahndet worden sei. Vor dem Hintergrund, dass die Schule insoweit nicht von dem abgestuften System schulischer Ordnungsmaßnahmen Gebrauch gemacht habe, brauchte der Schüler auch im Wiederholungsfall nicht ansatzweise mit seiner sofortigen Entlassung zu rechnen. Nach der Rechtsauffassung des OVG NRW stellt sich die sofortige Entlassung als weit überzogene Ordnungsmaßnahme dar.

Praxistipp:

Die vorangestellte Entscheidung verdeutlich Folgendes: Wenn Sie ein gleich gelagertes Fehlverhalten eines Schülers in der Vergangenheit sanktionslos »hingenommen« oder mit »leichteren« erzieherischen Einwirkungen (z.B. einer Ermahnung) geahndet haben, kann es unter Umständen unverhältnismäßig sein, bei einem erneuten Fehlverhalten die in § 53 Abs. 3 Satz 1 SchulG geregelte abgestufte Reihenfolge der Ordnungsmaßnahmen zu »überspringen« und beispielsweise eine sofortige Schulentlassung auszusprechen. Denn in einem solchen Fall ist dem Schüler in der Vergangenheit nicht mit der gebotenen Deutlichkeit sein Fehlverhalten vor Augen geführt worden. Es ist daher jedenfalls in der Regel angebracht, mit den milderen Ordnungsmaßnahmen zu beginnen, damit auch bei dem Schüler Einsicht und Besserung erreicht werden kann. Die Verhängung einer »härteren« Ordnungsmaßnahme kann auch widersprüchlich sein, wenn die Schule zuvor ähnliches Fehlverhalten überhaupt nicht geahndet hat.

2. Androhung der Verweisung und Verweisung

Die Androhung der Verweisung und die Verweisung von allen öffentlichen Schulen des Landes ist nur zulässig, **wenn die Anwesenheit des Schülers aus Gründen der Sicherheit nicht verantwortet werden kann** (§ 53 Abs. 5 Satz 1 SchulG). Diese Entscheidung bedarf der Bestätigung durch das Ministerium (Ministerium für Schule und Bildung des Landes Nordrhein-Westfalen). Soweit der Schüler die Schulpflicht noch nicht erfüllt hat, ist für geeignete Bildungsmaßnahmen zu sorgen. Als geeignete Bildungsmaßnahmen kommen Einrichtungen nach § 37 Abs. 4 SchulG (Heime, Anstalten, Familienpflege) in Betracht (vgl. Schulrechtshandbuch, § 53, Rn. 26). Von diesen Maßnahmen (Androhung/Verweisung) wird in der Praxis nur äußerst selten Gebrauch gemacht.

VIII. Zeitliche Nähe der Ordnungsmaßnahme zur Pflichtverletzung

Grundsätzlich soll eine Schule **unverzüglich nach Kenntnis** von der Pflichtverletzung eines Schülers tätig werden. Dies beruht auf dem Zweck einer Schulordnungsmaßnahme, ein pflichtwidriges Verhalten schnellstmöglich zu ahnden, damit auf den Schüler pädagogisch eingewirkt, der Schulfrieden und Rechte Dritter gewahrt und Nachahmer abgeschreckt werden können. Wird aber eine Maßnahme erst verhältnismäßig spät nach dem Pflichtenverstoß und der Kenntnis davon wirksam, bedarf es einer besonderen Rechtfertigung, warum die Ahndung erst mit zeitlicher Verzögerung erfolgt.

Fall 19: »Der renitente Schüler«

(VG Minden, Beschluss vom 29. Juni 2012, 8 L 406/12)

Ein Schüler eines Gymnasiums hat den ihm als Schlüsselwart überlassenen Schlüssel benutzt, um sich mit Mitschülern – trotz des ihm bekannten Verbots des Aufenthalts in den Klassenräumen während der Pause – dort einzuschließen. Sodann hat er mit einem zu diesem Zweck offenbar mitgebrachten Schraubendreher einen Schrank geöffnet und derart manipuliert, dass die Öffnung nicht sofort auffiel. Darüber hinaus hat er versucht, mittels eines Tageslichtprojektors Taschentücher in Brand zu setzen. Die Teilkonferenz beschloss einen Verweis sowie den Ausschluss des Schülers von einer Klassenfahrt.

Das VG Minden hat ausgeführt, dass bei einer Gesamtbetrachtung nicht mehr von einem harmlosen »Streich« gesprochen werden könne. Die von dem Schüler auf die Fensterbank gelegten noch glimmenden Reste des Materials hätten noch weitere Schäden und Gefährdungen zur Folge haben können. Die Schule habe hier auch davon ausgehen dürfen, dass bloße erzieherische Maßnahmen unterhalb der Schwelle der Ordnungsmaßnahmen und der ebenfalls verhängte Verweis nicht genügten, sondern dass unter Wahrung des Grundsatzes der Verhältnismäßigkeit eine noch schwerwiegendere Maßnahme getroffen werden durfte. Hierbei sei ins Gewicht gefallen, dass sich der Schüler kurze Zeit vor dem Vorfall ebenfalls unerlaubt im Klassenraum aufgehalten und deshalb von einem Lehrer bereits ermahnt worden sei. Offenbar sei diese Ermahnung aber auf fruchtlosen Boden gefallen. Letztlich sei die Maßnahme (Ausschluss von der Klassenfahrt) auch nicht deswegen rechtswidrig, weil diese Ordnungsmaßnahme erst vier Monate nach der Sitzung der Teilkonferenz wirksam werden sollte. Das VG Minden hat hervorgehoben, dass eine Schule grundsätzlich unverzüglich nach Kenntnis der Sachlage tätig werden soll. Unter Umständen könne es rechtswidrig sein, ein schulisches Fehlverhalten erst mit erheblicher zeitlicher Verzögerung zu ahnden. Es sei nämlich nicht einzusehen, warum etwa bei einem **zwischenzeitlichen Wohlverhalten** und **beanstandungsfreiem Schulbesuch** über einen längeren Zeitraum hinweg dennoch die Notwendigkeit bestehen sollte, eine Ordnungsmaßnahme noch zu vollziehen. Mit anderen Worten wäre eine spätere Sanktion nicht mehr gerechtfertigt und für den verfolgten Ordnungszweck (Einsicht und Besserung bei dem Schüler zu bewirken) nicht mehr geeignet, wenn sich der Schüler unabhängig von dem Druck des laufenden schulordnungsrechtlichen Verfahrens einsichtig zeige und durch sein nachfolgendes Verhalten keinen Anlass zu Missbilligungen gebe. Die Schule sei mithin verpflichtet, die Maßnahme auf ihre noch fortwirkende Notwendigkeit hin zu überprüfen und »unter Kontrolle« zu halten. Im konkreten Fall hat das VG Minden nicht den Eindruck gewonnen, dass die Sanktion (Ausschluss von der Klassenfahrt) inzwischen überflüssig geworden sei. Zum einen habe der Schüler die ihm aufgegebene Säuberung der Cafeteria verweigert. Zum anderen deuteten die zwischenzeitlich erfolgten Klassenbucheintragungen nicht darauf hin, dass er die Notwendigkeit einer störungsfreien Mitarbeit im Unterricht erkannt habe. Es sei mithin nachvollziehbar, wenn die Schule weiterhin an dem Ausschluss von der Klassenfahrt festhalte. Dabei werde nicht verkannt, dass die Klassenfahrt als Abschluss der Sekundarstufe I als Gemeinschaftserlebnis für den Schüler erhebliche Bedeutung habe. Auf der anderen Seite – so das VG Minden weiter – werde er vermutlich wie an einem Gymnasium üblich die Schullaufbahn zusammen mit den Mitschülern in der Sekundarstufe II fortsetzen, sodass sich der Abschluss der Klasse 9 vorliegend nicht als Beendigung des konkreten Schulbesuchs darstelle.

IX. Information der Eltern volljähriger Schüler

Nicht selten stellt sich die Frage, ob Schulen die Eltern volljähriger Schüler überhaupt über schulische Angelegenheiten noch unterrichten dürfen. Im Schulgesetz ist hierzu – an etwas »versteckter« Stelle – folgende Regelung getroffen worden (vgl. § 120 Abs. 10 SchulG): »Die Schule kann Eltern volljähriger Schülerinnen und Schüler über wichtige schulische Angelegenheiten wie

1. die Nichtversetzung,
2. die Nichtzulassung oder das Nichtbestehen einer Abschlussprüfung,
3. den vorübergehenden Ausschluss vom Unterricht über eine Woche hinaus,
4. die Entlassung von der Schule oder deren Androhung und
5. die Verweisung von allen öffentlichen Schulen oder deren Androhung

und über sonstige schwerwiegende Sachverhalte informieren, die das Schulverhältnis wesentlich beeinträchtigen. Die Schülerinnen und Schüler sind von den beabsichtigten Auskünften vorab in Kenntnis zu setzen.«

Die Vorschrift trägt dem Umstand Rechnung, dass das Interesse der Eltern an der schulischen Situation ihres Kindes auch bei Eintritt der Volljährigkeit regelmäßig fortbesteht. Im Hinblick auch auf die regelmäßig fortdauernde Bindung der volljährigen Schüler an das Elternhaus, die vielfältigen eigenen rechtlichen Verpflichtungen der Eltern im Zusammenhang mit dem Schulbesuch ihres volljährigen Kindes (z.B. BAföG, Kindergeld, Geltendmachung steuerlicher Freibeträge) und die fortbestehende gemeinsame Verantwortung von Schule und Elternhaus für die Erfüllung des Bildungs- und Erziehungsauftrages wird der Schule die Möglichkeit eröffnet, in wichtigen – oben angeführten – schulischen Fragen die Eltern zu informieren. Erst diese Information gibt den Eltern die Möglichkeit zu Nachfragen und zur Lösung von Problemen beizutragen (Schulrechtshandbuch, § 120 Rn. 21).

C. Ermessen und Verhältnismäßigkeit

Erzieherische Einwirkungen und Ordnungsmaßnahmen stehen im **Ermessen** der Schule. Dies bringt § 53 Abs. 1 Satz 2 SchulG zum Ausdruck, wonach die Sanktionen angewendet werden **können**, wenn ein Schüler seine Pflichten verletzt. Die Schule ist demnach nicht verpflichtet, auf ein schulisches Fehlverhalten mit erzieherischen Einwirkungen oder Ordnungsmaßnahmen zu reagieren. Sie kann hiervon vielmehr Abstand nehmen, wenn beispielsweise das Fehlverhalten nicht so gravierend und der Schüler einsichtig ist. Wenn sich die Schule hingegen dafür entscheidet, eine erzieherische Einwirkung oder Ordnungsmaßnahme auszusprechen, muss sie auch hinreichend deutlich zum Ausdruck bringen, dass sie erkannt hat, dass ihr insoweit ein Ermessensspielraum eröffnet ist. Beachten Sie, dass sich dieser Bereich (Ausübung des Ermessens durch Schulen) in der Praxis als besonders fehleranfällig darstellt.

Praxistipp:

Die Schule sollte in der Begründung der Ordnungsmaßnahme **ausdrücklich angeben**, dass sie ihr **Ermessen auch ausgeübt** hat, um insoweit keine Zweifel aufkommen zu lassen. Ihr ist in **zweifacher Hinsicht Ermessen eröffnet**: zum einen bei der Frage, ob überhaupt eine Maßnahme verhängt werden soll, zum anderen hat sie bezüglich Art und Umfang (etwa hinsichtlich der Dauer eines Unterrichtsausschlusses) der Maßnahme einen Ermessensspielraum. Es bietet sich an klarzustellen, dass das Ermessen in beide Richtungen ausgeübt worden ist, beispielsweise durch die Formulierung: *»Im Rahmen unseres pädagogischen Ermessens haben wir uns entschlossen, Maximilian wegen der Schwere seines Fehlverhaltens und seiner mangelnden Einsicht, zwei Tage vom Unterricht auszuschließen. Erzieherische Einwirkungen oder mildere Ordnungsmaßnahmen haben wir aus denselben Gründen im Rahmen unseres pädagogischen Ermessens für nicht als ausreichend erachtet«.)*

Fehlerhaft wäre es demnach, in einem Bescheid der Schule oder in einem Protokoll der Teilkonferenz lediglich das Fehlverhalten des Schülers und die Sanktion (zum Beispiel einen Unterrichtsausschluss) aufzuführen. Die Rechtsanwälte der Schüler beziehungsweise der Eltern haben in einem solchen Fall »leichtes Spiel«, indem sie vortragen könnten, dass sich die Schule – weil sie nichts zu Ihrem Ermessen ausgeführt hat – wohl verpflichtet gefühlt habe, gegen den Schüler einzuschreiten. Wenn das Ermessen nicht im Bescheid bzw. Protokoll der Teilkonferenz ausgeübt wird, handelt es sich um einen Rechtsfehler (sog. **Ermessensnichtgebrauch**), der im weiteren Widerspruch- und Klageverfahren **nicht heilbar** ist. Den Begriff »pädagogisches Ermessen« sollten Sie daher unbedingt verwenden.

In der Begründung des Ermessens sollten Sie beachten, dass Sie für Ihr Einschreiten unterschiedliche Aspekte anführen können. Der Regelfall ist im Schulalltag der uneinsichtige Schüler, gegen den eine Sanktion verhängt wird, um ihn von einer Wiederholung seines Fehlverhaltens abzuhalten, ihn in seinem künftigen Verhalten zur Erfüllung seiner schulischen Pflichten anzuhalten und um bei ihm Einsicht und Besserung zu bewirken. Man spricht in einem solchen Fall von einem »**spezialpräventiven**« Einschreiten. »Spezial« meint, dass man konkret den betroffenen Schüler im Blick hat. »Präventiv« bedeutet im juristischen Sinne das vorbeugende Einschreiten, um künftige Regelverstöße zu unterbinden. Wenn ein Schüler bezüglich seines Fehlverhaltens nicht hinreichend einsichtig ist oder sich nicht ernsthaft entschuldigt **(»bloßes Lippenbekenntnis«)** kann die Schule eine Sanktion nach dem Vorstehenden verhängen, um eben eine Verhaltensänderung zu bewirken.

Schwierigkeiten bereitet Schulen oftmals der Fall, dass ein Schüler gravierend gegen Regeln verstößt, sich dann aber glaubhaft entschuldigt. Natürlich kann die Schule bei einem sich entschuldigenden Schüler davon absehen, eine Sanktion zu verhängen. Denn erzieherische Einwirkungen und Ordnungsmaßnahmen stehen ja im Ermessen der Schule. Wenn sich die Schule hingegen dennoch entscheidet, eine Sanktion anzuordnen, stellt sich die Frage, mit welcher Begründung dies rechtsfehlerfrei geschehen kann. Vielfach stellen Schulen dann lediglich auf das Fehlverhalten des Schülers in ihrer Begründung ab. Dies greift zu kurz und ist rechtswidrig. Denn wenn mit einer Sanktion nur an ein in der **Vergangenheit** liegendes Fehlverhalten angeknüpft wird und dieses geahndet werden soll, handelt es sich in der Sache um eine (unzulässige) **Strafe**. Vielmehr ist es – wie stets – erforderlich, in der Begründung zusätzlich einen **zukunftsgerichteten pädagogischen Grund** für die Sanktion anzuführen. Auf die mangelnde Einsicht des Schülers kann in diesem Zusammenhang aber – wenn er sich ernsthaft entschuldigt hat – gerade nicht abgestellt werden. Hier helfen sogenannte »**generalpräventive**« Aspekte weiter. Es ist in der Rechtsprechung anerkannt, dass Sanktionen gegen einen sich entschuldigenden Schüler verhängt werden können, um Mitschüler davon abhalten, ähnliche Ordnungsverstöße zu begehen und Störungen des Schulbetriebs künftig zu unterbinden (»**Abschreckungseffekt**«). Es steht dabei grundsätzlich im Ermessen der Schule, ob sie eine Schulordnungsmaßnahme jeweils ausschließlich auf spezial- oder generalpräventive Gründe stützt und ob sie, wenn sie beide Gesichtspunkte heranzieht, diese kumulativ oder alternativ zugrunde legt (OVG NRW, Beschluss vom 17. September 2014, 19 B 985/14).

Erzieherische Einwirkungen und Ordnungsmaßnahmen müssen ferner dem verfassungsrechtlichen Grundsatz der **Verhältnismäßigkeit** entsprechen. Dies bestimmt ausdrücklich § 53 Abs. 1 Satz 3 SchulG (»Der Grundsatz der Verhältnismäßigkeit ist zu beachten«). Das bedeutet, dass sie geeignet und erforderlich sein müssen, um den erstrebten Zweck zu erreichen, und ferner nicht außer Verhältnis zur Bedeutung der Sache (der Pflichtverletzung des Schülers) stehen dürfen. Die Maßnahmen müssen mit anderen Worten auch angemessen sein.

Der **Verhältnismäßigkeitsgrundsatz** gilt dabei in doppelter Hinsicht: Zum einen sind Ordnungsmaßnahmen nur zulässig, wenn erzieherische Einwirkungen nicht ausreichen (vgl. § 53 Abs. 1 Satz 4 SchulG). Zum anderen sind die schulischen Ordnungsmaßnahmen in § 53 Abs. 3 Satz 1 SchulG – beginnend mit dem schriftlichen Verweis und endend mit der Verweisung von allen öffentlichen Schulen des Landes – abgestuft in der Reihenfolge ihrer Belastung für den Schüler aufgeführt. Wie bereits ausgeführt wurde, folgt aus dieser gesetzlichen Ausgestaltung und dem Grundsatz der Verhältnismäßigkeit, dass dem betroffenen Schüler gegenüber die am wenigsten in seine Rechte eingreifende Ordnungsmaßnahme anzuwenden ist, die noch geeignet, aber auch erforderlich ist, um die in § 53 Abs. 1 Satz 1 SchulG normierten Zwecke von Ordnungsmaßnahmen zu erreichen, nämlich die geordnete Unterrichts- und Erziehungsarbeit der Schule und den Schutz von Personen und Sachen zu gewährleisten. Die Schule darf aber je nach Art und Schwere des Fehlverhaltens und der Persönlichkeit des Schülers, insbesondere seiner Einsichtsfähigkeit, auch **mildere Ordnungsmaßnahmen überspringen** und unmittelbar zu einer den Schüler stärker belastenden Ordnungsmaßnahme greifen (OVG NRW, Beschluss vom 1. April 2020, 19 B 272/20).

Fall 20: »China-Böller«

(OVG NRW, Beschluss vom 6. Juni 2006, 19 B 742/06)

Ein 17-jähriger Schüler einer Realschule brachte an zwei aufeinanderfolgenden Tagen China-Böller auf dem Schulgelände an, obwohl der Schulleiter die Schüler noch in der ersten Unterrichtstunde des zweiten in Rede stehenden Tages auf die durch die »China-Böller« hervorgerufene besondere Gefährlichkeit für die Gesundheit der am Schulleben Beteiligten hingewiesen hat. Einen weiteren China-Böller mit funktionsfähigem Zündmechanismus hat der Schüler drei weitere Tage an einer Flurtür belassen. Die Schule hat die Entlassung des Schülers beschlossen.

Das OVG NRW hat festgestellt, dass die Entlassung des Schülers ohne vorherige Androhung unverhältnismäßig ist. Aus den Darstellungen der Schule habe sich nicht ergeben, dass die sofortige Entlassung des Schülers »das einzig sichere Mittel« gewesen sei, um weiteres erhebliches Fehlverhalten des Schülers auszuschließen. Ein hinreichender Anhalt für die Prognose, dass der Schüler schon durch die Androhung der Schulentlassung nachhaltig zu beeinflussen gewesen wäre und bereits durch diese Maßnahme der Wiederholungsgefahr erneuten schweren Fehlverhaltens hätte wirksam begegnet werden können, sei darin zu sehen, dass die polizeilichen Ermittlungen (insbesondere die erkennungsdienstliche Behandlung) den Schüler bereits nachhaltig beeindruckt hätten. Hinzu komme, dass der Schüler sein Fehlverhalten bedauert habe und bisher nicht negativ aufgefallen sei. Zwar habe die Schule vorgetragen, dass mit der Schulentlassung ein »**Abschreckungseffekt**« verbunden sei, der andere Schüler von einer Nachahmung abhalten solle. Damit habe die Schule aber – so das OVG NRW – nicht genügend aufgezeigt, dass allein die sofortige Entlassung von der Schule erforderlich sei und die Androhung der Entlassung nicht ausreichend gewesen wäre, um andere Schüler von vergleichbarem schwerem Fehlverhalten abzuhalten.

Praxistipp:

Sie sollten, wenn Sie **mildere Ordnungsmaßnahmen »überspringen«** wollen, besonders (ausführlich) begründen, aus welchen Gründen dies im Einzelfall aus pädagogischen Gründen erforderlich erscheint. Andernfalls besteht die »Gefahr«, dass das Verwaltungsgericht die Ordnungsmaßnahme aufhebt. Bei dem Überspringen beispielsweise der Androhung der Entlassung, könnte insbesondere angeführt werden, dass ein Abschreckungseffekt gegenüber den Mitschülern mit einer bloßen Androhung der Schulentlassung regelmäßig nicht erreicht werden kann. Denn von dieser Schulordnungsmaßnahme dürfen die Mitschüler, die von einem vergleichbaren Fehlverhalten abgehalten werden sollen, gar keine Kenntnis erlangen, sodass mit dieser Maßnahme auch kein Abschreckungseffekt erzielt werden kann. Diesen Aspekt hat das OVG NRW in der vorgenannten Entscheidung aus Sicht des Verfassers nicht hinreichend berücksichtigt.

D. Inklusion und Schulordnungsmaßnahmen

Mit dem 9. Schulrechtsänderungsgesetz vom 5. November 2013 hat der Landesgesetzgeber das Ziel verfolgt, das gemeinsame Lernen von Schülern mit und ohne Behinderungen in den allgemeinen Schulen zu ermöglichen (sogenannter **inklusiver Unterricht**). Inklusive Bildung und Erziehung in Regelschulen sind im Schulgesetz jetzt als Regelfall verankert worden. Daher haben Eltern grundsätzlich das Recht, dass ihr behindertes Kind auch eine allgemeine Schule besucht (vgl. Gesetzesentwurf der Landesregierung, Landtags-Drucksache 16/2432, Seite 1). Die Regelschulen müssen sich in diesem Zusammenhang mit der Frage auseinandersetzen, ob und wie ein Fehlverhalten von Schülern geahndet werden kann, die einen Bedarf an sonderpädagogischer Unterstützung haben und deren Pflichtverletzungen beispielsweise auch auf Beeinträchtigungen ihrer »**emotionalen und sozialen Entwicklung**« zurückzuführen sind. Hierbei ist insbesondere zu berücksichtigen, dass ein Unterrichtsausschluss entweder auf § 53 SchulG oder auf § 54 SchulG gestützt werden kann. Diese beiden Vorschriften haben aber unterschiedliche Voraussetzungen, wie die nachfolgenden Fälle aufzeigen.

Fall 21: »Der aggressive Schüler«

(OVG NRW, Beschluss vom 10. Dezember 2021, 19 B 1738/21)

Ein Schüler einer Gesamtschule hat nach den Angaben der Schulleiterin seit Beginn des Schuljahres an mehreren Tagen Mitschülerinnen und Mitschüler körperlich angegriffen und verletzt und diese täglich mit sexistischen Ausdrücken beschimpft und beleidigt. Aus ihrer Sicht habe der Schüler eine ernsthafte Gefahr für die Gesundheit der anderen Schülerinnen und Schüler dargestellt. Die Schulleiterin hatte den Verdacht, dass bei dem Schüler eine krankhafte Verhaltensstörung vorliegt, die einer schulärztlichen Abklärung bedarf. Sie hat daher das Gesundheitsamt gebeten, den Schüler schulärztlich zu untersuchen und schloss den Schüler bis zum Vorliegen des schulärztlichen Gutachtens vom Schulbesuch aus. Zugleich ordnete sie die sofortige Vollziehung an.

Das OVG NRW hat ausgeführt, dass die Schulleiterin gemäß § 54 Abs. 3 Satz 3 SchulG berechtigt gewesen sei, den Schüler vorläufig vom Schulbesuch auszuschließen, weil dies zwingend notwendig gewesen sei, um seine Mitschüler vor einer erneuten Gefährdung zu schützen. Nach § 54 Abs. 3 Satz 3 SchulG ist die Schulleiterin bei **Gefahr im Verzug** befugt, einen **vorläufigen Ausschluss vom Besuch der Schule** gegenüber einem Schüler auszusprechen, dessen Verbleib in der Schule eine **konkrete Gefahr für die Gesundheit** anderer im Sinn des Satzes 1 bedeutet. § 54 Abs. 3 SchulG erfasst im Kern die in § 34 Abs. 1 und 2 des Infektionsschutzgesetzes (IfSG) aufgezählten Infektionskrankheiten (z.B. Diphtherie, Keuchhusten, Masern, Mumps, Scharlach, Windpocken, Läuse und Salmonellen). Über diese Infektionsgefahren hinaus schützt § 54 Abs. 3 SchulG Mitschüler auch vor solchen Gesundheitsgefahren, die ein an einer **krankhaften Verhaltensstörung** leidender Schüler durch ein **nicht steuerbares aggressives Fehlverhalten** verursacht. In diesem Fall übt die Schulleiterin das ihr durch Sätze 1 und 3 eröffnete Ermessen aber nur dann zweckgerecht aus, wenn sie zuvor alle Möglichkeiten sonderpädagogischer Unterstützung nach den § 19 Abs. 2 Nr. 3, § 20 SchulG ausgeschöpft hat oder das Schulbetretungsverbot zwingend notwendig ist, um während des sonderpädagogischen Feststellungsverfahrens den Schulfrieden zu gewährleisten.

Solange eine ärztliche Bestätigung einer krankheitswertigen Ursache für das vorgeworfene Fehlverhalten des Schülers fehlt, haben zudem **erzieherische Einwirkungen und Schulordnungsmaßnahmen** nach § 53 SchulG jedenfalls grundsätzlich **Vorrang** vor einem Schulbetretungsverbot nach § 54 Abs. 3 SchulG. Insbesondere darf die Schulleiterin die gesetzliche Befristung eines Unterrichtsausschlusses nach § 53 Abs. 3 Satz 1 Nr. 3 SchulG auf zwei Wochen und die hierfür geltenden Verfahrensregeln in § 53 Abs. 6 SchulG nicht dadurch unterlaufen, dass sie ein längerfristiges oder gar unbefristetes Schulbetretungsverbot nach § 54 Abs. 3 SchulG gegen einen Schüler anordnet, bei dem objektiv keine Anhaltspunkte für eine krankhafte Verhaltensstörung bestehen.

Nach den Feststellungen des OVG NRW lagen in diesem Fall aber die Voraussetzungen für ein auf § 54 Abs. 3 SchulG gestütztes Schulbetretungsverbot vor:

1. Der Schüler hat durch sein **aggressives Verhalten** die Gesundheit seiner Mitschüler gefährdet (dazu sogleich unter 1.),
2. es bestanden greifbare Anhaltspunkte für eine **krankhafte Verhaltensstörung** (dazu 2.),
3. es lag eine **Gefahr im Verzug** vor (dazu 3.) und

4. das Schulbetretungsverbot war **zwingend notwendig**, um während des sonderpädagogischen Feststellungsverfahrens den Schulfrieden zu gewährleisten (vgl. 4.).

Im Einzelnen hat das OVG NRW zu diesem, von den Schulen zu beachtenden »Prüfprogramm« Folgendes ausgeführt:

1. Zwar hat der Schüler – und dies ist nicht selten vor Gericht der Fall – pauschal geltend gemacht, er sei »zu keiner Zeit« gewalttätig gewesen. Er habe nur einmal, um sich zu schützen, ein anderes Kind kräftig von ihm weggeschubst, nachdem er von diesem Kind auf den Boden geworfen und gegen die Rippen und den Kopf getreten worden sei. Es sei falsch, dass er seit Beginn der Schule nahezu täglich andere Mitschülerinnen und Mitschüler körperlich angegriffen und beschimpft habe. Hierzu hat das OVG NRW indes ausgeführt, dass diese **schlichten Gegenbehauptungen des Schülers** die Glaubhaftigkeit der Angaben der Schulleiterin, die durch die im Verwaltungsvorgang enthaltenen Beobachtungen anderer Lehrkräfte bestätigt werden, nicht in Frage stellen. Die Schulleiterin habe in ihrer Stellungnahme einzelne Übergriffe des Schülers **konkret geschildert**. So habe der Schüler am 24. August 2021 einen Mitschüler angegriffen und verletzt, indem er ihm **mit Anlauf in den Rücken gesprungen** sei. Am gleichen Tag habe er mehreren Mitschülerinnen und Mitschülern **ins Gesicht und in den Nacken geschlagen**; er habe eine Mitschülerin fest an die Wand gedrückt und eine weitere Mitschülerin am Arm verletzt. Am 31. August 2021 habe er einen **Mitschüler geschlagen und getreten** und dabei auch seine Klassenlehrerin, die versucht habe, die körperliche Auseinandersetzung zu beenden, am Arm und am Bein getroffen. Der Schüler ist diesen konkreten Feststellungen nicht substantiiert entgegengetreten, sondern hat **lediglich pauschal bestritten**, andere Schüler angegriffen zu haben. Solange der Schüler den Angaben der Schulleiterin nicht substantiiert entgegentritt, bedarf es keiner zusätzlichen Belege für die gewalttätigen Übergriffe. Die Entscheidung des OVG NRW verdeutlicht, wie bedeutsam es ist, ein Fehlverhalten eines Schülers **detailliert und nachvollziehbar** zu **dokumentieren**, damit schulische Maßnahmen – wie hier das Schulbetretungsverbot – auch dann rechtlich Bestand haben, wenn der Schüler die ihm vorgeworfenen Vorfälle bestreitet.

2. Das OVG NRW hat weiter festgestellt, dass die Schule hier **ausnahmsweise** nicht gehalten gewesen sei, zunächst auf das Instrumentarium des § 53 Abs. 3 SchulG zurückzugreifen, weil greifbare Anhaltspunkte dafür beständen, dass der Schüler sein **Verhalten nicht steuern** könne. Hierfür sprechen die detaillierten Schilderungen der Schulleiterin, wonach verschiedene intensive erzieherische Einwirkungen erfolglos geblieben seien, das gewalttätige Verhalten sich täglich wiederholt habe und der Schüler in mehreren Gesprächen erklärt habe, häufig wütend zu werden und sich dann nicht kontrollieren zu können.
3. Angesichts der Vielzahl der gewalttätigen Übergriffe auf Mitschülerinnen und Mitschüler bestand auch **Gefahr im Verzug** im Sinne von § 54 Abs. 3 Satz 3 SchulG. Wie die Schulleiterin geschildert hat, gab es meist keinen erkennbaren Anlass für die Übergriffe, so dass weitere ähnliche Vorfälle konkret zu erwarten waren. Auch diese Feststellung hat der Schüler nicht entkräftet, sondern lediglich pauschal bestritten, überhaupt gewalttätig geworden zu sein. Unter diesen Umständen ist der **Ausschluss** des Schülers vom Schulbesuch auch **nicht unverhältnismäßig**. Der darin liegende Eingriff in sein Recht auf schulische Bildung ist gerechtfertigt, um den Bildungsanspruch und die körperliche Unversehrtheit der Mitschülerinnen und Mitschüler zu gewährleisten.
4. Vor diesem Hintergrund war das **Schulbetretungsverbot zwingend notwendig**, um während des sonderpädagogischen Feststellungsverfahrens den Schulfrieden zu gewährleisten. Die Schule ist ihrer erzieherischen Verantwortung gerecht geworden, indem sie den nach den vorliegenden Erkenntnissen gebotenen Antrag auf Eröffnung des Verfahrens zur Feststellung des Bedarfs an sonderpädagogischer Unterstützung nach § 12 Abs. 1 Nr. 2 AO-SF gestellt und die nach § 54 Abs. 3 Satz 4 SchulG erforderliche amtsärztliche Untersuchung in Auftrag gegeben hat. Umgekehrt spricht nach Aktenlage viel dafür, dass die Pflegemutter und der Vormund des Schülers die Schule nicht frühzeitig und umfassend über die bisherigen Schwierigkeiten des Schülers und etwaige ärztliche Diagnosen und Fördermaßnahmen informiert und so maßgeblich dazu beigetragen haben, dass der voraussichtliche Bedarf an sonderpädagogischer Unterstützung nicht eher festgestellt werden konnte. Es liegt in der gemeinsamen Verantwortung

der Pflegemutter, des Vormunds und der Schule, dem Schüler dabei zu helfen, sein gewalttätiges Verhalten zu beenden.

— — —

Diese Grundsätze hat das OVG NRW auch in seinem Beschluss vom 20. Dezember 2021, 19 B 1896/21, noch einmal bestätigt. § 54 Abs. 3 Satz 3 SchulG kann zum vorläufigen Ausschluss eines Schülers vom Schulbesuch berechtigen, wenn er seine Mitschüler durch sein aggressives Fehlverhalten gefährdet und greifbare Anhaltspunkte für das Vorliegen einer krankhaften Verhaltensstörung bestehen. In diesem Fall übt die Schulleiterin das ihr durch § 54 Abs. 3 Sätze 1 und 3 SchulG eröffnete Ermessen regelmäßig nur dann zweckgerecht aus, wenn sie zuvor alle Möglichkeiten sonderpädagogischer Unterstützung nach den § 19 Abs. 2 Nr. 3, § 20 SchulG ausgeschöpft hat oder der Schulbesuchsausschluss zwingend notwendig ist, um während des sonderpädagogischen Feststellungsverfahrens den Schulfrieden zu gewährleisten. Dieser Vorrang der sonderpädagogischen Unterstützung gilt unabhängig vom Förderort, also nicht nur dann, wenn der Förderschüler an einer Förderschule sonderpädagogisch gefördert wird, sondern auch dann, wenn diese Förderung in einem an der allgemeinen Schule eingerichteten Angebot zum Gemeinsamen Lernen stattfindet. In diesem Fall hatte das OVG NRW hingegen entschieden, dass der **vorläufige Ausschluss** des Schülers vom **Schulbesuch** einer Gesamtschule **offensichtlich rechtswidrig** war.

Die Schulleiterin hat das ihr durch § 54 Abs. 3 Satz 3 SchulG eröffnete **Ermessen offensichtlich fehlerhaft ausgeübt**, weil sie den vorläufigen Schulbesuchsausschluss auf gefährdende Übergriffe des Schülers gestützt hat, welche für einen Schüler mit einem nach § 19 Abs. 5 Satz 1 SchulG, § 14 Abs. 1 Nr. 1 AO-SF förmlich festgestellten sonderpädagogischen Unterstützungsbedarf mit dem **Förderschwerpunkt Emotionale und soziale Entwicklung** typisch sind und welchen daher **vorrangig mit sonderpädagogischen Fördermaßnahmen der Lehrkräfte** und im Fall ihrer Erfolglosigkeit auch mit sonderpädagogischen Verwaltungsmaßnahmen des Schulamts zu begegnen ist (beispielsweise. Wechsel des Förderorts nach § 17 Abs. 2 und 3 AO-SF). Nach § 4 Abs. 4 AO-SF besteht ein Bedarf an sonderpädagogischer Unterstützung im Förderschwerpunkt Emotionale und soziale Entwicklung (Erziehungsschwierigkeit), wenn sich ein Schüler der Erziehung so nachhaltig verschließt oder widersetzt, dass er im Unterricht nicht oder nicht hinreichend gefördert werden kann und die eigene Entwicklung oder die der Mitschülerinnen und Mitschüler erheblich gestört oder gefährdet ist. Nach dieser verordnungsrechtlichen Definition gehört eine »erhebliche« Störung oder Gefährdung von Mitschülern bereits zu den Begriffsmerkmalen der Erziehungsschwierigkeit.

Für den Schüler in der angeführten Entscheidung des OVG NRW vom 20. Dezember 2021 hatte das Schulamt einen sonderpädagogischen Unterstützungsbedarf mit diesem Förderschwerpunkt förmlich festgestellt und vor seinem Wechsel in den Gemeinsamen Unterricht der Gesamtschule als in der Sekundarstufe I weiterhin notwendig im Sinne des § 17 Abs. 5 AO-SF bestätigt. **Wegen des erwähnten Vorrangs aller Möglichkeiten sonderpädagogischer Unterstützung darf die Schulleiterin einen Förderschüler mit dem Förderschwerpunkt Emotionale und soziale Entwicklung wegen schwerpunkttypischer gefährdender Übergriffe auf Mitschülerinnen und Mitschüler nur dann nach § 54 Abs. 3 SchulG vom Schulbesuch ausschließen, wenn sie und die Lehrkräfte ihrer Schule, insbesondere die sonderpädagogischen Lehrkräfte, zuvor alle geeigneten und verfügbaren sonderpädagogischen Förder- und Verwaltungsmaßnahmen erfolglos ausgeschöpft haben.** Soweit wirksame sonderpädagogische Unterstützungsmaßnahmen nicht unmittelbar umgesetzt werden können, darf der Schulbesuchsausschluss allenfalls für den kurzen Zeitraum ausgesprochen werden, der benötigt wird, um wirksame sonderpädagogische Maßnahmen zu ergreifen. Dieser Vorrang gilt unabhängig vom Förderort, also nicht nur dann, wenn der Förderschüler an einer Förderschule sonderpädagogisch gefördert wird (§ 20 Abs. 1 Nr. 2 SchulG), sondern auch dann, wenn diese Förderung in einem an der allgemeinen Schule eingerichteten Angebot zum Gemeinsamen Lernen stattfindet (§ 20 Abs. 1 Nr. 1, Abs. 5 SchulG). Ein unter Missachtung dieses Vorrangs ausgesprochener Schulbesuchsausschluss nach § 54 Abs. 3 SchulG ist wegen Verstoßes gegen das aus dem Übermaßverbot abzuleitende Erforderlichkeitsprinzip ermessensfehlerhaft.

In einem Angebot zum Gemeinsamen Lernen an einer allgemeinen Schule nach § 20 Abs. 5 SchulG gehört bei einem **Förderschüler** mit dem Förderschwerpunkt Emotionale und soziale Entwicklung zu den danach vorrangig auszuschöpfenden sonderpädagogischen Fördermaßnahmen zunächst, dass deren Lehrkräfte, insbesondere die sonderpädagogischen Lehrkräfte, für den Förderschüler nach Beratung mit allen anderen an der Förderung beteiligten Personen einen **individuellen Förderplan** erstellen und diesen **regelmäßig überprüfen und fortschreiben** (§ 21 Abs. 7 Sätze 1 und 2 AO-SF). Soweit es die emotionale und soziale Entwicklung und die besondere Lebenssituation des Förderschülers erfordert, kann die Schule im Rahmen des Förderplans für begrenzte Zeit **von der Stundentafel abweichen** (§ 28 Abs. 2 AO-SF). Nur wenn in besonderen Ausnahmefällen die personellen und sächlichen Voraussetzungen an der allgemeinen Schule nicht erfüllt sind und auch nicht mit vertretbarem Aufwand erfüllt werden können, kann die Schulleiterin einen **Wechsel des Förderorts** nach § 17 Abs. 2 und 3 AO-SF einleiten und kann die Schulaufsichtsbehörde abweichend von der Wahl der Eltern die Förderschule anstelle der allgemeinen Schule als Förderort bestimmen (§ 20 Abs. 4 Sätze 1 und 2 SchulG). Auch die befristete Aufnahme des Schülers in einen schulischen Lernort gemäß § 132 Abs. 3 SchulG, § 28 Abs. 4 AO-SF gehört zu den vorrangigen Möglichkeiten sonderpädagogischer Unterstützung eines Förderschülers, die regelmäßig ausgeschöpft sein müssen, bevor die Schulleiterin ermessensfehlerfrei einen Schulbesuchsausschluss nach § 54 Abs. 3 SchulG aussprechen kann.

Nach diesen Maßstäben ist der vorläufige **Schulausschluss** in der angeführten Entscheidung des OVG NRW vom 20. Dezember 2021 **offensichtlich ermessensfehlerhaft**. Der vorläufige Schulbesuchsausschluss nach § 54 Abs. 3 Satz 3 SchulG verstößt gegen das Erforderlichkeitsprinzip. **Die Schulleiterin hat diese Maßnahme ausschließlich auf solche übergriffigen und gefährdenden Verhaltensweisen des Antragstellers gestützt, die typischer Ausdruck seiner Erziehungsschwierigkeit nach § 4 Abs. 4 AO-SF sind**, ohne dass das OVG NRW auf der Grundlage der ihm vorliegenden Akten ein Ausschöpfen der vorgenannten vorrangigen sonderpädagogischen Förder- und Verwaltungsmaßnahmen feststellen konnte. Insbesondere ließ sich den Akten nicht entnehmen, dass die Gesamtschule für den Schüler einen individuellen Förderplan nach § 21 Abs. 7 Sätze 1 und 2 AO-SF erstellt, regelmäßig überprüft und fortgeschrieben hat. Erst recht blieb offen, welche gezielt auf die festgestellte Erziehungsschwierigkeit dieses Schülers bezogenen sonderpädagogischen

Fördermaßnahmen dieser Förderplan vorsah, sowie, ob und mit welchem Erfolg die sonderpädagogischen Lehrkräfte der Schule diese Maßnahmen bei diesem Schüler angewendet haben.

Die schriftlichen Äußerungen der Schulleiterin vermittelten dem OVG NRW zudem den Eindruck, als ob sie den Schüler nur formal als Förderschüler einstuft, ihn der Sache nach aber meint wie einen Schüler ohne förmlich festgestellten sonderpädagogischen Unterstützungsbedarf behandeln zu dürfen. Sie berücksichtigt nur im Ansatz, dass der Schüler »bereits im Verlauf seiner Grundschulzeit ein auffälliges Kind mit emotional-sozialem Förderbedarf« war und in ihrer Schule in die 5. Klasse eingeordnet worden ist, in der er »auch sonderpädagogisch« betreut wurde und wird. Diese Äußerungen lassen aus Sicht des OVG NRW kein Bewusstsein dafür erkennen, dass sein förmlich festgestellter sonderpädagogischer Unterstützungsbedarf vorrangig eine konkret auf seine Erziehungsschwierigkeit gerichtete Förderverpflichtung ihrer Schule begründet. Bezeichnend sei schließlich, dass die Gesamtschule umfangreiche Dokumentationen der zahlreichen Vorfälle mit dem Schüler und der Äußerungen von Mitschülern darüber erstellt hat, darin aber keine einzige sonderpädagogische Fördermaßnahme von sonderpädagogischen Lehrkräften der Schule dokumentiert ist, und solche auch sonst nicht ersichtlich waren.

Sollten die personellen Voraussetzungen für eine sachangemessene Förderung von Förderschülern mit dem Förderschwerpunkt Emotionale und soziale Entwicklung an der Gesamtschule im Sinne des § 20 Abs. 4 Satz 2 SchulG auch nicht mit vertretbarem Aufwand erfüllt werden können, hat als sonderpädagogische Verwaltungsmaßnahme des Schulamts auch ein Wechsel des Förderorts des Schülers nach § 17 Abs. 2 und 3 AO-SF Vorrang vor einem Schulbesuchsausschluss nach § 54 Abs. 3 SchulG. Eine solche Maßnahme, d. h. also ein Wechsel des Schülers auf eine Förderschule mit dem Förderschwerpunkt Emotionale und soziale Entwicklung, drängte sich für die Schulleiterin hier als ebenfalls vorrangig auf, weil sie ihre Einschätzung mitgeteilt hat, dass sie eine Beschulung des Schülers an einer allgemeinen Schule für »zunehmend schwierig bis unmöglich« hält, weil sein Verhalten weiterhin »von Streitigkeiten, Respektlosigkeiten und mangelnder Empathie sowie fehlender Einsicht bestimmt« sei.

Unabhängig von den vorstehenden Feststellungen lagen aus Sicht des OVG NRW auch keine hinreichenden Anhaltspunkte dafür vor, dass die gefährdenden Übergriffe des Schülers auf Mitschülerinnen und Mitschüler durch ein von § 54 Abs. 3 Satz 3 SchulG tatbestandlich vorausgesetztes krankhaftes, nicht steuerbares aggressives Fehlverhalten verursacht sind, bei dem erzieherische Einwirkungen und Ordnungsmaßnahmen nach § 53 Abs. 2 und 3 SchulG keinen Erfolg versprechen. **Auch bei einem Förderschüler mit dem Förderschwerpunkt Emotionale und soziale Entwicklung ist dessen Steuerungsfähigkeit nicht schlechthin ausgeschlossen, sondern nur im Einzelfall dann, wenn eine Verhaltensstörung mit derartigem Krankheitswert vorliegt, dass der Schüler sein Verhalten nicht kontrollieren und deshalb dafür nicht verantwortlich gemacht werden kann und aus diesem Grund Erziehungs- und Ordnungsmaßnahmen den mit ihnen verfolgten pädagogischen Zweck einer nachhaltigen Verhaltensänderung von vornherein nicht erfüllen können.**

Bei einem steuerbaren Fehlverhalten eines Schülers ist der Schutz der Mitschülerinnen und Mitschüler nicht durch einen Schulbesuchsausschluss nach § 54 Abs. 3 SchulG, sondern durch erzieherische Einwirkungen und Ordnungsmaßnahmen nach § 53 Abs. 2 und 3 SchulG zu gewährleisten, soweit die auch insoweit vorrangig gebotenen sonderpädagogischen Unterstützungsmaßnahmen dafür nicht ausreichen.

Der Umstand, dass die Lehrkräfte nach den Angaben der Schulleiterin von dem geschilderten sexuell übergriffigen Verhalten des Schülers und der Angst der Mitschülerinnen und Mitschüler, von ihm gegen ihren Willen angefasst und bedrängt zu werden, bis zu seiner Abholung von der Klassenfahrt nichts mitbekommen haben, sprach hier klar dafür, dass der Schüler in der Lage war, sein Verhalten zu steuern, und nur dann seine Mitschülerinnen und Mitschüler in dieser Form berührt und bedrängt, wenn er nicht von Lehrkräften beobachtet wird.

Nach dem OVG NRW war auch nicht erkennbar, dass erzieherische Einwirkungen und Ordnungsmaßnahmen nach § 53 Abs. 2 und 3 SchulG wirkungslos wären. Die Schulleiterin begründet den Schulbesuchsausschluss im Wesentlichen mit den Berichten der Mitschülerinnen und Mitschüler von den gravierenden Übergriffen des Schülers, von denen die Lehrkräfte erstmalig während der Klassenfahrt im Herbst 2021 erfahren haben und auf die sie zunächst mit einem einwöchigen Unterrichtsausschluss reagiert hat. Es war für das OVG NRW nicht ersichtlich, dass es nach der Rückkehr des Schülers in seine Klasse bis zum Ausschluss vom Schulbesuch erneut zu vergleichbaren Handlungen gekommen ist. Die Schulleiterin berichtet insoweit nur von verbalen Beleidigungen und Äußerungen mit sexuellem Inhalt des Schülers, also von Verhaltensweisen, die ein aggressives Fehlverhalten darstellen, aber nach den vorliegenden Erkenntnissen bislang noch zu keinem Zeitpunkt zum Anlass für Maßnahmen nach § 53 Abs. 2 und 3 SchulG genommen worden waren. Sie erläutert auch nicht, ob und in welcher Form sie oder andere Lehrkräfte auf die geschilderten verbalen Angriffe reagiert haben. **Solange nicht zumindest der Versuch unternommen wurde, das Fehlverhalten durch erzieherische Einwirkungen nach § 53 Abs. 2 SchulG zu beenden, gibt es keine hinreichende Grundlage für die Annahme, dass die gefährdenden Übergriffe des Schülers auf Mitschülerinnen und Mitschüler Ausdruck eines von § 54 Abs. 3 Satz 3 SchulG tatbestandlich vorausgesetzten krankheitswertigen, nicht steuerbaren Fehlverhaltens sind.**

In dem angeführten Fall ergaben sich auch aus dem Schulärztlichen Zeugnis keine Anhaltspunkte für eine fehlende Steuerungsfähigkeit des Schülers. Zur Klarstellung wies das OVG NRW allerdings darauf hin, dass dies nicht bedeutet, dass ein vorläufiger Schulbesuchsausschluss nach § 54 Abs. 3 Satz 3 SchulG zwingend ausgeschlossen ist, wenn das eingeholte amtsärztliche Gutachten nicht aussagekräftig ist. Wenn die Schulleiterin ein weiteres amtsärztliches Gutachten in Auftrag gibt, kann sie grundsätzlich einen erneuten vorläufigen Schulbesuchsausschluss aussprechen oder an dem bisherigen vorläufigen Ausschluss festhalten. Das bisherige Gutachten bietet in diesem Fall lediglich keine Grundlage für einen von der Einholung eines neuen Gutachtens unabhängigen Schulbesuchsausschluss nach § 54 Abs. 3 Satz 1 SchulG. **Die Einholung eines weiteren schulärztlichen Gutachtens entbindet die Schule jedoch nicht davon, auf der Grundlage der bisher vorliegenden Erkenntnisse zu bewerten, ob hinreichende Anhaltspunkte für ein nicht steuerbares Fehlverhalten vorliegen, und vor allem – wegen des festgestellten sonderpädagogischen Unterstützungsbedarfs – unabhängig davon alle Möglichkeiten sonderpädagogischer Unterstützung nach den § 19 Abs. 2 Nr. 3, § 20 SchulG auszuschöpfen.**

— — —

Fall 22: »ADHS ist kein Freibrief für Fehlverhalten«

(VG Augsburg, Urteil vom 14. Juli 2015, 3 K 15.349)

Ein unter ADHS leidender Schüler der Klasse 5 eines Gymnasiums hatte seine Mitschüler und Lehrer in der Vergangenheit mehrfach beleidigt und bedroht (»ich werde dich töten«), Sachbeschädigungen begangen (in der Schule aufgehängte Kunstwerke beschädigt), den Unterricht massiv gestört, Anordnungen der Lehrkräfte (etwa den Unterrichtsraum nicht zu verlassen) ignoriert sowie mehrere ihm zugewiesene Schulbegleiterinnen beschimpft, bedroht und geschlagen. Nachdem mehrere Verweise und ein Unterrichtsausschluss zu keiner Verhaltensänderung geführt haben, hat die Schule die Androhung der Entlassung ausgesprochen.

Das Verwaltungsgericht hat ausgeführt, dass die Schulordnungsmaßnahme auch vor dem Hintergrund der bei dem Schüler diagnostizierten Erkrankung rechtmäßig sei. Anknüpfungspunkt einer Ordnungsmaßnahme sei – anders als im Strafrecht – nicht die Schuld des Schülers an einem ordnungswidrigen Zustand, sondern dieser Zustand selbst, soweit ihn der Schüler herbeigeführt habe. Ziel der Ordnungsmaßnahme sei es jedoch, weitere Vorfälle dieser Art zu vermeiden. Deshalb sei die Verantwortlichkeit des Schülers für den betreffenden Zustand und der Grad seines Verschuldens dennoch bedeutsam. Mit anderen Worten: Wenn der Schüler krankheitsbedingt nicht in der Lage ist, sein Verhalten zu steuern, ist die Ordnungsmaßnahme nicht das richtige Mittel, um auf ihn einzuwirken. Im konkreten Fall hatte die Schule die ADHS-Erkrankung des Schülers berücksichtigt und festgestellt, dass das Verhalten des Schülers zwar in gewissem Umfang veranlagungsbedingt sei, er aber trotzdem sein Verhalten noch bewusst steuern könne. Nach den Ausführungen des Verwaltungsgerichts kommt einer **ADHS-Erkrankung keine »Sperrwirkung«** gegenüber einer als angemessen erachteten pädagogischen Ordnungsmaßnahme zu. Im vorliegenden Fall haben bei den Ermessensüberlegungen die Auswirkungen des Verhaltens des Schülers auf den Schulfrieden sowie die gesteigerte Aggressivität des Schülers gegenüber Lehrkräften, Mitschülern sowie der Schulbegleitungen die ausschlaggebende Rolle gespielt; wenn ein solches Verhalten eine Ordnungsmaßnahme erfordere, die auch für andere Schüler das Signal setze, dass derartiges Verhalten nicht toleriert werde, so sei eine solche Überlegung selbst bei festgestelltem ADHS nicht zu beanstanden. Es sei auch nicht von vornherein ersichtlich, dass Schüler mit einer ADHS-Erkrankung durch schulische Ordnungsmaßnahmen nicht beeinflusst werden könnten. Letztlich sei eine **ADHS-Erkrankung kein Freibrief für schulisches Fehlverhalten**.

— — —

Wenn objektiv Anhaltspunkte für eine krankhafte Verhaltensstörung des Schülers bestehen, kann in der Regel auch die Schule gemäß § 19 Abs. 7 Satz 1 Nr. 2 SchulG (vermuteter Bedarf an sonderpädagogischer Unterstützung im Förderschwerpunkt Emotionale und soziale Entwicklung, der mit einer Selbst- oder Fremdgefährdung einhergeht) einen Antrag auf Feststellung des Unterstützungsbedarfs stellen. Verweigern die Eltern ihre Mitwirkung insbesondere an einer ärztlichen Untersuchung ihres Kindes zur Erstellung des medizinischen Gutachtens nach § 19 Abs. 5 Satz 2 SchulG, kann der Schulleiter sie auf die Verpflichtung der Schule zur rechtzeitigen Einbeziehung des Jugendamtes nach § 42 Abs. 6 Satz 2 SchulG bis hin zu einem teilweisen Sorgerechtsentzug hinweisen (vgl. OVG NRW, Beschluss vom 10. August 2016, 19 B 592/16).

Wenn ein Schüler vom Unterricht ausgeschlossen wird, weil er andere Mitschüler grundlos schlägt oder tritt, versäumt er zwar Unterrichtsstoff. Dies führt aber nicht dazu, dass der Unterrichtsausschluss unverhältnismäßig wäre. Denn dem betroffenen Schüler kann beispielsweise **Unterrichtsmaterial zum Selbststudium** mitgegeben werden (vgl. VG Köln, Beschluss vom 4. Dezember 2013, 10 L 1779/13).

Praxistipp:

Schulen haben **kein Wahlrecht**, ob sie einen Unterrichtsausschluss auf § 53 SchulG oder § 54 SchulG stützen. Die Vorschriften schließen einander aus. Solange der Schüler sein Verhalten noch steuern kann, ist ein Unterrichtsausschluss als Ordnungsmaßnahme nach § 53 SchulG zu verhängen. Auch aus der Erfolglosigkeit von kurzfristigen Unterrichtsausschlüssen im Hinblick auf das Verhalten eines Schülers im Unterricht kann nicht ohne weiteres der Rückschluss gezogen werden, dass das Aggressionsverhalten krankheitsbedingt und nicht steuerbar ist. § 54 SchulG verlangt hingegen, dass der betreffende Schüler sein Verhalten nicht mehr kontrollieren und nicht mehr dafür verantwortlich gemacht werden kann und aus diesem Grund die beabsichtigte Ordnungsmaßnahme den ihr zukommenden Zweck, nämlich eine Verhaltensänderung des Schülers zu erreichen, von vornherein nicht erfüllen kann. In einem solchen Fall kommt ein Ausschluss vom Unterricht nach § 54 SchulG in Betracht. Die Anforderungen an einen hierauf gestützten Unterrichtsausschluss sind indessen hoch: Denn die Schule muss zuvor grundsätzlich die Möglichkeiten einer sonderpädagogischen Unterstützung ausgeschöpft haben.

Es ist in diesem Zusammenhang noch abschließend darauf hinzuweisen, dass Schüler unter bestimmten Voraussetzungen einen Anspruch auf **Eingliederungshilfe** haben, zum Beispiel in Form eines **Schulbegleiters** für den Besuch einer Förderschule mit dem Schwerpunkt Emotionale und soziale Entwicklung. Die Rechtsgrundlage hierfür ist § 35a Abs. 1 Satz 1 SGB VIII. Danach haben Kinder oder Jugendliche einen Anspruch auf Eingliederungshilfe, wenn ihre seelische Gesundheit mit hoher Wahrscheinlichkeit länger als sechs Monate von dem für ihr Lebensalter typischen Zustand abweicht und daher ihre Teilhabe am Leben in der Gesellschaft beeinträchtigt ist oder eine solche Beeinträchtigung zu erwarten ist. Nach der Rechtsprechung des OVG NRW ist es hierfür erforderlich, dass eine nachhaltige Einschränkung der sogenannten sozialen Funktionstüchtigkeit des Betreffenden vorliegt oder eine solche droht. Dies ist beispielsweise bei einer auf Versagensängsten beruhenden Schulphobie, bei einer totalen Schul- und Lernverweigerung, bei einem Rückzug aus jedem sozialen Kontakt oder bei einer Vereinzelung in der Schule anzunehmen, nicht aber bereits bei bloßen Schulproblemen und Schulängsten, wie sie auch andere Kinder teilen (OVG NRW, Beschluss vom 20. November 2017, 12 B 1124/17).

E. Zuständigkeit

Sogenannten »Formalien« **wird im Schulalltag mitunter eine nur untergeordnete Bedeutung beigemessen. Dies kann fatale Auswirkungen haben. Denn manche Rechtsfehler, die in diesem Bereich unterlaufen, können im Widerspruchs- oder Gerichtsverfahren unter Umständen dazu führen, dass die von der Schule ausgesprochene pädagogische Maßnahme aufgehoben wird, obwohl der betroffene Schüler ein gravierendes Fehlverhalten an den Tag gelegt hat. Soweit es die Zuständigkeiten anbelangt, ist zu unterscheiden: Erzieherische Einwirkungen** können von jeder Lehrkraft ausgesprochen werden, die das Fehlverhalten eines Schülers wahrnimmt (zum Beispiel auch von der Pausenaufsicht). Das Gesetz sieht eine ausschließliche Zuständigkeit etwa des Klassenlehrers oder gar des Schulleiters insoweit nicht vor. Bei den **Schulordnungsmaßnahmen** hat der Gesetzgeber hingegen unterschiedliche Zuständigkeiten geregelt:

I. Verweis, Überweisung in eine Parallelklasse und Unterrichtsausschluss

Über diese drei Ordnungsmaßnahmen entscheidet der **Schulleiter** oder ein von ihm **beauftragtes Mitglied der Schulleitung** nach Anhörung der Schülerin oder des Schülers (§ 53 Abs. 6 Satz 1 SchulG). Diese Regelung ist verhältnismäßig neu und erst am 9. März 2022 mit dem Gesetz zur Modernisierung und Stärkung der Eigenverantwortung von Schulen (**16. Schulrechtsänderungsgesetz**) vom 23. Februar 2022 (GV. NRW 2022, S. 223) in Kraft getreten. Zuvor war allein der Schulleiter zuständig, was gerade bei größeren Schulen – wie etwa Berufskollegs mit zum Teil über zweitausend Schülern – zu einem kaum zu bewältigenden Arbeitsanfall für die Schulleiter führte. Hierauf hat der Gesetzgeber mit der Neuregelung reagiert. Nunmehr kann ein Mitglied der Schulleitung mit der Verhängung dieser »niedrigschwelligen« Ordnungsmaßnahmen beauftragt werden.

Zu berücksichtigen ist ferner, dass sich der Schulleiter oder das beauftragte Mitglied der Schulleitung von der zuständigen Teilkonferenz hierbei beraten lassen oder ihr die Entscheidungsbefugnis sogar übertragen kann (§ 53 Abs. 6 Satz 2 SchulG). Wird eine Ordnungsmaßnahme auf einer Sitzung der Teilkonferenz ausgesprochen, muss aber – etwa aus dem Sitzungsprotokoll – erkennbar sein, ob der Schulleiter (oder ein von ihm beauftragtes Mitglied der Schulleitung) nach Beratung durch die Teilkonferenz selbst oder die Teilkonferenz die Ordnungsmaßnahme erlassen hat (OVG NRW, Beschluss vom 14. Januar 2011, 19 B 14/11). Allerdings nimmt die Rechtsprechung eine sinngemäße (also **stillschweigende**) **Übertragung** der Entscheidungsbefugnis dann an, wenn der Schulleiter an einer Sitzung der Teilkonferenz teilnimmt und mit abstimmt, ohne sich die Entscheidung über die zu beschließende Ordnungsmaßnahme selbst vorzubehalten (OVG NRW, Beschluss vom 16. März 2017, 19 B 319/17). Um hier »Angriffsflächen« von vornherein zu vermeiden, sollte indessen deutlich hervorgehoben werden, wer die Maßnahme getroffen hat.

II. Androhung der Entlassung und Entlassung von der Schule

Über die Androhung der Schulentlassung wie auch über die Entlassung selbst entscheidet eine von der Lehrerkonferenz berufene Teilkonferenz (§ 53 Abs. 7 Satz 1 SchulG).

1. Wahl und Besetzung der Teilkonferenz

Der Teilkonferenz gehören gemäß § 53 Abs. 7 Satz 3 SchulG an:

- ein Mitglied der Schulleitung
- der Klassenlehrer oder Jahrgangsstufenleiter
- drei weitere, für die Dauer eines Schuljahres zu wählende Lehrer bzw. sozialpädagogische Mitarbeiter der Schule als ständige Mitglieder

Weitere für die Dauer eines Schuljahres zu wählende Mitglieder sind:

- ein Vertreter der Schulpflegschaft und
- ein Vertreter des Schülerrates.

Auch hinsichtlich der Teilkonferenz sind mit dem 16. Schulrechtsänderungsgesetz bedeutsame **Neuerungen** in Kraft getreten. Bislang war es nur möglich, eine Teilkonferenz je Schule zu wählen. Ersatzmitglieder beziehungsweise Vertreter waren nicht zulässig. Seit dem **9. März 2022** besteht nunmehr die Möglichkeit, dass die Schule **verschiedene**, für Schulstufen, Bildungsgänge oder Abteilungen zuständige **Teilkonferenzen** bilden kann (§ 53 Abs. 7 Satz 2 SchulG). In der Gesetzesbegründung ist insoweit angeführt worden, dass für die drei gewählten Vertreter aus der Lehrerschaft die Teilnahme an allen Ordnungsmaßnahmenkonferenzen insbesondere an großen Schulsystemen eine erhebliche zeitliche Belastung bedeuten kann. Dem sollte entgegengewirkt werden. Zudem kann neuerdings für jedes Mitglied der Teilkonferenz jeweils (also »**personenscharf**«) ein **Vertreter** gewählt werden, der bei Verhinderung des ordentlichen Mitglieds dessen Aufgaben wahrnimmt (§ 53 Abs. 7 Sätze 6 und 7 SchulG). Auch diese Änderung dient nach dem Willen des Gesetzgebers der Flexibilisierung der Zusammensetzung der Ordnungsmaßnahmenkonferenzen, die insbesondere in größeren Schulsystemen zur Sicherstellung ordnungsgemäßer Verfahren und Vermeidung erheblicher Belastungen erforderlich ist.

Hinzuweisen ist nochmals darauf, dass nach wie vor nicht erforderlich ist, dass der Schulleiter selbst an der Teilkonferenz teilnimmt, weil § 53 SchulG nur verlangt, dass **ein Mitglied der Schulleitung** anwesend ist. Der Schulleitung gehört gemäß § 60 Abs. 1 SchulG neben dem Schulleiter noch sein ständiger Vertreter an. Soweit ein zweiter Konrektor bestellt ist, zählt er ebenfalls zur Schulleitung. Das Ministerium für Schule und Bildung kann im Übrigen zulassen, dass weitere Personen der Schulleitung angehören (erweiterte Schulleitung). Wenn die vorgenannten Personen verhindert sind, übernimmt der dienstälteste Lehrer der Schule die Vertretung, soweit der Schulleiter nicht einen anderen Lehrer mit der Vertretung beauftragt hat (vgl. § 60 Abs. 2 SchulG). Soweit der Teilkonferenz auch ein Vertreter des Schülerrates angehört, ist zu beachten, dass ein Schülerrat für die Primarstufe nicht vorgesehen ist (vgl. § 74 Abs. 2 Satz 2 SchulG).

Nicht selten nehmen an Sitzungen der Teilkonferenzen von Gesamtschulen **Abteilungsleiter** anstelle des jeweiligen **Klassenlehrers** teil. Dies ist kann unter Umständen unzulässig sein. Denn der Unterricht an Gesamtschulen findet in der Sekundarstufe I gemäß § 17 Abs. 2 und Abs. 3 Satz 1 SchulG in Klassen statt. Soweit § 53 Abs. 7 Satz 3 SchulG alternativ auf den **Jahrgangsstufenleiter** abstellt, ist dies nach § 5 Abs. 2 der Verordnung über den Bildungsgang und die Abiturprüfung in der gymnasialen Oberstufe (APO-GOSt) die in der gymnasialen Oberstufe vorgesehene Jahrgangsstufenleitung und damit der Beratungslehrer. Der Abteilungsleiter kann somit die erforderliche Anwesenheit des Klassenlehrers nicht ersetzen. Dies gilt auch deshalb, weil Abteilungsleiter nach Ziffer 1.1 des Runderlasses des Ministeriums vom 20. Dezember 1990 betreffend die »Organisation und Geschäftsverteilung für Gesamtschulen« zur **Schulleitung** gehören.

Wenn zu Beginn eines Schuljahres eine Teilkonferenz tagt, kann sich die Situation ergeben, dass für das neue Schuljahr noch keine Vertreter der Schulpflegschaft und des Schülerrates gewählt worden sind. Das hat dann gemäß § 64 Abs. 2 Satz 2 SchulG zur Folge, dass die **Mitwirkungsgremien** des vorangegangenen Schuljahres bis zum ersten Zusammentreten der neugewählten Mitwirkungsgremien im neuen Schuljahr **fortbestehen** und deren gewählte Vertreter grundsätzlich weiterhin Mitglieder der Teilkonferenz sind. Dabei ist aber zu beachten, dass dies nicht für die Vertreterin des Schülerrates gilt, wenn sie nicht mehr Schülerin dieser Schule sein sollte. Denn mit dem Verlassen der Schule endet ihre Mitgliedschaft im Schülerrat kraft Gesetzes, weil die Wählbarkeit entfällt (§ 64 Abs. 3 Satz 1 SchulG) und damit auch ihre Stellung als Vertreterin des Schülerrates in der Teilkonferenz (OVG NRW, Beschluss vom 16. November 2018, 19 B 1415/18).

Praxistipp:

Schulen sollten darauf achten, Teilkonferenzen auch als solche zu bezeichnen. Der **Begriff »Disziplinarkonferenz« sollte vermieden werden**. Er ist missverständlich, weil er in § 53 SchulG nicht vorgesehen ist und Schulen auch keine Disziplinarmaßnahmen, sondern pädagogische Maßnahmen verhängen.

Fall 23: »Ungültige Wahl von Lehrern in die Teilkonferenz«

(OVG NRW, Beschluss vom 26. Mai 2014, 19 B 203/14)

Eine Lehrerkonferenz hat einen aus acht Personen bestehenden »Pool von Kolleginnen und Kollegen« einstimmig per Handzeichen in die Teilkonferenz für Ordnungsmaßnahmen gewählt und eine Reihenfolge dabei als nicht nötig angesehen.

Das OVG NRW hat festgestellt, dass diese Wahl gegen die in § 53 Abs. 7 Satz 3 SchulG festgelegte gesetzliche Mitgliederzahl von drei Lehrern oder sozialpädagogischen Mitarbeitern und gegen das aus § 64 Abs. 1 Satz 2 SchulG abzuleitende Gebot personenbezogener Wahlgänge verstoßen habe. Nach dem Wortlaut von § 53 Abs. 7 Satz 3 SchulG sei die gesetzliche Mitgliederzahl von **drei Lehrern oder Mitarbeitern** eine **exakte Vorgabe** und **nicht nur eine Mindestzahl**, welche die Lehrerkonferenz überschreiten dürfe. Mit der Bezeichnung als »ständige Mitglieder« grenze die Vorschrift diese (drei) Personen von den wechselnden Mitgliedern der Teilkonferenz ab, nämlich von dem Mitglied der Schulleitung und von dem Klassenlehrer oder Jahrgangsstufenleiter. Diese wechselnden Mitglieder bestimme § 53 Abs. 7 Satz 3 SchulG nur ihrer Funktion nach, nehme dabei aber in Kauf, dass sie ihrer Person nach von Sitzung zu Sitzung wechseln könnten. Die Bezeichnung der drei Lehrkräfte beziehungsweise Mitarbeiter als »ständige Mitglieder« würde dagegen sprechen, dass die angeführte Vorschrift einen solchen Wechsel der Personen von Sitzung zu Sitzung auch in der Gruppe der Lehrer/Mitarbeiter ermöglichen wolle. Letzteres wäre aber der Fall, wenn die Lehrerkonferenz die gesetzliche Mitgliederzahl überschreiten dürfte und ein Schulleiter von Sitzung zu Sitzung neu entscheiden könnte, welchen Gewählten er zur Teilnahme an einer Sitzung der Teilkonferenz einlädt.

Diese an dem Wortlaut der Vorschrift orientierte Auslegung werde auch durch den Sinn und Zweck der Vorschrift bestätigt, wonach in der Teilkonferenz eine **fachliche Spezialisierung** und eine eng abgestimmte **vertrauensvolle Zusammenarbeit** gewährleistet werden solle. Es liege nahe, dass der Gesetzgeber bei den ständigen Mitgliedern den Aufbau von Kompetenzen für die Entscheidung über Schulordnungsmaßnahmen ermöglichen wollte. Eine größtmögliche personelle Kontinuität in der Zusammensetzung der Teilkonferenz könne überdies für eine möglichst gleichmäßige Ermessensausübung im Bereich des Schulordnungsrechts Sorge tragen. Das heißt, dass gewährleistet werde, dass vergleichbares Fehlverhalten von Schülern auch mit vergleichbaren »Sanktionen« geahndet werde. Ein Personenwechsel auch in der Gruppe der Lehrer und Mitarbeiter wäre dieser Zielrichtung abträglich. Er würde im Übrigen auch die Möglichkeit eröffnen, dass sich ein Schulleiter die Sitzungsteilnehmer der Teilkonferenz aus dieser Gruppe unabhängig von einer Verhinderung ihrer einzelnen Mitglieder zusammenstellt und sich gerade dabei diejenigen aussucht, deren Zustimmung zu seinen Vorschlägen er sich sicher ist. Indem § 53 Abs. 7 Satz 3 SchulG diese Möglichkeit ausschließe, gewährleiste die Vorschrift zugleich Objektivität und Akzeptanz der Entscheidungen dieses Gremiums, die ja gegebenenfalls bis zur Entlassung eines Schülers reichen könnten.

Auch ein Blick auf andere Vorschriften des Schulgesetzes zeige auf, dass die gesetzliche Mitgliederzahl von drei Personen nicht überschritten werden dürfe. Denn nach § 69 Abs. 1 Sätze 2 und 3 SchulG würden dem von der Lehrerkonferenz zu wählenden Lehrerrat mindestens drei, höchstens fünf Lehrer oder Mitarbeiter angehören. An Schulen mit nicht mehr als acht hauptamtlichen und hauptberuflichen Lehrern oder Mitarbeitern könne die Anzahl der Mitglieder durch Beschluss der Lehrerkonferenz auf zwei vermindert werden. In diesen Vorschriften habe der Landesgesetzgeber eine Mindest- und Höchstmitgliederzahl ausdrücklich bestimmt und der Lehrerkonferenz außerdem die Befugnis eingeräumt, die Mindestmitgliederzahl zu verringern. Diese Möglichkeiten habe der Landesgesetzgeber in § 53 SchulG über die Größe der Teilkonferenz aber gerade nicht vorgesehen.

Das OVG NRW hat weiter hervorgehoben, dass eine Teilkonferenz schon dann **beschlussfähig** ist, wenn mehr als die Hälfte der stimmberechtigten Mitglieder anwesend ist (vgl. § 63 Abs. 5 Satz 1 SchulG). Die aus fünf ständigen Mitgliedern (drei Lehrer/Mitarbeiter, Eltern- und Schülervertreter) und zwei wechselnden Mitgliedern (Mitglied der Schulleitung, Klassenlehrer/Jahrgangsstufenleiter) bestehende Teilkonferenz ist danach beschlussfähig, wenn vier ihrer insgesamt sieben Mitglieder anwesend sind. Die weiteren Regelungen in § 63 Abs. 5 SchulG zur Beschlussfähigkeit von Mitwirkungsgremien würden im Übrigen bewirken, dass die Arbeitsfähigkeit der Teilkonferenz auch in Fällen kurzfristiger Verhinderung einzelner Mitglieder erhalten bleibe: Gemäß § 63 Abs. 5 Satz 2 SchulG gilt sie als beschlussfähig, solange die Beschlussunfähigkeit nicht festgestellt ist. Ohne Rücksicht auf die Zahl der anwesenden Mitglieder ist sie beschlussfähig, wenn der Vorsitzende sie wegen Beschlussunfähigkeit erneut zur Beratung desselben Gegenstandes einberufen hat (vgl. § 63 Abs. 5 Satz 3 SchulG). Vor dem Hintergrund, dass seit dem 9. März 2022 auch Vertreter für die Teilkonferenz gewählt werden können, dürfte sich das Problem der Beschlussunfähigkeit in der Praxis aber zukünftig eher selten stellen.

Außerdem hat das OVG NRW in der angeführten Entscheidung festgestellt, dass die Wahl von Lehrern innerhalb eines »Pools« gegen das Gebot **personenbezogener Wahlgänge** verstößt. Die Lehrerkonferenz müsse die nach § 53 Abs. 7 Satz 3 SchulG erforderlichen drei Personen in **getrennten Wahlgängen** in die Teilkonferenz wählen.

Zu beachten ist ferner, dass in der Rechtsprechung gefordert wird, dass bereits in der **Einladung zur Teilkonferenz** der Vorwurf, der zur Einberufung der Sitzung geführt hat, »hinreichend klar umrissen« ist (so bereits VG Aachen, Beschluss vom 12. März 2012, 9 L 69/12).

2. Fehler bei der Besetzung der Teilkonferenz

Wenn die Teilkonferenz nicht vorschriftsmäßig besetzt ist, sind die von den Mitgliedern getroffenen Ordnungsmaßnahmen regelmäßig rechtswidrig.

Fall 24: »Fehlerhafte Besetzung der Teilkonferenz«

(VG Düsseldorf, Beschluss vom 28. September 2015, 18 L 3108/15)

Eine Teilkonferenz hat die Entlassung eines Schülers beschlossen. An der Sitzung hatte aber weder ein Vertreter der Schulpflegschaft noch des Schülerrates teilgenommen.

Das Verwaltungsgericht hat ausgeführt, dass der Beschluss der Teilkonferenz über die Entlassung des Schülers in formeller Hinsicht rechtswidrig war. Denn der Konferenz würden unter anderem gemäß § 53 Abs. 7 Satz 4 SchulG ein Vertreter der Schulpflegschaft und des Schülerrates angehören. Diese nehmen an den Sitzungen dann nicht teil, wenn der Schüler oder die Eltern der Teilnahme widersprechen (§ 53 Abs. 7 Satz 5 SchulG). In dem vorliegenden Fall sei es nicht ersichtlich gewesen, dass der volljährige Schüler der Teilnahme widersprochen habe. In der Einladung zur Teilkonferenz sei er fälschlicherweise darüber belehrt worden, dass er mitteilen solle, wenn er wünsche, dass ein Vertreter der Schülerschaft oder der Schulpflegschaft an der Sitzung teilnehmen solle, damit diese entsprechend eingeladen werden könnten. Nach der Gesetzeslage sei es jedoch genau umgekehrt: Eltern- und Schülervertreter sind

Mitglieder der Teilkonferenz und nehmen nur dann nicht teil, wenn der volljährige Schüler ihrer Teilnahme ausdrücklich widerspricht.

Sodann hat sich das Verwaltungsgericht mit der Frage auseinandergesetzt, ob dieser (Verfahrens-)Fehler geheilt werden kann. Regelungen über die sogenannte Heilung von Verfahrensfehlern enthält § 45 VwVfG NRW. Nach Abs. 1 Nr. 4 dieser Vorschrift ist eine Verletzung von Verfahrensvorschriften unbeachtlich, wenn unter anderem der Beschluss eines Ausschusses, dessen *Mitwirkung* für den Erlass des Verwaltungsaktes erforderlich ist, nachträglich gefasst wird. Eine Heilung kommt nach dieser Vorschrift also nicht in Betracht, wenn der Ausschuss – wie im Falle der Schulentlassung – eine *eigene Entscheidung* trifft.

Verfahrensfehler können gemäß § 46 VwVfG NRW aber unbeachtlich sein, wenn offensichtlich ist, dass die Verletzung der Verfahrensvorschrift die Entscheidung in der Sache nicht beeinflusst hat. In dem angeführten Fallbeispiel könnte die Überlegung angestellt werden, dass sich das Fehlen der (beiden) Vertreter des Schülerrates und der Schulpflegschaft bei einem einstimmigen Beschluss der übrigen fünf Teilnehmer der Konferenz von vornherein nicht ausgewirkt hat. Diese Überlegung greift aber zu kurz. Auch wenn das Abstimmungsergebnis über eine Ordnungsmaßnahme einstimmig war, muss davon ausgegangen werden, dass eine nicht anwesende und abstimmungsberechtigte Person an einer kollegial zu treffenden Ermessensentscheidung schon durch ihre Teilnahme an der Beratung Einfluss auf die anderen Konferenzteilnehmer ausüben und diese zu einem abweichenden Stimmverhalten veranlassen kann. Dies ist in der Rechtsprechung geklärt.

3. Besorgnis der Befangenheit eines Teilnehmers der Teilkonferenz

Wenn die Teilkonferenz die Verhängung einer Ordnungsmaßnahme beschließen möchte, weil ein Schüler gegen den Schulleiter oder eine Lehrkraft Beleidigungen ausgesprochen hat, kann sich die Frage stellen, ob diese Person – wenn sie zum Teilnehmerkreis der Konferenz nach § 53 Abs. 7 Satz 3 SchulG gehört – von der Beratung und Beschlussfassung wegen Befangenheit ausgeschlossen ist. Die rechtliche Grundlage für diese Fragestellung findet sich in § 21 Abs. 1 Satz 1 VwVfG NRW. Diese Vorschrift gilt auch für Schulen (vgl.

§ 2 Abs. 3 Nr. 3 VwVfG NRW). Nach § 21 Abs. 1 Satz 1 VwVfG NRW ist die Besorgnis der Befangenheit gegeben, wenn ein Grund vorliegt, der geeignet ist, **Misstrauen gegen eine unvoreingenommene Amtsausübung** zu rechtfertigen. Die Besorgnis der Befangenheit verlangt einen vernünftigen Grund, der die Beteiligten von ihrem Standpunkt aus befürchten lässt, dass der Lehrer nicht unparteiisch sachlich, insbesondere nicht mit der gebotenen Distanz, Unbefangenheit und Objektivität entscheiden wird. Mit anderen Worten ist es nicht erforderlich, dass sich der Schulleiter oder die Lehrkraft tatsächlich von sachwidrigen Erwägungen bei der anstehenden Entscheidung leiten lässt. Es soll bereits der »**böse Schein**« vermieden werden. Ausreichend, aber auch erforderlich ist daher lediglich die Besorgnis der Befangenheit. Maßgeblich ist hierfür nicht die Sicht des jeweiligen Betroffenen (Schüler/Eltern), sondern ob ein verständiger Dritter in der Situation der Verfahrensbeteiligten aufgrund objektiv feststellbarer Tatsachen Anlass hätte, an der Unvoreingenommenheit des Schulleiters oder Lehrers zu zweifeln (vgl. Mann/Sennekamp/Uechtritz, Nomos Kommentar, § 21, Rn. 30 f.). Für die Beurteilung der Frage, ob eine Besorgnis der Befangenheit vorliegt, kommt es immer auf die **Umstände des Einzelfalles** an. Grundsätzlich kann davon ausgegangen werden, dass eine Lehrkraft auch aus Sicht eines besonnenen Dritten willens und in der Lage ist, sachgerecht über die Verhängung einer Ordnungsmaßnahme mitzuberaten und zu entscheiden, auch wenn der betroffene Schüler gerade gegenüber diesem Lehrer eine beleidigende Äußerung getätigt hat. Hierfür mag auch sprechen, dass Lehrer öfter verbalen Beschimpfungen durch Schüler ausgesetzt sein dürften. Wenn jede Beleidigung zugleich die Besorgnis der Befangenheit begründen würde, hätte dies im Übrigen zur Folge, dass der Schüler nach Belieben durch Beschimpfungen der Mitglieder der Teilkonferenz deren Ausschluss herbeiführen und so über die personelle Besetzung der Konferenz »bestimmen« könnte (vgl. VG Stuttgart, Urteil vom 14. November 2003, 10 K 4593/02).

— — —

Wenn Sie sich selbst für befangen halten, weil Sie angesichts der Ihnen seitens eines Schülers entgegengebrachten Beleidigungen zu der Einschätzung gelangen, im Rahmen der Sitzung der Teilkonferenz nicht mehr unvoreingenommen zu einer Entscheidung gelangen zu können, haben Sie nicht ohne weiteres die

Möglichkeit der »Selbstablehnung«. Eine Selbstablehnung führt nicht nämlich nicht automatisch zu Ihrem Ausschluss von der Mitwirkung an der Teilkonferenz. Entscheid ist vielmehr, ob (wirklich) ein Grund vorliegt, der geeignet ist, Misstrauen gegen ihre unvoreingenommene Amtsausübung zu rechtfertigen. Hierüber hat grundsätzlich nicht der Lehrer selbst, sondern der Schulleiter zu befinden. Liegt ein solcher Grund nicht vor, so ist die Entbindung von der Mitwirkung des Lehrers am Verfahren trotz dessen »**Selbstablehnung**« zu versagen (vgl. BVerwG, Beschluss vom 29. Januar 1985, 7 B 4.85).

III. Androhung der Verweisung und Verweisung von allen öffentlichen Schulen

Für diese Ordnungsmaßnahmen ist gemäß § 53 Abs. 3 Satz 1 Nr. 6 und 7 SchulG die obere Schulaufsichtsbehörde (dies ist gemäß § 88 Abs. 2 Satz 1 SchulG die Bezirksregierung) zuständig. Die Entscheidung über die Anordnung dieser Ordnungsmaßnahmen bedarf der Bestätigung durch das Ministerium. Soweit der Schüler die Schulpflicht noch nicht erfüllt hat, ist für geeignete Bildungsmaßnahmen zu sorgen (§ 53 Abs. 5 Sätze 2 und 3 SchulG). Vor dem Hintergrund, dass diese Maßnahmen in der Praxis extrem selten sind, soll hierauf nicht näher eingegangen werden.

F. Anhörung vor Erlass einer Ordnungsmaßnahme

Der Schüler ist vor Erlass einer Schulordnungsmaßnahme grundsätzlich anzuhören. Dies sieht § 53 Abs. 6 Satz 1 SchulG ausdrücklich für den Fall vor, dass der Schulleiter einen schriftlichen Verweis, die Überweisung in eine Parallelklasse oder den vorübergehenden Unterrichtsausschluss ausspricht. Bei diesen Ordnungsmaßnahmen ist außerdem den Eltern und dem Klassenlehrer oder dem Jahrgangsstufenleiter vor der Entscheidung Gelegenheit zur Stellungnahme zu geben. In dringenden Fällen kann auf vorherige Anhörungen verzichtet werden; sie sind dann nachzuholen (§ 53 Abs. 6 Sätze 3 und 4 SchulG). Ein solcher dringender Fall liegt etwa vor, wenn aufgrund gewalttätiger Übergriffe durch einen Schüler einer Gefährdung anderer Schüler ohne zeitlichen Verzug entgegengewirkt werden muss.

Auch die Teilkonferenz hat vor der Beschlussfassung dem betroffenen Schüler und seinen Eltern Gelegenheit zu geben, zu dem Vorwurf der Pflichtverletzung Stellung zu nehmen; zu der Anhörung kann der Schüler eine **Person des Vertrauens** aus dem Kreis der Schüler oder Lehrer hinzuziehen (§ 53 Abs. 8 SchulG). Diese Personen dürfen zwar an der Anhörung, nicht aber an der Beratung und Entscheidung der Teilkonferenz teilnehmen. Vor der Beratung sind sie daher aufzufordern, den Raum zu verlassen. Sollte die **Anwesenheit eines Dolmetschers** erforderlich sein, ist diesem im Rahmen der Anhörung ebenfalls die Teilnahme zu gestatten, wenn eine sachgerechte Einlassung des Schülers oder seiner Eltern andernfalls nicht gewährleistet erscheint.

Fall 25: »Ausschluss eines Rechtsanwalts von der Teilkonferenz«

(VG Düsseldorf, Urteil vom 14. April 2010, 18 K 4441/09)

Gegen eine Schülerin der Jahrgangsstufe 7 sollte ein Beschluss über eine Ordnungsmaßnahme ergehen, da die Schülerin durch massive Unterrichtsstörungen, respektloses Verhalten gegenüber Lehrkräften und Leistungsverweigerung den Erziehungs- und Bildungsauftrag der Schule gefährdet hat. Die Eltern der Schülerin kündigten an, dass an der anberaumten Konferenz ein von ihnen beauftragter Rechtsanwalt teilnehmen wird. Die Schulleiterin verweigerte dem Rechtsanwalt allerdings die Teilnahme. Die Konferenz, in der die Überweisung der Schülerin in eine Parallelklasse beschlossen wurde, fand daraufhin ohne die Schülerin, deren Eltern und den Rechtsanwalt statt.

Das Verwaltungsgericht hat festgestellt, dass der Ausschluss des Rechtsanwalts von der Teilnahme an der Teilkonferenz rechtmäßig gewesen ist. Zur Begründung hat es ausgeführt, dass nach § 3 Abs. 2 der Bundesrechtsanwaltsordnung (BRAO) das Recht eines Anwalts, in Rechtsangelegenheiten aller Art vor Behörden aufzutreten, zwar nur durch ein Bundesgesetz beschränkt werden könne, und dass nach § 3 Abs. 3 BRAO jedermann im Rahmen der gesetzlichen Vorschriften das Recht habe, sich in Rechtsangelegenheiten aller Art durch einen Rechtsanwalt seiner Wahl beraten und vor Behörden vertreten zu lassen. Die schulrechtlichen Vorschriften würden aber das Anhörungsrecht für die in Rede stehende Ordnungsmaßnahme auf den Schüler, die Eltern und den Klassenlehrer bzw. den Jahrgangsstufenleiter beschränken (vgl. § 53 Abs. 6 Sätze 1 und 3 SchulG). Hinzu kommt, dass sich ein am Verwaltungsverfahren Beteiligter zwar nach den landesrechtlichen Vorschriften durch einen Bevollmächtigten vertreten lassen kann (§ 14 VwVfG NRW). Diese Vorschrift gilt aber gerade nicht für die Tätigkeit der Schulen (§ 2 Abs. 3 Nr. 3 VwVfG NRW; so auch VG Aachen, Beschluss vom 12. März 2012, 9 L 69/12). Dieser Normenkonflikt ist wie folgt aufzulösen: Vor dem Hintergrund, dass das Schulrecht in der ausschließlichen Gesetzgebungskompetenz der Länder liegt, ist der Bundesgesetzgeber gehindert, Vorschriften zu erlassen, die die Teilnahme von Rechtsanwälten an persönlichen Anhörungen vor dem Erlass von Schulordnungsmaßnahmen regeln. Demgemäß ist § 3 BRAO verfassungskonform einschränkend auszulegen mit der Folge, dass die Schule dem Rechtsanwalt zu Recht die Teilnahme an der Konferenz verweigert hat. Diese Rechtsprechung hat das OVG NRW noch mit Beschluss vom 30. Mai 2022, 19 B 435/22, bestätigt.

— — —

G. Begründung einer Schulordnungsmaßnahme

Die Schule muss die Verhängung einer Ordnungsmaßnahme begründen. Dies stellt zunächst § 53 Abs. 9 SchulG klar. Nach dieser Vorschrift sind Ordnungsmaßnahmen den Eltern schriftlich bekannt zu geben und zu begründen. Diese Regelung gilt zwar nur für minderjährige Schüler, deren Rechte von ihren Eltern wahrgenommen werden. Aber auch gegenüber volljährigen Schülern greift eine Begründungspflicht der Schule ein. Dies folgt aus § 39 VwVfG NRW, wonach ein Verwaltungsakt mit einer Begründung zu versehen ist. Diese Vorschrift gilt gemäß § 2 Abs. 3 Nr. 3 VwVfG NRW auch für Schulen. In der Begründung sind die **wesentlichen tatsächlichen und rechtlichen Gründe** mitzuteilen, die die Schule zu ihrer Entscheidung bewogen haben. Die Begründung von Ermessensentscheidungen soll auch die Gesichtspunkte erkennen lassen, von denen die Schule bei der Ausübung ihres Ermessens ausgegangen ist (vgl. § 39 Abs. 1 Sätze 2 und 3 VwVfG NRW).

Der Zweck der Begründung liegt darin, dass der betroffene Schüler in die Lage versetzt werden soll, zu dem ihm angelasteten Fehlverhalten gegebenenfalls Stellung zu nehmen. Dies kann er aber nur, wenn die Schule ihm die wesentlichen Gründe für die Ordnungsmaßnahme (durch detaillierte und anschauliche Erläuterungen zum Fehlverhalten, datumsgemäße Auflistung der Pflichtverletzungen) und die Gesichtspunkte ihrer Ermessensausübung nennt. Bereits die Teilkonferenz sollte ihre tragfähigen Erwägungen – ebenso wie die Art der beschlossenen Schulordnungsmaßnahme und das Abstimmungsergebnis – im Protokoll festhalten.

Im Übrigen kann ein (etwaiger) Begründungsmangel in einem verwaltungsgerichtlichen Verfahren nachgeholt werden (vgl. § 45 Abs. 1 Nr. 2, Abs. 2 VwVfG NRW). Dies gilt aber grundsätzlich nicht für die Ermessenserwägungen. **Achten Sie daher – vor dem Zustellen eines Bescheides an die Schüler/Eltern – auf das Vorliegen einer vollständigen Begründung**.

Häufig stellt sich die Frage, ob in der Begründung einer Schulordnungsmaßnahme auch auf das **Vorverhalten** (frühere Vorkommnisse) eines Schülers eingegangen werden muss. Die Schule darf neben der aktuellen Pflichtverletzung, die Anlass für die konkret in Rede stehende Ordnungsmaßnahme ist, auch schulisches Vorverhalten in den Blick nehmen. Denn im Rahmen des pädagogischen Ermessens kann hinsichtlich der Anwendung und Auswahl von Schulordnungsmaßnahmen auch das bisherige schulische Verhalten des betroffenen Schülers relevant sein. Sofern es um **Beleidigungen** geht, muss die Schule für die Bewertung einer Äußerung eines Schülers als Pflichtverletzung- und auch für deren Gewichtung – die konkreten Umstände des Einzelfalles wie Anlass und Kontext der Äußerung, Alter des Schülers und den allgemeinen Sprachgebrauch unter Altersgenossen und Klassenkameraden berücksichtigen (OVG NRW, Beschluss vom 28. Oktober 2009, 19 B 1530/09).

H. Schulpflichtverletzung

Nicht selten entziehen sich Schüler ihrer Pflicht zum Schulbesuch. Die **Eltern** sind gemäß § 41 Abs. 1 Satz 2 SchulG dafür **verantwortlich**, dass ihr schulpflichtiges Kind am Unterricht und an den sonstigen verbindlichen Veranstaltungen der Schule regelmäßig teilnimmt; sie müssen es auch angemessen ausstatten. Aber auch die Schulen werden insoweit von den gesetzlichen Vorschriften adressiert. So regelt § 41 Abs. 3 SchulG, dass **Lehrkräfte und Schulleiter** verpflichtet sind, Schulpflichtige, die ihre Schulpflicht nicht erfüllen, zum regelmäßigen Schulbesuch anzuhalten und auf die Eltern sowie auf die für die Berufserziehung Mitverantwortlichen einzuwirken. Bleibt die pädagogische Einwirkung erfolglos, können die Schulpflichtigen auf Ersuchen der Schule oder der Schulaufsichtsbehörde von der für den Wohnsitz oder gewöhnlichen Aufenthalt zuständigen Ordnungsbehörde der Schule **zwangsweise zugeführt** werden. Das **Jugendamt** ist über die beabsichtigte Maßnahme zu unterrichten (§ 41 Abs. 4 SchulG). Darüber hinaus können die Eltern von der Schulaufsichtsbehörde durch **Zwangsmittel** zur Erfüllung ihrer Pflichten gemäß § 41 Absatz 1 SchulG angehalten werden (§ 41 Abs. 5 SchulG). Die Einzelheiten sind insoweit in dem **Runderlass** des Schulministeriums vom 4. Februar 2007 (ABl. NRW. S. 155) »**Überwachung der Schulpflicht**« geregelt. Danach hat die Schule zum Zwecke der Schulpflichtüberwachung zunächst die lückenlose und zeitnahe Feststellung und Dokumentation von Fehlzeiten der Schüler sowie der getroffenen Maßnahmen sicherzustellen. Eine Feststellung der Fehlzeiten erst zum Ende eines Schulhalbjahres zum Zwecke der Dokumentation auf dem Zeugnis gemäß § 49 Abs. 2 SchulG ist unzulässig. Fehlzeiten sind in das Schülerstammblatt aufzunehmen und zudem in Klassenbüchern und Kursheften anzugeben. Dies gilt auch für schriftliche Entschuldigungen und vorgelegte Atteste als Teil der Schülerakte. Der Runderlass sieht hinsichtlich der Befolgung der Schulpflicht ein gestuftes Verfahren vor. Zunächst sollen erzieherische Einwirkungen und Ordnungsmaßnahmen ergriffen werden, um Schüler zur Einhaltung ihrer Schulpflicht anzuhalten. Bleibt die pädagogische Einwirkung erfolglos oder steht fest, dass sie keinen Erfolg haben wird, so sind die Eltern schriftlich auf ihre Verpflichtung nach § 41 Abs. 1 Satz 2 SchulG hinzuweisen und aufzufordern, den Schüler zum regelmäßigen Schulbesuch zu veranlassen. Gleichzeitig mit dieser schriftlichen Aufforderung ist auf die Möglichkeiten eines Verwaltungsvollstreckungsverfahrens gemäß § 41 Abs. 5 SchulG oder eines Ordnungswidrigkeitenverfahrens nach § 126 Abs. 1 SchulG hinzuweisen. Zudem ist eine zwangsweise Vorführung für den Fall, dass der Schulpflichtige nicht innerhalb von drei Unterrichtstagen seiner Teilnahmepflicht nachkommt, in Abstimmung mit der zuständigen Ordnungsbehörde anzukündigen.

Erfüllt der Schulpflichtige trotz schriftlicher Aufforderung mit Ankündigung der zwangsweisen Zuführung seine Teilnahmepflicht nicht, beantragt nach vorheriger Absprache entweder der Schulleiter oder die Schulaufsichtsbehörde bei der Ordnungsbehörde die zwangsweise Zuführung des Schülers zur Schule. Darüber hinaus kann gegen Eltern eine **Geldbuße bis zu 1.000,00 Euro** verhängt werden, wenn sie nicht dafür Sorge tragen, dass der Schulpflichtige am Unterricht regelmäßig teilnimmt. Für den Erlass des Bußgeldbescheides ist die Schulaufsichtsbehörde zuständig.

I. Behördlicher und verwaltungsgerichtlicher Rechtsschutz

Die Frage, welche Rechtsschutzmöglichkeiten (unter anderem Widerspruch und Anfechtungsklage) Schüler und Eltern gegen erzieherische Einwirkungen und Ordnungsmaßnahmen haben, hängt von der Rechtsnatur der Maßnahme ab.

I. Rechtsnatur von erzieherischen Einwirkungen und Ordnungsmaßnahmen

Überwiegend wird in der Rechtsprechung angenommen, dass es sich bei **erzieherischen Einwirkungen** nicht um Verwaltungsakte, sondern um sogenannte Realakte handelt, sodass hiergegen auch kein Widerspruch erhoben werden muss. Vielmehr kann unmittelbar vor dem Verwaltungsgericht geklagt werden (vgl. Rux/Niehues, Rn. 437). Dem Schüler beziehungsweise seinen Eltern steht aber auch die Möglichkeit offen, gegen die Entscheidung bei der Schule **Beschwerde** einzulegen. Die Beschwerde ist nicht an eine besondere Form oder Frist geknüpft.

Bei den in § 53 Abs. 3 Satz 1 SchulG aufgeführten sieben **Ordnungsmaßnahmen** handelt es sich hingegen um **Verwaltungsakte**, also um Maßnahmen, die eine Behörde zur Regelung eines Einzelfalles auf dem Gebiet des öffentlichen Rechts trifft und die auf unmittelbare Rechtswirkungen nach außen (keine behördeninternen Maßnahmen) gerichtet sind (vgl. zur Definition eines Verwaltungsaktes: § 35 Satz 1 VwVfG NRW). Sie können im gerichtlichen Verfahren mit der sogenannten Anfechtungsklage (§ 42 Abs. 1 VwGO) angegriffen werden. Wenn eine solche Klage Erfolg hat, hebt das Verwaltungsgericht die Schulordnungsmaßnahme auf. Eine Voraussetzung für den Erfolg einer Klage ist, dass der Betroffene zunächst **Widerspruch** gegen die Schulordnungsmaßnahme erhoben hat (§ 68 Abs. 1 Satz 1 VwGO) hat. In Nordrhein-Westfalen ist das Widerspruchsverfahren zwar weitgehend abgeschafft worden. Für den Bereich des Schulrechts hat der Landesgesetzgeber dieses Vorverfahren aber ausdrücklich beibehalten (§ 110 JustG NRW). Im Rahmen dieses Widerspruchsverfahrens prüfen die Schulaufsichtsbehörden nicht nur die Rechtmäßigkeit, sondern auch die Zweckmäßigkeit der verhängten Ordnungsmaßnahme. Der Widerspruch ist gemäß § 70 Abs. 1 VwVfG NRW **innerhalb eines Monats** nach Bekanntgabe des Verwaltungsaktes schriftlich oder zu

Niederschrift bei der Schule oder der zuständigen Schulaufsichtsbehörde zu erheben. Enthält der Verwaltungsakt keine ordnungsgemäße Rechtsbehelfsbelehrung, so verlängert sich die Widerspruchsfrist um **ein Jahr** (Schulrechtsandbuch, R 251).

Dem gegen einen Verwaltungsakt eingelegten Widerspruch kommt grundsätzlich aufschiebende Wirkung zu (vgl. § 80 Abs. 1 Satz 1 VwGO). Das bedeutet, dass die in Rede stehende Maßnahme von der Schule nicht umgesetzt werden darf. Etwas anderes gilt aber für die Schulordnungsmaßnahmen der **Überweisung in eine Parallelklasse** und den vorübergehenden **Unterrichtsausschluss** (§ 53 Abs. 3 Satz 1 Nr. 2 und 3 SchulG). Das Gesetz sieht insoweit ausdrücklich vor, dass ein gegen diese beiden Maßnahmen eingelegter Widerspruch keine aufschiebende Wirkung hat (§ 53 Abs. 3 Satz 2 SchulG, § 80 Abs. 2 Satz 1 Nr. 3 VwGO). Dies hat zur Folge, dass diese Maßnahmen – unabhängig davon, ob ein Widerspruch eingelegt wurde oder nicht – **sofort vollziehbar** sind. Weil diese Maßnahmen bereits aufgrund der genannten gesetzlichen Vorschrift (mit anderen Worten »kraft Gesetzes«) sofort vollziehbar sind, muss die Schule auch nicht die sofortige Vollziehung dieser Maßnahmen anordnen. Der Regelung in § 53 Abs. 3 Satz 2 SchulG über die sofortige Vollziehung der beiden genannten Ordnungsmaßnahmen (Überweisung in eine Parallelklasse und vorübergehender Unterrichtsausschluss) liegt die Wertung des Gesetzgebers zugrunde, dass bei diesen Maßnahmen generell ein öffentliches Interesse an der sofortigen Vollziehung besteht, welches das entgegenstehende Interesse des betroffenen Schülers daran, von der Maßnahme vorerst verschont zu bleiben, überwiegt (vgl. OVG NRW, Beschluss vom 17. Juni 2014, 19 B 679/14).

Anders verhält es sich bei den »schärferen« Ordnungsmaßnahmen (Androhung der Schulentlassung, Entlassung, Androhung der Verweisung und Verweisung). Ein hiergegen erhobener Widerspruch hat aufschiebende Wirkung. Wenn die Schule das Ziel verfolgt, dass die Maßnahme (beispielsweise die Entlassung eines Schülers) sofort umgesetzt werden soll, muss sie die sofortige Vollziehung gemäß § 80 Abs. 2 Satz 1 Nr. 4 VwGO anordnen und grundsätzlich das besondere Interesse hieran schriftlich begründen (§ 80 Abs. 3 Satz 1 VwGO). Dazu muss die Schule hinreichend deutlich zum Ausdruck bringen, welche konkreten Umstände des Einzelfalles sie dazu bewogen haben, die sofortige Vollziehung anzuordnen. Daher reicht es nicht aus, wenn die

Begründung der Vollziehungsanordnung lediglich allgemein gehalten ist oder sich in der bloßen Wiedergabe des Gesetzestextes (§ 80 Abs. 3 Satz 1 VwGO) erschöpft. Es kann aber in Einzelfällen – insbesondere bei gravierendem Fehlverhalten eines Schülers – auch vorkommen, dass die Gründe, die zum Erlass der Schulordnungsmaßnahme (zum Beispiel einer Entlassung) geführt haben, bereits so dringend beziehungsweise schwerwiegend sind, dass weitere, also darüber hinausgehende Gründe für die Anordnung der sofortigen Vollziehung nicht mehr vorgetragen werden können. Dann kann die Schule im Rahmen der schriftlichen Begründung der Vollziehungsanordnung auf die den Erlass der Schulordnungsmaßnahme tragenden Gründe Bezug nehmen. Dies hat das VG Aachen etwa für Fälle entschieden, bei denen das Fehlverhalten eines Schülers erhebliche Rechtsgüter wie Leib und Leben gefährdet hat sowie für erzwungene sexuelle Handlungen. In derartigen Fällen können die Gründe, die dem Erlass der Maßnahme (etwa einer Schulentlassung) zugrunde liegen, auch zugleich den Sofortvollzug rechtfertigen (VG Aachen, Beschluss vom 12. März 2012, 9 L 69/12).

Vor dem Hintergrund, dass es in der verwaltungsgerichtlichen Rechtsprechung umstritten ist, ob eine fehlerhafte oder sogar unterbliebene Begründung der Anordnung der sofortigen Vollziehung durch ein Nachschieben von Gründen »geheilt« werden kann, sollten Sie bereits bei der Abfassung der Vollziehungsanordnung besondere Sorgfalt an den Tag legen (zum Meinungsstand: Sodan/Ziekow, Nomos-Kommentar zur VwGO, 5. Auflage, § 80 Rn. 99).

Im gerichtlichen Eilverfahren trifft das Verwaltungsgericht eine Interessensabwägung dahingehend, ob es bei der sofortigen Vollziehung der Schulordnungsmaßnahme bleibt oder nicht. Entscheidend hierbei ist, ob das private Interesse des betroffenen Schülers, von der sofortigen Vollziehung der gegen ihn verhängten Ordnungsmaßnahme verschont zu werden (sogenanntes Aussetzungsinteresse), oder das öffentliche Interesse an der sofortigen Vollziehung der Maßnahme (sogenanntes Vollzugsinteresse) überwiegt. Dies wiederum hängt davon ab, ob die jeweilige Schulordnungsmaßnahme bei summarischer Prüfung offensichtlich rechtmäßig oder rechtswidrig ist.

Das Verwaltungsgericht hat hierbei zu berücksichtigen, dass die von der Schule zu treffende Entscheidung über die Verhängung einer Schulordnungsmaßnahme –

neben der objektiven Feststellung und Gewichtung der Schwere des Fehlverhaltens des Schülers – entscheidend auf pädagogischen Gesichtspunkten beruht. In pädagogische Werturteile haben die Verwaltungsgerichte aber grundsätzlich nicht korrigierend einzugreifen. Die Gerichte können nicht anstelle der Teilkonferenz eigene pädagogische Erwägungen anstellen, zu denen sie im Übrigen sachgerecht auch nicht in der Lage wären. Trotz dieser Grenzen der gerichtlichen Kontrolle haben die Verwaltungsgerichte aber den Einwendungen des betroffenen Schülers gegen die gegen ihn verhängte Schulordnungsmaßnahme nachzugehen und die pädagogische Wertung der Schule unter anderem auf ihre Verhältnismäßigkeit hin zu überprüfen (vgl. VG Düsseldorf, Urteil vom 17. Juni 2009, 18 K 1448/09).

II. Klage nach erfolgtem Schulwechsel

Nicht selten stellt sich die Frage, ob sich ein Schüler noch gerichtlich gegen eine Ordnungsmaßnahme wehren kann, wenn er die Schule – beispielsweise nach einer Entlassung – verlassen hat.

Verwaltungsakte wie Schulordnungsmaßnahmen können sich durch Zeitablauf »erledigen« (vgl. § 43 Abs. 2 VwVfG NRW). Dies kann auch der Fall sein, wenn der Zeitraum des angeordneten Unterrichtsausschlusses verstrichen ist. Oftmals klagen Schüler gleichwohl gegen die Ordnungsmaßnahme.

Fall 26: »Klage gegen einen früheren Unterrichtsausschluss«

(VG Düsseldorf, Urteil vom 11. Mai 2017, 18 K 8703/15)

Ein Schüler (im Folgenden der Kläger) der Jahrgangsstufe 6 einer Gesamtschule stach im Kunstunterricht mit einer Schere in den Oberschenkel eines Mitschülers, der eine 2,5 cm tiefe Stichwunde erlitt. Der Schüler musste notfallmedizinisch versorgt und ins Krankenhaus gebracht werden. Der Kläger wurde daraufhin zwei Wochen vom Unterricht ausgeschlossen und von der Schule entlassen. Der Schüler hat daraufhin die Gesamtschule gewechselt, aber trotzdem noch gegen die Ordnungsmaßnahmen geklagt.

Gegen Verwaltungsakte, die sich erledigt haben, kann geklagt werden, wenn der Kläger ein berechtigtes Interesse an der Feststellung des Gerichts hat, dass der Verwaltungsakt rechtswidrig gewesen ist. Diese Klage wird als Fortsetzungsfeststellungsklage bezeichnet (§ 113 Abs. 1 Satz 4 VwGO). Vor dem Hintergrund, dass der Verwaltungsakt - gerade weil er sich erledigt hat - grundsätzlich keine Rechtswirkungen mehr entfaltet, soll nur dann geklagt werden dürfen, wenn der Kläger ein sogenanntes **Fortsetzungsfeststellungsinteresse** geltend machen kann. Im Bereich schulischer Maßnahmen bejaht die Rechtsprechung ein solches Interesse schon dann, wenn die Maßnahme den Schüler in seiner Ausbildung und zukünftigen beruflichen Entwicklung benachteiligen kann, insbesondere wenn im Einzelfall **nachteilige Auswirkungen** der Maßnahme auf die weitere **schulische oder berufliche Laufbahn** des Schülers nicht ausgeschlossen werden können. Ob nachteilige Auswirkungen der Maßnahme ausgeschlossen werden können, hängt - so hat das Verwaltungsgericht Düsseldorf ausgeführt - maßgeblich von der jeweiligen Art der infrage stehenden Maßnahme sowie den sonstigen konkreten Umständen des Einzelfalles ab. Handelt es sich um schulische Maßnahmen, deren Auswirkungen auch in Zukunft für außenstehende Personen und Institutionen, wie etwa zukünftige Arbeitgeber oder Ausbildungsstätten, ersichtlich sind, weil sie sich unmittelbar in der nachzuvollziehenden Schullaufbahn niederschlagen - wie etwa die Schulentlassung -, so liegt es nahe, dass mögliche Auswirkungen nicht ohne Weiteres ausgeschlossen werden können. Wenn es sich hingegen um schulische Maßnahmen handelt, die nicht in einer vergleichbaren Art und Weise das weitere Fortkommen des Schülers beeinflussen, so muss der Schüler grundsätzlich konkrete Tatsachen vortragen, aus denen sich ergibt, dass die Schulordnungsmaßnahme seine schulische oder berufliche Laufbahn nachteilig beeinflusst. Nach der angeführten Entscheidung des Verwaltungsgerichts Düsseldorf waren in dem vorliegenden Fall solche negative Auswirkungen - soweit es den Unterrichtsausschluss betrifft - nicht zu erwarten, weil der Schüler die Schule gewechselt hat, ein längerer Zeitraum seit der Verhängung der Ordnungsmaßnahme verstrichen war und es sich lediglich um eine »niederschwellige« Ordnungsmaßnahme (vgl. hierzu § 53 Abs. 3 Satz 1 Nr. 1 bis 3 SchulG: Verweis, Überweisung in eine Parallelklasse, vorübergehender Unterrichtsausschluss) gehandelt hat. Dabei ist auch zu berücksichtigen, dass nach den Vorgaben des § 6 Abs. 1 Satz 1 der Verordnung über die zur Verarbeitung zugelassenen Daten von Schülerinnen, Schülern und Eltern (VO-DV I) personenbezogene Daten aus dem Schülerstammblatt und dem sonstigen Datenbestand nur insoweit an die aufnehmende Schule übermittelt werden, als diese für die weitere Schullaufbahn des Schülers erforderlich sind. Allein das abstrakte Risiko, dass die aufnehmende Schule aufgrund ihrer möglichen Kenntnis von der Schulordnungsmaßnahme nicht unvoreingenommen gegenüber dem Schüler auftritt, reicht für die Annahme eines Fortsetzungsfeststellungsinteresses nicht aus. In dem vorliegenden Fall hat das Verwaltungsgericht angenommen, dass sich zwar aus der Schulentlassung, nicht aber aus dem vorübergehenden Unterrichtsausschluss nachteiligen Auswirkungen in dem erwähnten Sinne ergäben können. Hinsichtlich des Ausschlusses vom Unterricht war die Klage daher bereits wegen des fehlenden Fortsetzungsfeststellungsinteresses unzulässig. Bezogen auf die Schulentlassung war die Klage zulässig, aber unbegründet. Denn es lag mit der 2,5 cm tiefen Stichverletzung, die der Kläger einem Mitschüler absichtlich zugefügt hat, ein (besonderes) schweres Fehlverhalten im Sinne des § 53 Abs. 3 Satz 1 Nr. 5 SchulG vor.

Dass die Schule zuvor dem Kläger nicht die Schulentlassung angedroht hatte, hat das Verwaltungsgericht für rechtmäßig gehalten. Die sofortige Entlassung von der Schule ohne deren vorherige Androhung ist danach nur in begründeten Ausnahmefällen zulässig; sie setzt voraus, dass neben der in § 53 Abs. 4 Satz 1 SchulG aufgeführten Voraussetzung des schweren oder wiederholten Fehlverhaltens, durch welches die Erfüllung der Aufgaben der Schule oder die Rechte anderer ernstlich gefährdet oder verletzt werden, weitere erschwerende Umstände wie insbesondere bei gewalttätigem Handeln oder schwerem kriminellen Unrecht hinzu kommen. Nach diesen Grundsätzen konnte hier die Schulentlassung ohne vorherige Androhung derselben beschlossen werden, weil der Kläger (erneut) durch gewalttätiges Handeln zulasten eines Mitschülers aufgefallen ist und überdies versucht hat, sich der Verantwortung für sein Handeln zu entziehen. Er hat nicht einmal davor zurückgeschreckt, zunächst einen anderen Schüler der Tat zu bezichtigen und versucht, andere Schüler durch Androhung von Gewalt zu falschen Geständnissen zu bewegen.

Im Gegensatz zu der angeführten Entscheidung des Verwaltungsgerichts Düsseldorf stellt das OVG NRW keine allzu hohen Anforderungen an das Vorliegen eines Fortsetzungsfeststellungsinteresses. So hat es etwa im Beschluss vom 27. März 2013, 19 E 671/12, angenommen, dass auch bei einem Ausschluss von einer Klassenfahrt die Möglichkeit nachteiliger Auswirkungen dieser

Ordnungsmaßnahme auf den weiteren schulischen Werdegang des Schülers bestehen würde, obwohl dieser mittlerweile die Schule gewechselt hatte. Denn es lasse sich – so jedenfalls das OVG NRW – nicht ausschließen, dass dem Schüler die Ordnungsverfügung und ihre Gründe in seiner weiteren Schulausbildung, insbesondere bei Entscheidungen zu seiner sonderpädagogischen Förderung, bei Maßnahmen der erzieherischen Einwirkung oder bei einer erneuten Ordnungsmaßnahme entgegengehalten werden könnten.

III. Vertretung in gerichtlichen Verfahren

Nach dem Vertretungserlass vom 28. Februar 2018 wird das Land Nordrhein-Westfalen in Angelegenheiten nach § 3 Abs. 1 SchulG (wonach die Schule den Unterricht, die Erziehung und das Schulleben in eigener Verantwortung gestaltet und ihre inneren Angelegenheiten selbstständig verwaltet und organisiert) in gerichtlichen Verfahren von den Schulen vertreten. Die Schulen können allerdings auch einen Vertreter der Schulaufsichtsbehörde mit der Prozessvertretung vor dem Verwaltungsgericht betrauen. Davon abgesehen kann sich die Schulaufsichtsbehörde im Einzelfall vorbehalten, vor den Gerichten selbst – neben der Schule – aufzutreten und prozessuale Handlungen vorzunehmen. Darüber hinaus kann die Schulaufsichtsbehörde in Einzelfällen, insbesondere bei Rechtsstreitigkeiten von besonderer Bedeutung, die gerichtliche Vertretung der Schulen übernehmen. Schließlich kann sich auch das Ministerium für Schule und Bildung vorbehalten, in solchen Einzelfällen (Rechtsstreitigkeiten von besonderer Bedeutung) vor Gericht selbst aufzutreten. Hinzuweisen ist noch darauf, dass es vor den Verwaltungsgerichten keinen Anwaltszwang gibt (vgl. § 67 VwGO). In gerichtlichen Verfahren ist das Gericht verpflichtet, den Sachverhalt von Amts wegen aufzuklären (vgl. § 86 Abs. 1 VwGO). Zudem hat das Gericht darauf hinzuwirken, dass Formfehler beseitigt, unklare Anträge erläutert, sachdienliche Anträge gestellt, ungenügende tatsächliche Angaben ergänzt und alle für die Feststellung und Beurteilung des Sachverhalts wesentlichen Erklärungen abgegeben werden (vgl. § 86 Abs. 3 VwGO). Mit anderen Worten: **Die Beteiligten werden im verwaltungsgerichtlichen Verfahren »nicht allein gelassen«.**

J. Schulordnungsmaßnahmen und Strafrecht

Mitunter werden Schüler, die häufig und besonders schwere Pflichtverletzungen in der Schule begehen, mit der Zeit auch straffällig. Der Gemeinsame Runderlass mehrerer Landesministerien vom 19. November 2019 über die »Zusammenarbeit bei der Verhütung und Bekämpfung der Jugendkriminalität« (MBl. NRW. S. 740) zeigt auf, wie dieser Entwicklung entgegengewirkt werden kann. Danach sollen kriminalpräventive Maßnahmen möglichst früh ansetzen und die jeweiligen Lebensumstände sowie die individuellen Problemlagen der Kinder und Jugendlichen berücksichtigen. Die Eltern beziehungsweise Personensorgeberechtigten und das soziale Umfeld müssen in geeigneter Weise einbezogen werden (Absatz 1 des Vorwortes des Erlasses).

Der Erlass betont zu Recht, dass die vertrauensvolle und kontinuierliche Zusammenarbeit der mit Kindern und Jugendlichen befassten Einrichtungen wesentliche Voraussetzung dafür ist, das Präventions- und Interventionsmaßnahmen wirksam und im Strafverfahren verhängte Maßnahmen angemessen sind.

In den Kommunen arbeiten bereits eine Vielzahl von Institutionen, wie Jugendhilfe, Sucht- und Drogenhilfe, Schule, Kindergärten, Polizei, Kirchen, Vereine und andere Organisationen zusammen, um Kindern und Jugendlichen in Risiko- und Gefährdungslagen geeignete Hilfen anzubieten. Der Erlass beschreibt unter Ziffer 4.2 die besonderen Aufgaben und die Stellung der Schulen, auf die im Folgenden in der gebotenen Kürze eingegangen werden soll:

I. Aufgaben der Schule

Themen der Kriminalprävention, insbesondere zur Vermeidung von Gewalt und Drogenkonsum, beziehungsweise Erläuterungen des Betäubungsmittelrechts, sind im Unterricht zu behandeln. Dazu können von Polizei, Jugendamt sowie Einrichtungen der Sucht- und Drogenhilfe angebotene Veranstaltungen besucht werden. Vertrauensbildend sind regelmäßige anlassunabhängige Besuche der Polizei oder des Jugendamtes in den Schulen.

Lehramtsanwärter sollen Gelegenheit erhalten, die Zusammenarbeit mit der Polizei und dem Jugendamt sowie mit den Sucht- und Drogenberatungsstellen kennenzulernen.

II. Ansprechperson

Der Erlass sieht weiter vor, dass jede Schulleitung eine feste Ansprechperson zur Sicherung des Kontakts mit der Polizei und dem Jugendamt bestellt. Die Ansprechperson soll möglichst aus der Schulleitung, der erweiterten Schulleitung oder aus dem Personenkreis der Beratungslehrkräfte stammen. Mindestens einmal im Jahr sollen die Ansprechpersonen ihre Zusammenarbeit mit der Polizei und den Jugendämtern bewerten.

III. Straftaten an der Schule oder im unmittelbaren Umfeld

Wenn gegen einen Schüler der Verdacht der Begehung eines Verbrechens besteht, so hat die Schulleitung die Strafverfolgungsbehörden (also die Polizei beziehungsweise die Staatsanwaltschaft) zu benachrichtigen. Bei Verbrechen handelt es sich um rechtswidrige Taten, die im Mindestmaß mit einer Freiheitsstrafe von einem Jahr oder darüber bedroht sind (vgl. die Definition in § 12 Abs. 1 StGB). Hingegen sind **Vergehen** rechtswidrige Taten, die im Mindestmaß mit einer geringeren Freiheitsstrafe oder mit Geldstrafe bedroht sind (§ 12 Abs. 2 StGB). Soweit der Verdacht eines Vergehens im Raume steht, hat die Schulleitung zu prüfen, ob eine pädagogische/schulpsychologische Unterstützung, erzieherische Einwirkungen beziehungsweise Ordnungsmaßnahmen ausreichen oder ob wegen der Schwere der Tat eine Benachrichtigung der Polizei oder der Staatsanwaltschaft erforderlich ist. Das ist nach Ziffer 4.2.2 regelmäßig der Fall bei:

- gefährlichen Körperverletzungen,
- Einbruchsdiebstählen,
- Verstößen gegen das Waffengesetz,
- Verstößen gegen das Betäubungsmittelgesetz,
- gefährlichen Eingriffen in den Straßenverkehr,
- erheblichen Fällen von Bedrohung oder Nötigung,
- Sachbeschädigung,
- Cybercrime sowie
- politisch motivierten Straftaten.

Der Erlass sieht weiter vor, dass die Schule bei der Abwägung, ob sie die Polizei oder Staatsanwaltschaft einschaltet, sowohl die Täter- als auch die Opferinteressen zu berücksichtigen hat. Soweit der Verdacht des Besitzes oder nicht gewerbsmäßigen Weitergabe von geringfügigen Mengen von **Betäubungsmitteln** besteht, soll die Schulleitung möglichst die **Sucht- und Drogenberatungsstellen** einbeziehen. Diese Stellen unterstützen die Schulleitung bei der Abwägung, ob bei einem Vergehen von der Benachrichtigung der Strafverfolgungsbehörden abgesehen werden kann und ob und gegebenenfalls welche weitergehenden Hilfen in dem konkreten Fall angezeigt sind.

Selbstverständlich ist, dass die Schulleitung die Polizei zu benachrichtigen hat, wenn ihr hinreichende Anhaltspunkte auf eine **bevorstehende** erhebliche Straftat vorliegen.

Praxistipp:

Wenn Sie aufgrund des Verdachts, dass ein Schüler eine Straftat im schulischen Raum begangen hat, die Polizei oder Staatsanwaltschaft benachrichtigen, hindert Sie die Einleitung eines entsprechenden Ermittlungsverfahrens der Strafverfolgungsorgane nicht daran, noch Ordnungsmaßnahmen zu verhängen. Dies folgt schon aus der unterschiedlichen Zielrichtung von Schulordnungsmaßnahmen. Der Erlass über die »Zusammenarbeit bei der Verhütung und Bekämpfung der Jugendkriminalität« stellt dies im Übrigen aber auch nochmal unter Ziffer 4.2.2 klar.

IV. Information der Erziehungsberechtigten

Wenn die Schule die Polizei oder Staatsanwaltschaft informiert hat, obliegt die Benachrichtigung der Erziehungsberechtigten der tatverdächtigen Person beziehungsweise der Opfer ausschließlich der Polizei, um Ermittlungsmaßnahmen nicht zu beeinträchtigen (vgl. Ziffer 4.2.3 des Erlasses).

V. Information und Anhörung der Schulen im Ermittlungsverfahren

Die Strafverfolgungsbehörden hören gemäß § 43 Abs. 1 Satz 2 JGG die Schule zur Feststellung der Lebens- und Familienverhältnisse, des Werdegangs, des bisherigen Verhaltens des Beschuldigten und aller übrigen Umstände an, die zur Beurteilung seiner seelischen, geistigen und charakterlichen Eigenart dienen können, sofern der Schüler dadurch nicht unerwünschte Nachteile zu besorgen hat (vgl. Ziffer 4.2.4 des Erlasses).

In Strafsachen gegen Jugendliche und Heranwachsende sind Mitteilungen an die Schule nur in geeigneten Fällen zu machen. Es wird in der Regel genügen, die Schule von dem Ausgang des Verfahrens zu unterrichten. Die Einleitung des Verfahrens oder die Erhebung der öffentlichen Klage wird aber dann mitzuteilen sein, wenn aus Gründen der Schulordnung, insbesondere zur Wahrung eines geordneten Schulbetriebs oder zum Schutz anderer Schüler, sofortige Maßnahmen geboten sein können. Dies sieht Nr. 33 der »Anordnung über Mitteilungen in Strafsachen (MiStra)« vor.

Wenn die Schule die Strafverfolgungsbehörden über den Verdacht einer Straftat informiert, hat sie diese auch über die Verhängung einer erzieherischen Einwirkung oder Ordnungsmaßnahme zu unterrichten, damit diese Sanktion im Strafverfahren berücksichtigt werden kann.

VI. Gefährdung des Kindeswohls

Wenn gewichtige Anhaltspunkte für die Gefährdung des Wohls eines Schülers bestehen, hat die Lehrkraft zur Gefährdungseinschätzung einen Anspruch auf Beratung durch eine insoweit erfahrene Fachkraft des öffentlichen Jugendhilfeträgers. Lehrkräfte, die einen derartigen Verdacht haben, müssen die Schulleitung unverzüglich informieren (vgl. Ziffer 4.2.5 des Erlasses). Sofern ein Gespräch mit dem Schüler und den Personensorgeberechtigten keinen Erfolg verspricht und eine Gefährdung auf andere Weise nicht abzuwenden ist und somit ein Tätigwerden des Jugendamtes als erforderlich erachtet wird, ist die Lehrkraft beziehungsweise die Schulleitung befugt, das Jugendamt zu informieren und die erforderlichen Daten mitzuteilen. Vorab sind die Betroffenen hiervon in Kenntnis zu setzen, sofern damit der wirksame Schutz des Kindes oder des Jugendlichen nicht in Frage gestellt wird. Diese Grundsätze gelten auch für Schulpsychologen sowie staatlich anerkannte Schulsozialarbeiter beziehungsweise Sozialpädagogen, die in Ausübung ihrer beruflichen Tätigkeit ebenfalls gewichtige Anhaltspunkte für eine Kindeswohlgefährdung feststellen.

VII. Strafbare Handlungen eines Lehrers

Lehrer haben Aufsichtspflichten über die ihnen anvertrauten Schüler. Mitunter besteht hierbei die Vorstellung, dass eine Verletzung dieser Pflichten zwangsläufig strafrechtliche Folgen hat. Dem ist nicht so. Die Anzahl veröffentlichter Gerichtsentscheidungen zu Verurteilungen von Lehrern oder Schulleitungen wegen strafbarer Handlungen ist vergleichsweise gering. Gleichwohl soll auf die Voraussetzungen einer möglichen Strafbarkeit eingegangen werden, um aufzuzeigen, ab wann ein strafrechtlich relevantes Verhalten ernsthaft in Betracht zu ziehen ist.

1. Strafbarkeit wegen unterlassener Hilfeleistung

Der Straftatbestand der unterlassenen Hilfeleistung ist in **§ 323c StGB** geregelt. Nach dieser Vorschrift wird mit Freiheitsstrafe bis zu einem Jahr oder Geldstrafe bestraft, wer unter anderem bei Unglücksfällen vorsätzlich »*nicht Hilfe leistet, obwohl dies erforderlich und ihm den Umständen nach zuzumuten, insbesondere ohne erheblich eigene Gefahr und ohne Verletzung anderer wichtiger Pflichten möglich ist*«. Ein **Unglücksfall** im Sinne dieser Strafvorschrift ist ein plötzlich eintretendes Ereignis, das eine erhebliche Gefahr für ein Individualrechtsgut (z.B. körperliche Unversehrtheit) mit sich bringt (vgl. Fischer, § 323c StGB, Rn. 3a). Eine Schlägerei zwischen Schülern auf dem Pausenhof kann einen solchen Unglücksfall darstellen. Es ist dann die **erforderliche und mögliche Hilfe** zu leisten. Art und das Maß der Hilfe richtet sich nach den Fähigkeiten und Möglichkeiten des Hilfspflichtigen. Die Hilfeleistung muss dem Lehrer unter Berücksichtigung der konkreten Umstände des Einzelfalles **zumutbar** und – wie erwähnt – **ohne erhebliche eigene Gefährdung möglich** sein. Unvorsichtiges Draufgängertum oder von vornherein aussichtslose Hilfeleistungsversuche werden nicht verlangt (vgl. Fischer, § 323c StGB, Rn. 17).

Auch sonst wird von Lehrkräften nichts Unmögliches verlangt. Dies mag auch der Beschluss des Amtsgerichts Saalfeld vom 17. Dezember 2004, 630 Js 23573/04, verdeutlichen. Das Gericht hatte entschieden, dass es sowohl den Lehrkräften als auch dem Schulleiter nicht als unterlassene Hilfeleistung anzulasten sei, wenn sie nach einer Schulhofrangelei unter Schülern von einer nur harmlosen Verletzung eines der Beteiligten ausgehen, der sie durch Befreiung des Schülers vom Unterricht und Unterrichtung der Eltern, das Kind abzuholen, hinreichend Rechnung getragen haben. Dies gilt auch angesichts des Umstandes, dass wegen eines Milzrisses tatsächlich eine Notoperation erforderlich gewesen ist.

2. Strafbarkeit wegen Körperverletzung

Wenn Lehrer beispielsweise Rangeleien zwischen Schülern unterbinden, in dem sie mehrere Schüler durch Anwendung körperlicher Gewalt voneinander trennen, kann ihnen gegebenenfalls der Vorwurf gemacht werden, eine Körperverletzung begangen zu haben. Straftaten gegen die körperliche Unversehrtheit sind in den §§ 223 ff. StGB geregelt. Neben der vorsätzlichen Körperverletzung (§ 223 StGB) ist auch die fahrlässige Körperverletzung (§ 229 StGB) unter Strafe gestellt. Bei Lehrern ist zudem § 340 StGB in den Blick zu nehmen. Diese Vorschrift regelt die Körperverletzung im Amt. Eine Körperverletzung setzt voraus, dass eine andere Person körperlich misshandelt oder an der Gesundheit geschädigt wird. Die Voraussetzungen für die Verwirklichung dieser Voraussetzungen sind nicht besonders hoch. Nach der Rechtsprechung ist eine körperliche Misshandlung ein übles, unangemessenes Behandeln, das entweder das körperliche Wohlbefinden oder die körperliche Unversehrtheit nicht nur unerheblich beeinträchtigt. Bereits Schmerzen infolge einer **Ohrfeige** beeinträchtigen das körperliche Wohlbefinden. Gleiches gilt zum Beispiel auch für das Festhalten einer Person im »**Schwitzkasten**«, so dass sie Nackenschmerzen davon trägt (Fischer, § 223 StGB, Rn. 4 und 6). Sollte ein Lehrer »Gewalt« anwenden, um eine tätliche Auseinandersetzung zu beenden, wird (tatbestandlich) regelmäßig eine Körperverletzung vorliegen. Entscheidend ist dann, ob der Lehrer gerechtfertigt gehandelt hat. Wenn dies der Fall ist, scheidet eine Strafbarkeit aus.

Fall 27: »Der Griff an den Oberarm«

(AG Augsburg, Urteil vom 4. Februar 2010, 15 C 259/09)

Ein Schüler der Jahrgangsstufe 4 einer Förderschule hielt sich nach dem Unterrichtsende zusammen mit etwa 46 weiteren Schülern der Klasse 1 bis 4 vor der Schule im Bereich der Bushaltestelle auf. Sämtliche Schüler warteten auf den Schulbus. Die sog. Busaufsicht wurde von zwei Lehrerinnen ausgeübt. Der hier in Rede stehende Schüler rannte im Bereich der Bushaltestelle herum und trat hierbei mit dem Schuh in die Wade einer der Lehrerinnen. Trotz Aufforderung dieser Lehrerin entschuldigte sich der Schüler nicht. Im Weiteren sprang der Schüler in Pfützen und bespritzte hierdurch Mitschüler der 1. Kasse mit Matsch. Aufforderungen der Lehrerin folgte der Schüler nicht. Schließlich packte die Lehrerin den Schüler am linken Oberarm und zog ihn in das Bushäuschen. Der Schüler behauptete, hierdurch am Oberarm verletzt worden zu sein. Die Lehrerin hat vorgetragen, dass der Schüler außer Rand und Band gewesen sei. Er habe bereits zuvor Mitschüler in Hecken gestoßen. Der Schüler habe auch immer wieder versucht, aus der Sicherheitszone herauszurennen, was wegen der auf der Straße vorbeifahrenden Autos nicht zu akzeptieren gewesen sei. Während der Schüler andere Kinder bespritzt habe, indem er in matschige Pfützen gesprungen sei, habe er sie - die Lehrerin - angegrinst.

Das Amtsgericht hat ausgeführt, dass eine körperliche Misshandlung vorgelegen habe, weil der Schüler infolge des Zupackens am linken Oberarm eine längliche Rötung und ein kleines Hämatom erlitten habe. Für eine vorsätzliche Körperverletzung fehle es aber an hinreichenden Anhaltspunkten; es würde vielmehr eine fahrlässige Körperverletzung im Amt (§ 340 StGB) vorliegen. Diese sei aber gerechtfertigt. Zwar sei das Zupacken der Lehrerin nicht durch Notwehr aufgrund des Tritts gegen ihre Wade gerechtfertigt. Denn als sie den Schüler in das Bushäuschen gezogen habe, sei dieser Angriff bereits beendet und damit nicht mehr »gegenwärtig« gewesen, wie dies für ein Handeln in Notwehr erforderlich sei. Gerechtfertigt sei das Handeln der Lehrerin aber als Nothilfe. Denn der Kläger habe mit Absicht andere Kinder durch das Springen in matschige Pfützen bespritzt. Die Lehrerin sei im Rahmen ihrer Aufsichtspflicht verpflichtet gewesen, den Schüler hiervon abzuhalten und das Eigentum der anderen Schüler zu schützen. Das Amtsgericht hat einen weiteren

Rechtfertigungsgrund in der Aufsichtspflicht der Lehrerin gesehen. Seitens der Eltern werde ein Teil der Personensorge für die Dauer des Schulaufenthalts auf die Schule und deren Lehrkräfte übertragen. Hieraus würde sich eine allgemeine Fürsorgepflicht ergeben, welche die Lehrkräfte zu erfüllen hätten. Diese umfasse Schäden von dem Schüler selbst abzuwenden, wie auch zu verhindern, dass der betroffene Schüler anderen Schülern Schaden zufüge. **Die Lehrkraft habe daher je nach den Umständen des Einzelfalles (u.a. individueller Reifestand und Alter des Schülers) das Recht und die Pflicht zu einem körperlichen Eingreifen, sollte der Schüler sich selbst oder andere Kinder gefährden.** Nach Auffassung des Amtsgerichts war das Verhalten der Lehrerin nach diesen Maßstäben rechtmäßig. Denn der Schüler sei für Ermahnungen und Belehrungen nicht zugänglich gewesen. Weil er herumgetobt sei, habe die Gefahr bestanden, dass er den Sicherheitsbereich an der Bushaltestelle verlassen könnte. Zudem habe er andere Schüler beschmutzt. Aufgrund dieses Verhaltens sei die Lehrerin verpflichtet gewesen, den Schüler zum Eigenschutz und zum Schutz der anderen Kinder körperlich festzuhalten. Sie sei berechtigt gewesen, ihn am Oberarm zu packen und in das Bushäuschen zu ziehen. Dies sei auch verhältnismäßig gewesen. Dass hierdurch ungewollt geringfügige Verletzungen verursacht worden seien, habe der Schüler hinzunehmen.

3. Verbot der körperlichen Züchtigung

Es versteht sich von selbst, dass eine körperliche Züchtigung von Schülern rechtswidrig ist (vgl. hierzu Reip, S. 183). Gemäß § 1631 Abs. 2 BGB haben Kinder ein Recht auf gewaltfreie Erziehung. Körperliche Bestrafungen, seelische Verletzungen und andere entwürdigende Maßnahmen sind unzulässig. Dies gilt in gleicher Weise für Lehrer (vgl. AG Augsburg, Urteil vom 4. Februar 2010, 15 C 259/09). Schüler haben einen Anspruch auf Wahrung ihrer körperlichen Unversehrtheit. Dieser Anspruch steht unter dem besonderen Schutz des Grundgesetzes. So steht in Art. 2 Abs. 2 Satz 1 GG, dass jeder Mensch das Recht auf Leben und körperliche Unversehrtheit hat. Auch die Freiheit der Person ist nach Art. 2 Abs. 2 Satz 2 GG unverletzlich (vgl. Fall 15: »Nachsitzen für die gesamte Klasse«). In diese Rechte darf nur aufgrund eines Gesetzes eingegriffen werden. Für eine körperliche Züchtigung enthält das Schulgesetz eine solche gesetzliche Ermächtigungsgrundlage nicht. Das Strafgesetzbuch enthält hingegen sogenannte **Rechtfertigungsgründe**, mit anderen Worten Vorschriften, die beispielsweise eine gegenüber einem Schüler durch eine Lehrkraft begangene Körperverletzung rechtfertigen. So beispielsweise die **Notwehr** (§ 32 StGB). Hiervon spricht man, wenn Sie einen *gegenwärtigen rechtswidrigen Angriff* mit der *erforderlichen Verteidigungshandlung* abwehren. Gegenwärtig ist der Angriff, wenn er unmittelbar bevorsteht, gerade stattfindet oder noch fortdauert. Wenn der Angriff abgeschlossen ist und weitere Angriffe nicht zu befürchten sind, liegen die Voraussetzungen für eine durch Notwehr gerechtfertigte Verteidigungshandlung nicht mehr vor (vgl. Reip, S. 183). Wenn Sie von einem Schüler angegriffen werden und sich wehren, dann ist die von Ihnen gegenüber dem Schüler im Rahmen dieser Verteidigung begangene Körperverletzung grundsätzlich wegen Notwehr gerechtfertigt. Sie müssen in diesem Zusammenhang aber beachten, dass Sie – wenn Ihnen in der konkreten Situation mehrere, aber gleich wirksame Mittel zur Verfügung stehen – die für den angreifenden Schüler am wenigsten gefährliche Verteidigungshandlung ergreifen (Fischer, § 32 StGB, Rn. 30). Wenn Sie den Angriff eines Schülers auf einen Mitschüler abwenden wollen, gilt das Gleiche. Man spricht dann von **Nothilfe**.

4. Disziplinarrechtliche Konsequenzen körperlicher Gewalt

Die Anwendung nicht gerechtfertigter körperlicher Gewalt gegenüber Schülern kann natürlich auch disziplinarrechtliche Konsequenzen haben.

Fall 28: »Der Schwitzkasten«

(VG Münster, Urteil vom 19. April 2016, 13 K 2455/15.O)

Ein an einem Berufskolleg tätiger Lehrer forderte einen 18-jährigen Schüler im Rahmen des Informatikunterrichts wegen dessen störenden Verhaltens auf, den Klassenraum zu verlassen. Als der Schüler der Aufforderung nicht freiwillig folgte, zog der Lehrer den Schüler mit Kraft aus dem Stuhl und beförderte ihn gegen dessen Widerstand Richtung Ausgang. Nach ca. 2 bis 3 Metern stürzten Lehrer und Schüler zu Boden; der Lehrer hielt daraufhin die Oberarme des Schülers fest (Schwitzkasten). Der Schüler legte am folgenden Tag ein ärztliches Attest vor, aus dem hervorging, dass er mehrere Prellmarken und Schürfwunden im Bereich des Brustkorbs, des Nackens, Handrückens und Oberarme hatte. Die

Bezirksregierung leitete daraufhin ein Disziplinarverfahren ein und sprach gegen den Lehrer einen Verweis aus. Hiergegen hatte der Lehrer geklagt und vorgetragen, dass er aufgrund des Hausrechts befugt gewesen sei, seine Aufforderung zum Verlassen des Klassenraums gegenüber dem Schüler auch unter Überwindung körperlichen Widerstandes durchzusetzen. Eine sinnvollere Alternative sei insoweit nicht ersichtlich gewesen. Der Schulleiter hätte im Falle seiner Einschaltung auch keine andere Möglichkeit gegenüber dem Schüler gehabt. Das Herbeirufen der Polizei erscheine pädagogisch zweifelhaft.

Das Verwaltungsgericht hat ausgeführt, dass der Lehrer dadurch, dass er den Schüler gegen seinen Willen unter Einsatz körperlicher Gewalt vom Stuhl hochgezogen und zwei bis drei Meter an seiner Kleidung und am Arm Richtung Tür gezogen habe, eine Form von Gewalt ausgeübt habe, zu der er nicht berechtigt gewesen sei. Damit habe er ein Dienstvergehen begangen, indem er gegen die innerdienstliche **Wohlverhaltenspflicht** (§ 34 Satz 3 BeamtStG) verstoßen habe. Insbesondere sei er nicht aufgrund eines ihm zustehenden Hausrechts befugt gewesen, seine Aufforderung, den Klassenraum zu verlassen, durchzusetzen. Das Hausrecht würde nämlich keine Eingriffsgrundlage für jeden einzelnen Lehrer bieten, den Unterrichtsbetrieb innerhalb seiner Klasse sicherzustellen. Die dem einzelnen Lehrer zustehenden Befugnisse seien im Schulgesetz näher geregelt. Der Lehrer sei im konkreten Fall zur Verhängung erzieherischer Einwirkungen berechtigt gewesen. Dazu gehöre zwar auch der Ausschluss von der laufenden Unterrichtsstunde. Zur Durchsetzung dieser Maßnahme durch Anwendung unmittelbaren Zwangs sei der Lehrer jedoch nicht berechtigt gewesen. Das würde sich daraus ergeben, dass das Schulgesetz zwischen erzieherischen Maßnahmen, die von jeder Lehrkraft angewandt werden dürften und Ordnungsmaßnahmen unterscheide, über die nur vom Schulleiter beziehungsweise sogar einer von der Lehrerkonferenz berufenen Teilkonferenz entschieden werden dürfe. Ordnungsmaßnahmen seien der Entscheidungskompetenz der einzelnen Lehrkraft entzogen, weil es sich dabei um Maßnahmen mit einer höheren Eingriffsintensität handele. Die in Rede stehende unmittelbare körperliche Einwirkung auf einen (hier sogar 18-jährigen) Schüler, um ihn gegen seinen Willen, beziehungsweise sogar gegen seinen Widerstand aus dem Klassenraum zu ziehen, sei von einer Eingriffsintensität, die nicht vergleichbar sei mit den beispielhaft in § 53 Abs. 2 SchulG aufgezählten pädagogischen Einwirkungsformen. Eine solche Maßnahme sei daher als Erziehungsmaßnahme nicht zulässig. Ein derart weitgehender Eingriff bedürfe vielmehr einer hinreichend bestimmten gesetzlichen Ermächtigungsgrundlage. Daran fehle es im Schulgesetz.

Sodann hat das Verwaltungsgericht dargelegt, dass auch die Vorschriften des Verwaltungsvollstreckungsgesetzes keine Rechtsgrundlage für das Verhalten des Lehrers bieten würden. Unmittelbarer Zwang dürfe gemäß §§ 66, 68 VwVG NRW nur von bestimmten Vollzugsdienstkräften ausgeübt werden. Dazu gehörten Lehrkräfte offensichtlich nicht. Im Übrigen setze die Zulässigkeit von Verwaltungszwang voraus, dass es um die Durchsetzung eines Verwaltungsaktes gehe, der auf die Vornahme einer bestimmten Handlung gerichtet sei (vgl. § 55 Abs. 1 VwVG NRW). Nach § 55 Abs. 2 VwVG NRW könne der Verwaltungszwang zur Abwehr einer gegenwärtigen Gefahr zwar auch ohne den Erlass eines vorausgehenden Verwaltungsaktes angewandt werden. Jedoch setze auch dies voraus, dass die Behörde innerhalb ihrer Befugnisse handeln würde, das heißt es müsse zumindest hypothetisch der Erlass eines entsprechenden Verwaltungsaktes möglich sein. Daran fehle es im konkreten Fall. Die Aufforderung, den Klassenraum zu verlassen, sei kein Verwaltungsakt; es handele sich vielmehr um Weisungen innerhalb des Schulbetriebes, die sich aus dem Bildungs- und Erziehungsauftrag der Schule ergeben würden und deren Schwerpunkt nicht – wie dies gemäß § 35 Satz 1 VwVfG NRW für Verwaltungsakte erforderlich sei – auf eine unmittelbare Rechtswirkung *nach außen* gerichtet sei. Das Verwaltungsgericht hat im Übrigen betont, dass die Ausübung unmittelbaren Zwangs im vorliegenden Fall auch unverhältnismäßig sei (vgl. § 58 Abs. 2 VwVG NRW), weil es unwürdig sei, den Willen eines 18-jährigen Schülers durch körperlichen Zwang zu beugen.

Das Verwaltungsgericht hat im Weiteren angenommen, dass der Lehrer die ihm obliegende Wohlverhaltenspflicht auch vorsätzlich und schuldhaft verletzt habe. Die Anwendung von Gewalt in der Schule sei ein sensibles Thema, das in der Öffentlichkeit, insbesondere von Lehrern und Eltern sehr kritisch gesehen werde. Jede Form des körperlichen Zwangs werde allgemein abgelehnt. Dabei werde auch nicht differenziert, ob es sich um Gewaltausübung in Züchtigungsabsicht oder um Gewalt im Sinne der Ausübung unmittelbaren Zwangs zur Durchsetzung pädagogischer Maßnahmen handele. **Jedem Lehrer sei daher**

bekannt, dass ihm körperlicher Zwang, der eine gewisse, über die Bagatellgrenze hinausgehende Intensität habe, untersagt sei.

Besonders hervorzuheben ist an dieser Entscheidung, dass das Verwaltungsgericht gleichwohl eine Ahndung des Dienstvergehens für nicht angezeigt gehalten hat. Zur Begründung hat es ausgeführt, dass der Lehrer seit vielen Jahren seinen Beruf disziplinarrechtlich beanstandungsfrei ausübe. Auch wenn ein Lehrer seine erzieherischen Maßnahmen nicht selbst unter Anwendung von Gewalt durchsetzen dürfe, sei es ohne weiteres nachvollziehbar, dass es eine für jeden Lehrer schwer erträgliche Provokation darstelle, wenn ein Schüler, der sich zuvor fehlverhalten habe, die berechtigte Aufforderung des Lehrers einfach ignoriere. Zudem sei davon auszugehen, dass der Lehrer den Schüler nicht verletzt habe. Der Lehrer habe sich nach kurzer Zeit wieder besonnen und sein Unrechtsverhalten abgebrochen, nachdem er den Schüler zuvor 2 bis 3 Meter gezogen habe. Dabei sei es zwar zu dem Sturz gekommen und es habe sich optisch das Bild einer »Rauferei« ergeben. Dies sei jedoch vor allem eine unglückliche Folge des plötzlichen Loslassens in dem Bestreben gewesen, das fehlerhafte Verhalten aufzugeben. Das kurzfristige Versagen des Lehrers, der relativ schnelle Abbruch des Fehlverhaltens und die anschließende Entschuldigung vor der Klasse würden das Gewicht der Pflichtverletzung an die Grenze des Bagatellbereichs rücken. Schließlich komme hinzu, dass der Vorfall bereits dazu geführt habe, dass der Lehrer sich wegen seines Verhaltens auch in einem Strafverfahren (das mit einem Freispruch endete) zu verantworten hatte. Der Lehrer sei damit hinreichend lange der psychischen Belastung eines strafrechtlichen und disziplinarrechtlichen Verfahrens ausgesetzt gewesen. Der Ausspruch eines Verweises erscheine unter den gegebenen Umständen nicht (mehr) angezeigt. Diese Gerichtsentscheidung verdeutlicht einmal mehr, dass Richter die mitunter besonders herausfordernden Situationen, denen Lehrkräfte im Schulalltag ausgesetzt sind, in den Blick nehmen und würdigen. Die von einigen Lehrkräften geäußerte Befürchtung, bei allem, was sie tun, »mit einem Bein im Gefängnis zu stehen«, ist gänzlich unbegründet.

Zu beachten ist allgemein, dass allein der Umstand, dass ein Verhalten einer Lehrkraft bereits durch Strafurteil geahndet wurde, die Verhängung einer Disziplinarmaßnahme nicht ausschließt. In der Regel wird das Disziplinarverfahren für die Dauer des Strafverfahrens ausgesetzt, wenn wegen desselben

Sachverhalts gegen den Lehrer von der Staatsanwaltschaft Anklage erhoben worden ist (vgl. § 22 Abs. 1 Satz 1 LDG NRW). Sollte es – aus welchen Gründen auch immer – nicht zu einer strafrechtlichen Verurteilung kommen, hindert dies den Dienstherrn nicht daran, gleichwohl eine Disziplinarmaßnahme gegen den Lehrer zu verhängen.

VIII. Hausverbote gegenüber Eltern und Schülern

Es kann im Schulalltag erforderlich sein, einzelnen Schülern oder deren Eltern den Zutritt zur Schule zu untersagen, um den Schulfrieden zu wahren und einen möglichst störungsfreien Unterricht zu ermöglichen. Ausreichend hierfür ist die Aufforderung, das Schulgrundstück oder das Schulgebäude zu verlassen beziehungsweise nicht (mehr) zu betreten (vgl. Bülter/Schnieders, ADO, § 25, Rn. 1.2).

1. Zuständigkeit für die Verhängung eines Hausverbots

Die Befugnis, ein Haus*verbot* zu verhängen, folgt aus dem Haus*recht*. Hierzu ist der **Schulleiter** berechtigt. Dies folgt aus § 59 Abs. 2 SchulG. Nach dieser Vorschrift leitet der Schulleiter die Schule und vertritt sie nach außen, ist verantwortlich für die Erfüllung des Bildungs- und Erziehungsauftrages der Schule und nimmt das Hausrecht wahr. Das Hausrecht dient der Aufrechterhaltung oder Wiederherstellung des sicheren und geordneten Schulbetriebs als zwingende Voraussetzung für eine ordnungsgemäße Erfüllung der Aufgabe der Schule, Schüler zu erziehen und zu bilden (vgl. OVG NRW, Beschluss vom 26. Oktober 2005, 19 B 1473/05). Es verdrängt insofern das Hausrecht des Schulträgers als des Eigentümers des Schulgeländes, das aber im Übrigen unberührt bleibt, soweit es sich auf nicht zu den schulischen Aufgaben gehörende Veranstaltungen auf dem Schulgelände erstreckt. Wenn also der Schulleiter ein Hausverbot gegenüber Personen ausspricht, die sich etwa in der Freizeit – außerhalb von schulischen Veranstaltungen – zu Unrecht auf dem Schulgelände aufhalten, dann handelt er im Auftrag des Schulträges. Wenn der Schulleiter hingegen zur Aufrechterhaltung des Schulbetriebes handelt, dann übt er das Hausrecht nicht im Auftrag oder in Vertretung des Schulträgers, sondern vielmehr eigenverantwortlich aus. Weitere Regelungen über das

Hausrecht finden sich in § 25 ADO. Dort wird in Absatz 1 Satz 1 nochmals hervorgehoben, dass der Schulleiter im Rahmen der Dienstpflichten auf dem Schulgrundstück das Hausrecht ausübt. Im Weiteren heißt es dort, dass jeder Lehrer in seinem Bereich den Schulleiter in der Ausübung des Hausrechts vertritt (§ 25 Abs. 1 Satz 2 ADO). Das bedeutet, dass **die einzelne Lehrkraft** in Vertretung des Schulleiters das Hausrecht im jeweiligen Unterrichtsraum oder auf dem Pausenhof oder Sportplatz ausübt.

Sind weder Schulleiter noch der ständige Vertreter anwesend und ist kein anderer Lehrer beauftragt, nimmt der vom Schulträger Beauftragte (z.B. der **Hausmeister**) das Hausrecht wahr (§ 25 Abs. 1 Satz 3 ADO).

2. Formelle Anforderungen an die Verhängung eines Hausverbots

Der Betroffene ist vor der Verhängung eines Hausverbotes anzuhören (vgl. § 28 Abs. 1 VwVfG NRW), weil es sich hierbei um einen belastenden Verwaltungsakt handelt. § 28 Abs. 2 VwVfG NRW sieht allerdings bestimmte Ausnahmen vor, etwa wenn eine sofortige Entscheidung wegen Gefahr im Verzug oder im öffentlichen Interesse notwendig erscheint. Dies kann beispielsweise der Fall sein, wenn ein aggressiv auftretender Elternteil einen Lehrer während des Schulbetriebs – aus welchen Gründen auch immer – »zur Rede stellen will«. Die Verletzung des Anhörungsrechts kann gemäß § 45 Abs. 1 Nr. 3 VwVfG NRW unbeachtlich sein, wenn sie nachgeholt wird. Die Nachholung der Anhörung erfordert grundsätzlich keine besondere Maßnahme der Behörde. Sie besteht darin, dass der Betroffene nach Erlass des Hausverbots auf die entscheidungserheblichen Tatsachen hingewiesen worden ist und Gelegenheit hat, sich hierzu zu äußern (vgl. VG Aachen, Urteil vom 25. April 2008, 9 K 1428/06). Im Übrigen muss das Hausverbot – wie andere Verwaltungsakte auch – begründet werden (vgl. § 39 VwVfG NRW). Dazu müssen die wesentlichen tatsächlichen und rechtlichen Gründe mitgeteilt werden, die die Schulleitung zu ihrer Entscheidung bewogen haben. Auch die unterbliebene Begründung kann nachgeholt werden (vgl. § 45 Abs. 1 Nr. 2 VwVfG NRW).

3. Räumlicher Umfang des Hausverbots

Das Hausverbot wird sich in der Regel auf das Betreten des **Schulgeländes** während des Schulbetriebs sowie sonstiger schulischer Veranstaltungen erstrecken. Damit umfasst sind auch Besprechungstermine mit Lehrern in der Schule am Nachmittag. Denn auch solche Besprechungen sind schulische Veranstaltungen, auch wenn sie außerhalb des Unterrichts und ohne Anwesenheit von Schülern stattfinden (vgl. § 44 Abs. 4 SchulG).

4. Ermessensfehlerfreie Ausübung des Hausverbots

Das Hausverbot muss bei einem Fehlverhalten des Betroffenen nicht ausgesprochen werden. Die Ausübung dieses Rechts steht vielmehr im Ermessen des Schulleiters. Im Rahmen der Ermessensausübung ist immer auf die Beachtung des Gleichbehandlungsgebotes (Art. 3 Abs. 1 GG) und des Verhältnismäßigkeitsgrundsatzes (Art. 20 Abs. 3 GG) zu achten. So kann zum Beispiel bei fehlender Wiederholungsgefahr eines tätlichen Angriffs ein unbefristetes Hausverbot nach Lage der Dinge im Einzelfall ermessensfehlerhaft sein (Bülter/Schnieders, ADO, § 25, Rn. 1.2).

Fall 29: »Beleidigung einer Lehrerin auf dem Elternsprechtag«

(OVG NRW, Beschluss vom 26. Oktober 2005, 19 B 1473/05)

Ein Schulleiter hat gegenüber einem Vater eines Grundschülers ein Hausverbot ausgesprochen, weil der Vater bei einem Elternsprechtag in Gegenwart mehrerer Eltern und Schulkinder über eine Lehrerin im Wesentlichen geäußert haben soll, dass diese psychisch krank sei, so nicht mehr unterrichten könne und die zuständige Schulrätin ebenfalls dieser Auffassung sei. Gegen das Hausverbot hat der Vater um vorläufigen Rechtsschutz nachgesucht.

Das OVG NRW hat ausgeführt, dass das Hausverbot entgegen der Rechtsauffassung des Vaters des Grundschülers nicht offensichtlich rechtswidrig ist. Es spräche bei summarischer Prüfung im Eilverfahren Vieles dafür, dass der Vater den Schulbetrieb erheblich gestört habe, indem er vor Eltern und Schulkindern die betroffene Lehrerin massiv herabgesetzt, ihr die Eignung für den Beruf, zumal unter Berufung auf die Schulaufsichtsbehörde, ohne sachlichen

Grund und ehrverletzend abgesprochen und so die grundlegenden Anforderungen für eine vertrauensvolle Zusammenarbeit bei der Verwirklichung der Bildungs- und Erziehungsziele der Schule missachtet habe (vgl. § 2 und § 42 Abs. 1 SchulG).

Auch das VG Sigmaringen hat mit Beschluss vom 28. Februar 2017, 4 618/17, festgestellt, dass wiederholte Bedrohungen einer Erziehungsberechtigten gegen eine stellvertretende Schulleiterin im Rahmen eines Elterngesprächs (»Ich werde Sie bestrafen. Ich werde Sie mir packen! Weder am Tag noch nachts wissen Sie wann ich komme. Und Sie können nichts dagegen tun. Sie können mich nicht hindern.«) die Anordnung eines verwaltungsbehördlichen Hausverbots rechtfertigen können.

5. Zeitlicher Umfang des Hausverbots

Die Frage, für welche Dauer ein Hausverbot verhängt werden kann, hängt von den Umständen des Einzelfalles ab. Das OVG NRW hat in der zuletzt aufgeführten Entscheidung ein über sechs Monate erstreckendes Hausverbot gegenüber einem Vater, der den Ruf einer Lehrerin herabgesetzt hat, für nicht unverhältnismäßig erachtet. Das Hausverbot sei vielmehr zur Wahrung eines ungestörten Schulbetriebs für diese Dauer erforderlich. Die damit verbundenen Einschränkungen würden den Vater in der Wahrnehmung seiner Rechte als Erziehungsberechtigter seiner beiden Kinder, die die Grundschule besuchten, auch nicht unangemessen treffen. Das Gericht hat im Streitfall insbesondere angenommen, dass eine Wiederholungsgefahr bestanden habe. Auf diesen Aspekt soll hier näher eingegangen werden. Denn ein Hausverbot dürfte im Schulalltag gerade gegenüber Eltern in Betracht kommen, die bereits in der Vergangenheit den Schulfrieden gestört und sich als uneinsichtig erwiesen haben. In dem von dem OVG NRW entschiedenen Fall hatte sich der Vater »wiederholt aufdringlich und belästigend, rücksichtslos und uneinsichtig gezeigt«. Er habe ohne Rücksicht auf den Gesprächspartner auf seinen Standpunkten beharrt, komme bei Meinungsverschiedenheiten nicht zu einer sachgemäßen Auseinandersetzung, verschließe sich anderen Ansichten und Einschätzungen, versuche, in die pädagogische Kompetenz der Lehrkräfte einzugreifen und akzeptiere in Einzelfällen den Abbruch von Gesprächen nicht.

Dies sind Aspekte, die die Schule unter Umständen auch anderen Eltern zur Begründung eines Hausverbots entgegenhalten kann.

Auf der anderen Seite hat das Gericht hervorgehoben, dass die mit dem Hausverbot verbundenen Einschränkungen für den Vater nicht schwer wiegen würden und hinzunehmen seien. Information und Beratung der Eltern (§ 44 SchulG) könnten weiterhin durchgeführt werden. Es bestünde die Möglichkeit des telefonischen und schriftlichen Kontaktes mit der Schule. Darüber hinaus könne der Vater Besprechungstermine außerhalb der Zeiten des Schulbetriebs vereinbaren, damit Störungen desselben unterbleiben. Im Übrigen könne auch die Mutter des Schülers Besprechungstermine, Elternabende und Elternsprechtage wahrnehmen. Abschließend hat das Gericht noch ausgeführt, dass nicht ersichtlich sei, dass der Vater seiner sechsjährigen Tochter die mit dem Hausverbot verbundene Situation nicht erklären könne und das Kindeswohl aus diesem Grunde in Mitleidenschaft gezogen werden könnte.

Praxistipp:

Eine Schule ist nicht verpflichtet, einem Erziehungsberechtigten im Rahmen des **Elternsprechtages** ein Gespräch mit einer Lehrkraft zu ermöglichen, wenn ersichtlich ist, dass es diesem Erziehungsberechtigten gar nicht darum geht, sich in einem sachlichen Gespräch von der Lehrkraft über die Bewertung erbrachter Leistungen oder andere das Kind betreffende wesentliche Vorgänge unterrichten zu lassen. Bei der Prüfung, ob der Ausschluss eines Erziehungsberechtigten von der Wahrnehmung eines Elternsprechtagtermins rechtlich unbedenklich ist, fällt auch ins Gewicht, ob nicht gegebenenfalls der andere Elternteil den Termin wahrnehmen kann. Denn damit wird der ausgeschlossene Elternteil von dem Dialog, der im Rahmen des Elternsprechtages stattfindet, nicht gänzlich ausgeschlossen. Schließlich ist davon auszugehen, dass sich die Erziehungsberechtigten insoweit gegenseitig unterrichten (OVG Lüneburg, Beschluss vom 27. März 2014, 2 ME 1/14).

6. Hausfriedensbruch

Wenn Eltern oder Schüler, gegen die ein Hausverbot ausgesprochen wurde, das Schulgebäude betreten, können sie sich des Hausfriedensbruchs nach § 123 StGB strafbar machen. Bei Schülern ist aber zu berücksichtigen, dass eine Strafbarkeit erst dann möglich ist, wenn sie bei der Begehung der Tat 14 Jahre alt sind (vgl. § 19 StGB). Nach § 123 Abs. 1 StGB macht sich strafbar, wer unter anderem in das befriedete Besitztum eines anderen oder in abgeschlossene Räume, welche zum öffentlichen Dienst oder Verkehr bestimmt sind, widerrechtlich eindringt, oder wer, wenn er ohne Befugnis darin verweilt, auf die Aufforderung des Berechtigten sich nicht entfernt. Der Gesetzeswortlaut mag hier unter Umständen etwas irreführend sein. Das Vorhandensein eines »abgeschlossenen« Raumes setzt nämlich nicht voraus, dass der betreffende Raum tatsächlich verschlossen oder auch nur verschließbar ist; ausreichend ist vielmehr, dass er durch physische Hindernisse gegen beliebiges Betreten geschützt ist (vgl. Schönke/Schröder, § 123 StGB, Rn. 7). Dies ist bei Schulgebäuden und den dortigen Räumen (Klassenräume, Lehrerzimmer) ohne weiteres der Fall, weil sie allein durch das Vorhandensein der Eingangstüren ein Hindernis der vorgenannten Art aufstellen. Die strafbare Handlung liegt in dem »Eindringen« oder dem »Nichtentfernen trotz Aufforderung«. Ein Eindringen liegt vor, wenn ein Raum – beispielsweise nach dem Verhängen eines Hausverbots – gegen den Willen des Berechtigten betreten wird. Zu beachten ist, dass eine Strafverfolgung wegen eines Hausfriedensbruchs nur in Betracht kommt, wenn ein Strafantrag gestellt wurde (vgl. § 123 Abs. 2 StGB). Antragsberechtigt ist der Inhaber des Hausrechts (vgl. Fischer, § 123 StGB, Rn. 44). Dies ist grundsätzlich der Schulleiter.

K. Sexting

Ein recht neues Phänomen, das auch vor den am Schulleben Beteiligten nicht Halt macht, ist das sogenannte **Sexting**. Hierunter versteht man das freiwillige Verschicken selbst produzierter erotischer Aufnahmen beispielsweise über Computer oder Smartphones. Mittlerweile ist dies gängige Praxis bei vielen Schülern. Das englische Wort setzt sich zusammen aus »Sex« und »Texting«, dem englischen Begriff für das Versenden von SMS. Schüler sprechen in diesem Zusammenhang auch öfter davon, »Nudes« oder »sexy Pics« zu verschicken. Durch solche Aufnahmen probieren Kinder und Jugendliche sich aus und experimentieren damit, wie sie in sexueller Hinsicht auf andere wirken. Problematisch wird dies, wenn ein Schüler Aufnahmen, die er beispielsweise von einer Mitschülerin zugesendet bekommt, ohne deren Erlaubnis an Mitschüler weiter versendet. Nachdem inzwischen nahezu alle Kinder im Alter von bereits von zwölf bis dreizehn Jahren über ein eigenes Smartphone verfügen, stellt Sexting ebenso wie Cybermobbing keinen Einzelfall mehr dar (vgl. Döll, FamRZ 2017, 1728 ff.). Eine besonders interessante Entscheidung hat das Amtsgericht Bad Hersfeld in diesem Zusammenhang getroffen (Beschluss vom 15. Mai 2017, F 120/17). **Danach stehen Eltern, wenn sie ihrem minderjährigen Kind ein Smartphone zur dauernden eigenen Nutzung überlassen, in der Pflicht, die Nutzung dieses Gerätes durch das Kind bis zu dessen Volljährigkeit ordentlich zu begleiten und zu beaufsichtigen**. Auch wenn diese Entscheidung zuvörderst die Eltern adressiert, zeigt sie doch auf, worauf auch Lehrkräfte Eltern bei missbräuchlicher Verwendung von Smartphones durch Schüler hinweisen können. Denn Elternhaus und Schule sind keine unabhängig voneinander bestehenden »Parallelwelten«. Vielmehr haben Eltern und Schule bei der Verwirklichung der Bildungs- und Erziehungsziele gemäß § 2 Abs. 3 Satz 2 SchulG partnerschaftlich zusammen zu wirken.

Die Reichweite der Elternpflichten wird – was die Kontrolle von Smartphones der minderjährigen Schüler anbelangt – häufig verkannt. Das Amtsgericht Hersfeld hat in der vorgenannten Entscheidung betont, dass sich **Eltern hinreichende Kenntnisse über die Welt der digitalen Medien aneignen** müssen, wenn sie solche Kenntnisse bislang nicht besitzen sollten. Andernfalls können sie ihre Pflicht zur Begleitung und Aufsicht von vornherein nicht angemessen erfüllen. Zudem hat das Gericht Folgendes betont: »**Es bestehen keine vernünftigen Gründe, einem Kind ein Smartphone auch noch während der**

vorgesehenen Schlafenszeit zu überlassen.« Ein weiterer, für sich sprechender Leitsatz dieser Entscheidung soll noch hervorgehoben werden: »**Nutzen Kinder oder Jugendliche unter 18 Jahren den Messenger-Dienst WhatsApp, trifft die Eltern als Sorgeberechtigte die Pflicht, ihr Kind auch im Hinblick auf die Gefahren bei der Nutzung des Messenger-Dienstes aufzuklären**«.

Andernfalls können bei der missbräuchlichen Verwendung von Smartphones seitens der Kinder, jedenfalls dann wenn ein sogenannter Schulbezug vorliegt, seitens der Schule erhebliche Sanktionen ausgesprochen werden. So kann ein Schüler, der Bilder oder Videos mit pornographischem Inhalt, etwa **Nacktbilder** einer Mitschülerin (»Oben-ohne-Fotos«), über **WhatsApp** und **Snapchat** an Schüler weitergegeben hat, von der Schule **entlassen** werden (VG Regensburg, Beschluss vom 4. Februar 2020, 3 S 20.11). Denn hierin liegt ein schwerer Eingriff in das Persönlichkeitsrecht der betroffenen Mitschülerin, das über Art. 1 Abs. 1 GG und Art. 2 Abs. 1 GG geschützt wird. Durch die Weitergabe der Bilder wird diese Schülerin zudem zum einen der Lächerlichkeit preisgegeben und zum anderen als Objekt bloßgestellt. In diesem Zusammenhang ist zu berücksichtigen, dass die Achtung vor der Würde des Menschen vornehmstes Ziel der Erziehung ist (vgl. § 2 Abs. 2 Satz 1 SchulG) und dass die Schüler die Pflicht haben, daran mitzuarbeiten, dass auch dieses Bildungsziel erreicht werden kann (§ 42 Abs. 3 Satz 1 SchulG). Durch das Versenden von Nacktbildern beeinträchtigen Schüler in erheblichem Maße diese Zielsetzung. Dass sich der Schüler in der vorgenannten Entscheidung für sein schweres Fehlverhalten entschuldigt hat, stand der Entlassung nicht entgegen. Das VG Regensburg hat zu Recht darauf hingewiesen, dass die Verbreitung des Videos bereits erfolgt ist und nicht mehr rückgängig zu machen ist. Es wäre unbillig, könnte sich ein Schüler in Anbetracht nicht rückgängig machbarer Folgen einer schweren Verfehlung im Wesentlichen durch eine Entschuldigung einer Ordnungsmaßnahme entziehen. Selbst wenn die Entschuldigung ernsthaft erfolgt sein sollte, besteht die Möglichkeit, trotzdem pädagogische Aspekte für eine **Entlassung** anzuführen. Wie bereits ausgeführt, kann das pädagogische Einschreiten auf spezialpräventive oder generalpräventive Gründe gestützt werden. Bei einem sich glaubhaft entschuldigenden Schüler kann die Maßnahme nicht (spezialpräventiv) damit begründet werden, bei ihm Besserung bewirken zu wollen. Denn wenn die Entschuldigung ernsthaft ist (kein »bloßes Lippenbekenntnis«), kann davon ausgegangen werden, dass er ein solches Fehlverhalten nicht wiederholt. In einem solchen Fall müssen generalpräventive Gründe für ein schulisches Einschreiten (etwa in Gestalt einer Entlassung) bemüht werden. Der **Präventivcharakter** einer Ordnungsmaßnahme kann ja schließlich auch darauf gestützt werden, **Nachahmungseffekte** bei den Mitschülern zu **vermeiden** (so auch VG Regensburg, Beschluss vom 4. Februar 2020, 3 S 20.11).

L. Verschiedenes

Neben den soeben dargestellten schulordnungsrechtlichen Rechtsfragen gibt es weitere interessante Entscheidungen aus dem Schulrecht, auf die in aller Kürze eingegangen werden soll:

- **Hausunterricht**

Gemäß § 40 Abs. 2 Satz 1 SchulG ruht die Schulpflicht für Kinder und Jugendliche, die selbst nach Ausschöpfen aller Möglichkeiten sonderpädagogischer Förderung nicht gefördert werden können. Soweit Hausunterricht stattfindet, gehört es zu der Verantwortung der Eltern dafür Sorge zu tragen, dass ihr Kind regelmäßig am Hausunterricht teilnimmt. In diesem Zusammenhang haben sie Maßnahmen zu ergreifen, wie sie als schulische Erziehungsmaßnahmen etwa in § 53 Abs. 2 SchulG beispielhaft aufgezählt sind. Hingegen verletzen die Eltern ihre Verantwortung für die regelmäßige Unterrichtsteilnahme ihres schulpflichtigen Kindes aus § 41 Abs. 1 Satz 2 SchulG, wenn sie allein ihm die Entscheidung über die Teilnahme am Unterricht überlassen (OVG NRW; Beschluss vom 30. Dezember 2022, 19 B 997/22).

- **Klassenfahrten**

Werden die zur Deckung der Kosten für eine Klassenfahrt vorab von den Eltern erhobenen Beträge mit der Zweckbestimmung geleistet, das Stattfinden der Klassenfahrt zu sichern und die eingenommenen Beträge für deren Durchführung einzusetzen, so steht diese Zweckbestimmung, wenn ein Schüler wegen eines in seiner Sphäre liegenden Grundes der Fahrt fernbleibt, einem Anspruch auf Erstattung des geleisteten Kostenbetrages als Rechtsgrund entgegen, soweit die Beträge zweckentsprechend eingesetzt wurden und Einsparungen infolge des Fehlens einzelner Schüler nicht erzielt werden konnten. **Das Kostenrisiko bei Klassenfahrten trifft dann grundsätzlich die Eltern** (OVG NRW, Urteil vom 14. Mai 2020, 19 A 3001/17).

- **Leistungsbewertung**

Grundlage der Leistungsbewertung sind gemäß § 48 Abs. 2 Satz 2 SchulG die tatsächlich erbrachten Leistungen eines Schülers. Welche Leistungen ein Schüler unter anderen Umständen etwa, wenn er besser gefördert worden wäre, hätte erbringen können, ist insoweit unerheblich; er kann nicht eine bessere

Bewertung aufgrund hypothetisch möglicher besserer Leistungen verlangen (OVG NRW, Beschluss vom 2. Februar 2023, 19 B 7/23).

- **Notenverbesserungsklage**

Mitunter begehren Schüler vor dem Verwaltungsgericht, dass die Schule verpflichtet werden soll, ihnen eine bestimmte, bessere Note zu erteilen. Damit haben sie aber regelmäßig keinen Erfolg. Die Verwaltungsgerichte werden nicht müde, immer wieder zu betonen, dass es eine dem **Lehrer vorbehaltene, gerichtlich nicht überprüfbare prüfungsspezifische Wertung** ist, welche Noten oder wie viele Punkte er vergibt (sofern die Prüfungsordnung hierfür keine mathematisch exakte Vorgabe macht), und dass die gerichtliche Überprüfung von Prüfungsbewertungen folgerichtig darauf beschränkt ist, ob dem Lehrer ein Verfahrensfehler unterlaufen ist, er anzuwendendes Recht verkannt hat, von einem unrichtigen Sachverhalt ausgegangen ist, allgemeingültige Bewertungsmaßstäbe verletzt, sich von sachfremden Erwägungen leiten lassen oder sonst willkürlich gehandelt hat. Mit einer gerichtlichen Feststellung, dass eine bestimmte schulische Leistung oder Prüfungsleistung mit einer bestimmten Note zu bewerten ist, würde das Gericht diese allgemeinen prüfungsrechtlichen Grundsätze des prüfungsspezifischen Bewertungsspielraums verletzen (OVG NRW, Beschluss vom 15. März 2022, 19 B 1649/21).

- **Schulwechsel während des Schuljahres**

Gemäß § 46 Abs. 1 Satz 3 SchulG werden Schüler in der Regel zu Beginn des Schuljahres in die Schule aufgenommen. Das Tatbestandsmerkmal »in der Regel« ist dahin auszulegen, dass ein Schulwechsel während des Schuljahres nur aus **wichtigem Grund** zulässig ist (OVG NRW, Beschluss vom 17. März 2022, 19 B 56/22). Als derartiger Grund kommt mit Blick auf den Regelfall der Schulaufnahme zum Schuljahresbeginn nur ein solcher in Betracht, der – etwa wie ein **Wohnortwechsel** – ohne Verschulden zu Beginn des Schuljahres nicht geltend gemacht werden konnte.

- **Suspendierung eines Lehrers wegen fehlender körperlicher Distanz zu Schülerinnen**

Gemäß § 39 Satz 1 BeamtStG kann einem Beamter aus zwingenden dienstlichen Gründen die Führung der Dienstgeschäfte verboten werden. Umgangssprachlich versteht man hierunter die sogenannte »**Suspendierung**«. Zwingende dienstliche Gründe sind gegeben, wenn bei weiterer Ausübung des Dienstes durch den Beamten auf seinem bisherigen Dienstposten der Dienstbetrieb erheblich beeinträchtigt würde oder andere gewichtige dienstliche Nachteile ernsthaft zu besorgen wären. Maßgebend ist nicht ein vorwerfbares Verhalten des Beamten, sondern die objektiv bestehende Gefährdung des Dienstes. Der Verdacht einer Gefahrenlage reicht dabei für eine Suspendierung aus. Die durch ein Verhalten eines Lehrers verursachte **Gefährdung des Ansehens des Lehrerberufs in der Öffentlichkeit** kann für eine Suspendierung ausreichen. Ein Lehrer, der sich von Schülerinnen mit Sesamstangen füttern lässt, einer Schülerin auf dem Schulhof den Arm um die Schulter legt, ihren Rücken streichelt und ihr dann die Hand auf die Gesäßbacke legt, Schülerinnen auf seinen Beinen sitzen lässt, ihre Haare streichelt, einer Schülerin in den Bauch kniff, mehrfach äußert »wie süß« die Mädchen seien, und folgende Bemerkung abgab: »Schau mal (…) wie knackig braungebrannt die nach ihrem Urlaub ist. Die hättest du eben mal beim Schwimmunterricht in ihrem Badeoutfit sehen sollen. Der Wahnsinn.«, lässt es an der erforderlichen **körperlichen Distanz zu Schülerinnen** fehlen. Solche Äußerungen beziehungsweise Verhaltensweisen überschreiten die Grenzen eines professionellen Lehrer-Schülerinnen-Verhältnisses und sind geeignet, die seelische Entwicklung der Schülerinnen wie auch den Dienstbetrieb erheblich negativ zu beeinflussen (VG Düsseldorf, Beschluss vom 12. April 2023, 2 L 193/23).

- **Versetzung einer Schulleiterin wegen Störung des Schulfriedens**

Gemäß § 25 Abs. 2 Satz 1 LBG NRW können Beamte versetzt werden, wenn sie es beantragen oder ein **dienstliches Bedürfnis** besteht. Ein innerdienstliches **Spannungsverhältnis zwischen Lehrerschaft und Schulleiterin** kann ein solches dienstliches Bedürfnis für eine Versetzung darstellen. Vornehmliches Ziel einer Versetzung ist dabei nicht die Sanktionierung eines Verhaltens, sondern die Sicherstellung und Aufrechterhaltung des ordnungsgemäßen Schulbetriebes (OVG NRW, Beschluss vom 28. April 2022, 6 B 532/22).

M. Checkliste für die Verhängung von Ordnungsmaßnahmen

Es könnte sich anbieten, vor Erlass eines Bescheides abzuklären, ob insbesondere die nachfolgenden Fragestellungen beachtet worden sind. Die Praxis zeigt, dass den Schulen an diesen Stellen nicht selten Fehler unterlaufen.

- Ist der Sachverhalt überhaupt hinreichend aufgeklärt?
- Wer ist für die zu verhängende Sanktion zuständig?
- Ist in der Einladung zur Teilkonferenz der gegen den Schüler erhobene Vorwurf umrissen?
- Kann der Nachweis geführt werden, dass die Einladung zur Teilkonferenz den Erziehungsberechtigten zugegangen ist?
- Ist die Teilkonferenz – wenn sie entscheiden sollte – richtig besetzt?
- Ist vor Erlass des beabsichtigten Bescheides eine Anhörung erfolgt?
- Kann die Schule auch den Nachweis führen, dass sie die Betroffenen tatsächlich angehört hat?
- Ist der Sachverhalt in dem Bescheid hinreichend genau dargestellt worden?
- Hat die Schule den Begriff der (Schul-)Strafe vermieden?
- Ist das pädagogische Ermessen fehlerfrei begründet worden?
- An wen muss der Bescheid zugestellt werden?
- Ist die Rechtsbehelfsbelehrung richtig?

N. Entwurf eines Bescheides

Vielen Schulleitungen bereitet der Entwurf eines Bescheides, mit dem eine Ordnungsmaßnahme begründet wird, nicht unerhebliche Schwierigkeiten. Vor dem Hintergrund, dass rechtliche Aspekte sowohl im Lehramtsstudium als auch im Referendariat regelmäßig zu kurz kommen, überrascht dies nicht. Der Verfasser zeigt Ihnen mit den nachfolgenden Ausführungen auf, wie auch insoweit Rechtsfehler vermieden werden können. Zudem werden Formulierungshilfen gegeben.

I. Formulierungsbeispiel

Gesamtschule Königsplatz
Königsstraße 30
47809 Krefeld

Königsstraße 30, 47809 Krefeld

Tel: 02151/55880

Fax: 02151/55881

Gesamtschule.Königsplatz@schule.nrw.de

Krefeld, den […]

[Per Zustellungsurkunde]

An

Andreas und Daniela Müller

Weingartenstraße 23

47809 Krefeld

[Betreff:] Unterrichtsausschluss Ihres Sohnes Max

[Bezug:] Verhalten von Maximilian am 12. Juni 2023

Sehr geehrter Herr Müller,

sehr geehrte Frau Müller,

hiermit erlasse ich folgenden

Bescheid:

»Ich schließe Ihren Sohn Maximilian vom 12. Juni 2023 bis einschließlich 14. Juni 2023 vom Unterricht aus.«

I.

Ihr Sohn Maximilian hat am 7. Juni 2023 in der dritten Unterrichtsstunde seine Sitznachbarin Marie-Louise Schmidt als »doofe Hurenschlampe« bezeichnet. Dies hat die Klassenlehrerin, Frau Reiners, mitbekommen. Maximilian hat diese Beleidigung, als er hierauf von seiner Klassenlehrerin angesprochen worden ist, auch nicht bestritten. Dies war nicht die erste Beleidigung von Maximilian. Bereits am Tag zuvor, dem 6. Juni 2023, hat er seinen Mitschüler Tom Winter in der Pause zwischen der zweiten und dritten Unterrichtsstunde als »schwules Arschloch« bezeichnet. Nachdem sich Tom hierüber bei Frau Reiners beschwert hatte, hat die Lehrkraft das Gespräch mit Maximilian gesucht. Ihr Sohn hat eingeräumt, Tom beleidigt zu haben. In dem Gespräch hat er allerdings keinerlei Einsicht gezeigt. Auch wollte er sich bei Tom nicht entschuldigen. Auch gegenüber Marie war er nicht bereit, sich für sein Fehlverhalten zu entschuldigen. Einer entsprechenden, durch Frau Reiners ausgesprochenen Aufforderung kam er in beiden Fällen mithin nicht nach.

Mit Schreiben vom (…) habe ich Ihnen Gelegenheit gegeben, zu dem von mir beabsichtigten Unterrichtsausschluss Stellung zu nehmen. Von dieser Gelegenheit haben Sie keinen Gebrauch gemacht.

II.

Gemäß § 53 Abs. 6 Satz 1 SchulG bin ich als Schulleiter unter anderem für die Anordnung eines Unterrichtsausschlusses zuständig.

Der von mir verfügte Unterrichtsausschluss beruht in der Sache auf § 53 Abs. 3 Satz 1 Nr. 3 SchulG.

Im Rahmen meines pädagogischen Ermessens habe ich mich wegen der Schwere des Fehlverhaltens und der mangelnden Einsicht von Maximilian dazu entschlossen, ihn im oben angeführten Zeitraum vom Unterricht auszuschließen.

Maximilian hat, wie Sie den Feststellungen unter I. entnehmen können, wiederholt Mitschüler beleidigt und dadurch den Unterricht gestört.

Nach meinem pädagogischen Ermessen erscheinen erzieherische Einwirkungen und »mildere« Ordnungsmaßnahmen aufgrund der Schwere des dargestellten Fehlverhaltens und der mangelnden Einsicht Ihres Sohnes nicht als ausreichend, um auf ihn einzuwirken. (…)

Rechtsbehelfsbelehrung:

Gegen diesen Bescheid kann innerhalb eines Monats nach Bekanntgabe Widerspruch erhoben werden. Der Widerspruch ist bei der Gesamtschule Königsplatz, Königsstraße 30, 47809 Krefeld, einzulegen.

II. Eingangsteil (»Rubrum«)

Wenn Sie Eltern minderjähriger Schüler anschreiben, kann dies grundsätzlich mit einem »**normalen**« **Brief** geschehen. In rechtlicher Hinsicht ist in diesem Zusammenhang zu berücksichtigen, dass es sich bei Ordnungsmaßnahmen um sogenannte Verwaltungsakte handelt. Verwaltungsakte werden erst mit **Bekanntgabe** wirksam (vgl. § 43 Abs. 1 VwVfG NRW). Eine der möglichen Formen der Bekanntgabe ist die Übermittlung durch die Post per Brief (§ 41 Abs. 2 VwVfG NRW). Sie müssen Ihre Ordnungsmaßnahme also nicht zwingend mit einer sogenannten **Zustellungsurkunde** (PZU) oder **Einschreiben** übermitteln. Bei der Bekanntgabe per einfachem Brief besteht aber stets das »Risiko«, dass die Eltern bestreiten können, den Brief überhaupt erhalten zu haben. In einem solchen Fall müsste die Schule den Nachweis führen, dass die Postsendung die Eltern auch tatsächlich erreicht hat (vgl. § 41 Abs. 2 VwVfG NRW). Dieser Nachweis kann aber naturgemäß nicht erbracht werden, da die Schule nicht wird beweisen können, dass die Postsendung tatsächlich auch in den Briefkasten der Eltern gelangt ist. Um den Zugang eines Briefes bei den Eltern nachzuweisen, kann daher ein **Einschreiben** oder eine **Zustellurkunde** verwendet werden. Vor dem Hintergrund, dass die Eltern aber ja gerade gegen die von Ihnen verfügte Ordnungsmaßnahme vorgehen wollen, dürfte jedoch in aller Regel nicht zu befürchten sein, dass sie den Erhalt Ihres Schreibens in Abrede stellen werden. Wenn Sie den Weg der Zustellung einschlagen, wird über dem Adressfeld der Eltern in dem Bescheid auch angegeben, dass und wie das Anschreiben zugestellt werden soll *(»per Zustellungsurkunde«)*. Beachten Sie noch Folgendes: In aller Regel sind die Eltern minderjähriger Schüler beziehungsweise volljährige Schüler vor dem Erlass einer Ordnungsmaßnahme anzuhören (vgl. § 28 Abs. 1 VwVfG NRW). Nicht selten suchen Eltern bereits in diesem Stadium des Verfahrens den Rat eines Rechtsanwaltes. Sollte ein Anwalt zu der von Ihnen beabsichtigten Maßnahme Stellung nehmen, sieht das Gesetz vor, dass sie einen Bescheid an den Rechtsanwalt zuzustellen haben, sofern er eine schriftliche Vollmacht der Eltern vorgelegt hat (§ 7 Abs. 1 Satz 2 LZG NRW). Wenn der Rechtsanwalt keine Vollmacht vorgelegt hat, haben Sie ein Wahlrecht, ob Sie Ihren Bescheid an ihn oder unmittelbar an die Eltern des minderjährigen Schülers beziehungsweise an den volljährigen Schüler selbst zustellen (§ 7 Abs. 1 Satz 1 LZG NRW).

Praxistipp:

Wenn Sie Beweisschwierigkeiten hinsichtlich des Zugangs Ihres Anschreibens an die Eltern vermeiden wollen, sollten Sie auf eine der beiden genannten förmlichen Arten der Bekanntgabe (Einschreiben, Zustellungsurkunde) zurückgreifen. Ratsam ist es, die Zustellungsurkunde zu wählen. Sie bietet zahlreiche Vorteile. So gilt ein per Zustellungsurkunde an die Eltern gerichtetes Anschreiben auch dann als zugestellt, wenn diese die Annahme verweigern (vgl. § 3 Abs. 2 LZG NRW, § 179 ZPO). Auch kann bei der sogenannten PZU – wenn die Eltern nicht zu Hause sein sollten- durch den Zusteller an erwachsene Familienangehörige (§ 178 Abs. 1 Nr. 1 ZPO) oder durch einfaches Einlegen in den Briefkasten (vgl. § 180 ZPO) zugestellt werden.

Soweit es die weitere Abfassung des Eingangsteils anbelangt, ist darauf hinzuweisen, dass nach den allgemein anerkannten Gestaltungsregelungen für die Textverarbeitung (DIN 5008) die Wörter »**Betreff**« und »**Bezug**« nicht mehr ausgeschrieben werden sollen. Gleichwohl sollte in dem Eingangsteil weiterhin angegeben werden, worum es geht (wie im obigen Beispiel: »Unterrichtsausschluss Ihres Sohnes Max«, »Verhalten von Max am 12. Juni 2023«). Es entfallen also lediglich die Worte Betreff und Bezug. Das mag als bloße Förmelei erscheinen. Dennoch erweckt – auch aus Sicht der Gerichte – ein Bescheid, der die üblichen Gestaltungsregeln einhält, einen professionellen Eindruck.

III. Entscheidung (»Tenor«)

Die von Ihnen getroffene **Entscheidung** – beispielsweise ein mehrtägiger Unterrichtsausschluss – muss **hinreichend bestimmt** sein. Denn unbestimmte Verwaltungsakte sind rechtswidrig (§ 37 Abs. 1 VwVfG NRW). Der betroffene Schüler beziehungsweise seine Eltern müssen also erkennen können, was von Ihnen verlangt wird. Das OVG NRW hatte sich in seinem Beschluss vom 3. Juni 2015, 19 B 542/15, mit der Frage auseinandergesetzt, ob ein Bescheid, mit dem ein Schüler von der Teilkonferenz wegen eines Böllerwurfs »von allen schulischen Veranstaltungen im laufenden Schuljahr« ausgeschlossen wurde, hinreichend bestimmt ist. Der Schüler, der aufgrund dieses Fehlverhaltens vom Schulleiter bereits zuvor neun Kalendertag vom Unterricht ausgeschlossen wurde, hat im Gerichtsverfahren vorgetragen, dass für ihn nicht ersichtlich sei, ob er mit dem Ausschluss von allen schulischen Veranstaltungen auch ein erneuter Unterrichtsausschluss angeordnet worden ist. Das OVG NRW hat festgestellt, dass für den Schüler erkennbar war, dass er nicht noch einmal vom Unterricht, sondern lediglich von »sonstigen« Schulveranstaltungen ausgeschlossen werden sollte. Diese Auslegung liegt schon deshalb nahe, weil ein Unterrichtsausschluss nur bis zu zwei Wochen möglich ist, während der Ausschluss von allen (sonstigen) Schulveranstaltungen bis zum Ende des Schuljahres gilt. Zudem sei dem Schüler und seinem Vater im Anschluss an die Teilkonferenz die Maßnahme erläutert worden. Dass der Schüler den Bescheid auch so verstanden hat, wie er gemeint war, wurde im Übrigen auch daran deutlich, dass er in der Folgezeit zum Unterricht erschienen ist. Der Umstand, dass die Schule hiergegen nicht eingeschritten ist, musste für ihn zusätzlich Bestätigung sein, den Bescheid richtig verstanden zu haben; denn andernfalls wäre zu erwarten gewesen, dass sein Erscheinen nicht hingenommen, sondern er gegebenenfalls vom Schulgelände verwiesen worden wäre.

Praxistipp:

Bei der Abfassung Ihrer Entscheidung sollten Sie sich die Kontrollfrage stellen, ob Ihr Bescheid so deutlich ist, dass die Betroffenen tatsächlich erkennen können, was von Ihnen konkret verlangt wird. Andernfalls eröffnen Sie unnötige »Angriffsflächen« für die Gegenseite im Widerspruchs- und Gerichtsverfahren.

In aller Regel dürfte dies kein Problem sein. Bei einem verfügten Unterrichtsausschluss sollte allerdings nicht die bloße Anzahl der Kalendertage, sondern der konkrete Zeitraum, in dem der Schüler am Unterricht nicht teilnehmen soll, angegeben werden.

Beachten Sie, dass der Ausschluss vom Unterricht wie auch die Überweisung in eine Parallelklasse bereits nach den gesetzlichen Regelungen sofort vollziehbar sind (vgl. § 53 Abs. 3 Satz 2 SchulG). Mit anderen Worten: Sie müssen sich im Tenor nicht zur sofortigen Vollziehung (»Hiermit ordne ich die sofortige Vollziehung an.«) äußern.

Anders verhält es sich bei der Entlassung. Gegen eine Entlassung können die Schüler beziehungsweise ihre Eltern einen Widerspruch und – hieran anschließend – auch eine Klage vor dem Verwaltungsgericht erheben. Diese Rechtsbehelfe haben aufschiebende Wirkung (vgl. § 80 Abs. 1 VwGO). Die Folge ist, dass die Entlassung bis zur gerichtlichen Entscheidung nicht vollzogen werden darf und der Schüler weiter auf der Schule verbleibt. Vor dem Hintergrund, dass das Widerspruchs- und Klageverfahren mitunter über ein Jahr dauern kann, ist dieses Ergebnis nur schwer hinnehmbar. Da eine Entlassung ein besonders schwerwiegendes Fehlverhalten voraussetzt (beispielsweise erhebliche körperliche Übergriffe), kann es sachgerecht sein, diese Entscheidung für sofort vollziehbar zu erklären, damit der Schüler unmittelbar mit der Bekanntgabe der Entscheidung die Schule verlassen muss. Diese Möglichkeit gibt Ihnen das Gesetz (vgl. 80 Abs. 2 Satz 1 Nr. 4 VwGO). Was Sie in diesem Zusammenhang beachten müssen, hat der Verfasser unter »I.I. Rechtsnatur von erzieherischen Einwirkungen und Ordnungsmaßnahmen« erläutert.

IV. Sachverhaltsdarstellung (»I.«)

Es wirkt sowohl für die Schulaufsichtsbehörden als auch für die Verwaltungsgerichte »professionell«, wenn Sie sich bei der Abfassung Ihres Bescheides an den üblichen **Gliederungen** orientieren. Bescheide sollten möglichst in eine **Sachverhaltsdarstellung** (»**I.**«) und eine **rechtliche Würdigung** (»**II.**«) unterteilt werden. Bei der Darstellung des Sachverhaltes handelt es sich nicht nur um bloße Formalitäten. Vielmehr verlangt das Gesetz, dass ein schriftlicher Verwaltungsakt mit einer Begründung zu versehen ist und dass in der Begründung die wesentlichen tatsächlichen (und rechtlichen) Gründe mitzuteilen sind, die die Behörde zu ihrer Entscheidung bewogen haben (§ 39 Abs. 1 VwVfG NRW). Achten Sie darauf, den Sachverhalt möglichst genau darzustellen. Nicht ausreichend wäre beispielsweise die häufig zu beobachtende Feststellung, »*Der Schüler hat wiederholt den Unterricht gestört und sich respektlos verhalten.*« Mit derart ungenauen Formulierungen werden unnötige »Angriffsflächen« für Rechtsanwälte eröffnet. Dem vorgenannten Passus könnte unter anderem entgegengehalten werden, dass bereits nicht ersichtlich ist, was denn unter **wiederholten** Pflichtverletzungen konkret zu verstehen sein soll. Im Übrigen ist der Begriff **respektlos** aus juristischer Sicht recht konturenlos, weil er äußerst unbestimmt ist. Entscheidend ist, dass der Empfänger, wenn er den Bescheid in den Händen hält, genau erkennen kann, was wann vorgefallen ist.

V. Rechtliche Würdigung (»II.«)

In der rechtlichen Würdigung können Sie (dies ist allerdings nicht zwingend) zunächst angeben, warum beziehungsweise nach welcher Vorschrift Sie überhaupt zuständig sind (»Gemäß § 53 Abs. 6 Satz 1 SchulG bin ich als Schulleiter unter anderem für die Anordnung eines Unterrichtsausschlusses zuständig.«)

Sodann sollten Sie darstellen, auf welcher **Rechtsvorschrift** Ihre Maßnahme beruht; bei einem Unterrichtsausschluss wäre beispielsweise § 53 Abs. 3 Satz 1 Nr. 3 SchulG anzugeben (»*Der von mir verfügte Unterrichtsausschluss beruht auf § 53 Abs. 3 Satz 1 Nr. 3 SchulG.*«)

Im Weiteren sind zwei Gesichtspunkte im Besonderen zu beachten: Zum einen kann eine erzieherische Einwirkung und auch eine Ordnungsmaßnahme nur verhängt werden, wenn der Schüler eine **Pflicht verletzt** hat (vgl. § 53 Abs. 1 Satz 2 SchulG). Hier müssen Sie ausführen, welche Pflichtverletzung überhaupt in Rede steht (z.B. ein Beleidigung, ein körperlicher Übergriff, näher bezeichnete Unterrichtsstörungen). Bedeutsam ist hierbei, dass der Vorwurf hinreichend konkret dargestellt wird (z.B. Wortlaut der Beleidigung, Name der von der Beleidigung betroffenen Mitschülerin, etc.).

Zum anderen – und das ist der bedeutsamere Aspekt – ist im Rahmen Ihres »**pädagogischen Ermessens**« anzugeben, warum sie sich überhaupt für ein Einschreiten entschieden haben (sog. **Entschließungsermessen**) und aus welchen Gründen, Sie sich für die konkret ausgewählte Sanktion (beispielsweise einen mehrtägigen Unterrichtsausschluss) entschieden haben (sog. **Auswahlermessen**).

In diesem Zusammenhang sind unbedingt noch folgende Grundsätze zu beachten: Wenn Sie erzieherische Einwirkungen und mildere Ordnungsmaßnahmen »**überspringen**«, bedarf dies einer besonderen Begründung. Denn gemäß § 53 Abs. 1 Satz 4 SchulG sind Ordnungsmaßnahmen (wie etwa der mehrtägige Unterrichtsausschluss) nur zulässig, wenn erzieherische Einwirkungen nicht ausreichen. Das heißt, dass erzieherische Einwirkungen grundsätzlich – aber eben nicht ausnahmslos – Vorrang haben. Daneben regelt § 53 Abs. 1 Satz 3 SchulG, dass der Grundsatz der Verhältnismäßigkeit zu beachten ist. Dies bedeutet, dass grundsätzlich auf die milderen Ordnungsmaßnahmen zurückzugreifen ist, sofern mit ihnen das Ziel einer Verhaltensänderung des Schülers erreicht werden kann. Wie bereits ausgeführt, kann aber auch unmittelbar eine »scharfe« Sanktion (bis hin zur direkten Entlassung) verhängt werden, wenn nämlich ein besonders schweres Fehlverhalten begangen wurde und der Schüler nicht einsichtig ist beziehungsweise die Sanktion aus generalpräventiven Gründen oder zum Schutze der Mitschüler im Rahmen des pädagogischen Ermessens als erforderlich erscheint.

VI. Rechtsbehelfsbelehrung

Schulordnungsmaßnahmen sind Verwaltungsakte und daher mit einer Rechtsbehelfsbelehrung zu versehen. Zwar ist in Nordrhein-Westfalen das Widerspruchsverfahren weitgehend abgeschafft worden, sodass unmittelbar vor einem Verwaltungsgericht Klage erhoben werden kann (vgl. § 110 Abs. 1 Satz 1 JustG NRW). Dies gilt aber gerade nicht im Bereich des Schulrechts, soweit es um Verwaltungsakte geht, die von den Schulen selbst erlassen werden können (vgl. § 110 Abs. 2 Satz 1 Nr. 3a JustG NRW). Richtiger – juristisch gesprochen statthafter – Rechtsbehelf ist daher nach wie vor der **Widerspruch**. Auf diesen Rechtsbehelf muss hingewiesen werden. Bei dem Abfassen der Rechtsbehelfsbelehrung sollten Sie nach Möglichkeit nur den gesetzlichen Mindestinhalt einer solchen Belehrung angeben. Alle weiteren – gesetzlich nicht erforderlichen – Angaben können rechtsfehlerhaft sein und sollten daher vermieden werden. Das Gesetz fordert lediglich vier Angaben (vgl. § 58

Abs. 1 VwGO): Rechtsbehelf (*Widerspruch*), Verwaltungsbehörde (*Gesamtschule Königsplatz*), Sitz (*Krefeld*) und Frist (*innerhalb eines Monats*). Da lediglich der Sitz angegeben werden muss, wäre an sich sogar die exakte postalische Anschrift (*Königsstraße 30, 47809 Krefeld*) entbehrlich. Es steht Ihnen selbstredend frei, diese Information gleichwohl noch in die Rechtsbehelfsbelehrung aufzunehmen. Grundsätzlich müssen Sie auch nicht den Beginn der Monatsfrist benennen (*innerhalb eines Monats nach Bekanntgabe*). Üblicherweise wird aber auch diese Angabe in der Belehrung aufgeführt.

Praxistipp:

Haben Sie keine Befürchtungen, wenn Ihnen im Zusammenhang mit dem Abfassen einer Rechtsbehelfsbelehrung Fehler unterlaufen sollten. Eine gänzlich unterbliebene und auch eine fehlerhafte Belehrung führen einzig und allein dazu, dass der Betroffene die Möglichkeit hat, innerhalb eines Jahres (statt eines Monates) gegen Ihre Maßnahme vorzugehen (vgl. § 58 Abs. 2 Satz 1 VwGO). Vor dem Hintergrund, dass die Betroffenen aber in aller Regel zeitnah gegen Ihre Maßnahmen vorgehen werden, um einen Unterrichtsausschluss oder etwa eine Entlassung aufheben zu lassen, spielt es in der Praxis keine Rolle, ob die Monats- oder Jahresfrist läuft.

O. Haftungsrecht

Im Schulalltag stellen sich unterschiedliche haftungsrechtliche Fragen. So kann das Land Nordrhein-Westfalen in Anspruch genommen werden, wenn ein Lehrer seine Aufsichtspflicht verletzt und Schüler während der Pause, eines Unterrichtsausschlusses oder einer Klassenfahrt unbeaufsichtigt Schäden verursachen. Verantwortlich für den Schadensersatz ist gemäß Art. 34 Satz 1 GG grundsätzlich der Dienstherr. Das heißt, dass der Lehrer von dem Geschädigten nicht unmittelbar in Anspruch genommen werden kann. Der zur Leistung des Schadensersatzes verpflichtete Dienstherr kann aber unter bestimmten Voraussetzungen von dem Lehrer Ersatz dafür verlangen, dass er an den Geschädigten Schadensersatz geleistet hat. Man spricht dann von einem **Regressanspruch** des Dienstherrn oder von einer sogenannten **Rückgriffshaftung**. Die zentrale Vorschrift für die Amtspflichtverletzung von Lehrern ist in § 839 Abs. 1 Satz 1 BGB zu finden. Dort ist geregelt, dass ein Beamter, wenn er vorsätzlich oder fahrlässig die ihm einem Dritten gegenüber obliegende Amtspflicht verletzt, dem Dritten den daraus entstehenden Schaden zu ersetzen hat. Diese Grundsätze gelten nicht nur für Beamte, sondern gemäß § 3 Abs. 7 TV-L auch für **tarifbeschäftigte Lehrer**.

Schadensersatzansprüche gibt es auch noch in einer anderen Konstellation: Wenn ein Lehrer **Eigentum des Schulträgers beschädigt** oder für den Verlust eines Gegenstandes (z.B. Schulschlüssel oder Laptop) verantwortlich sein sollte, dann ist der Dienstherr gegenüber dem Schulträger verpflichtet, Schadensersatzansprüche gegen seinen Beamten selbst geltend zu machen und den dabei erhaltenen Schadensersatz an den kommunalen Schulträger abzuführen. Dieser rechtliche »Umweg« ist deshalb erforderlich, weil der Schulträger bei Beschädigungen von schuleigenen Gegenständen durch Lehrer zwar regelmäßig einen eigenen Schaden, jedoch keine unmittelbare Rechtsgrundlage für einen Ersatzanspruch gegenüber dem Land oder der Lehrkraft hat. Der kommunale Schulträger ist weder gegenüber Lehrern weisungsbefugt, noch trifft den Lehrer gegenüber dem Schulträger eine Dienstpflicht. Die von den Lehrern zu erbringende Unterrichtstätigkeit wird vielmehr nur im Verhältnis zum Land als Anstellungskörperschaft geschuldet. Ein Schadensersatzanspruch des Schulträgers gegenüber dem Lehrer wegen der Verletzung einer Dienstpflicht scheidet daher aus (vgl. OVG Rheinland-Pfalz, Urteil vom 28. Mai 2004, 2 A 12079/03). Der Schulträger kann seinen Anspruch auf Schadensersatz auch nicht mit Erfolg gegenüber dem Land Nordrhein-Westfalen geltend machen. Denn ein auf Art. 34 Satz 1 GG gestützter Amtshaftungsanspruch setzt voraus, dass jemand in Ausübung eines ihm anvertrauten öffentlichen Amtes die ihm einem **Dritten** gegenüber obliegende Amtspflicht verletzt. Der Schulträger ist aber im Verhältnis zum Land nicht außenstehender Dritter im Sinne dieser Vorschrift. Denn die Erfüllung des Schulauftrages ist dem Land als Dienstherrn der Lehrkräfte und dem Schulträger gemeinsam auferlegt. Schließlich kann der Schulträger auch aus den allgemeinen deliktsrechtlichen Vorschriften (§§ 823 ff. BGB) keine Ansprüche gegen einen Lehrer herleiten. Denn die Haftungsvorschriften aus dem Beamtenrecht gehen insoweit vor. Um den Schulträger vor hierdurch entstehenden, unbilligen Ergebnissen zu schützen, ist es anerkannt, dass der Dienstherr den Schaden gegenüber der Lehrkraft für den Schulträger geltend machen muss. Man spricht dann von einer sogenannten **Drittschadensliquidation**.

Wenn der Lehrer schließlich Eigentum seines Dienstherrn, also des Landes Nordrhein-Westfalen, beschädigen sollte (sog. Eigenschäden des Dienstherrn), wird üblicherweise von einer **Beamtenhaftung** gesprochen. Durch die Beamtenhaftung wird mit anderen Worten der Schaden ausgeglichen, den der Beamte seinem Dienstherrn dadurch zugefügt hat, dass er dessen Eigentum **unmittelbar** geschädigt hat (Schütz/Maiwald, § 48, Rn. 11 und 12).

I. Amtshaftungsansprüche wegen Aufsichtspflichtverletzung des Lehrers

Nach § 10 Abs. 2 ADO führen Lehrer im Rahmen der Aufsichtspflicht der Schule Aufsicht. Verletzten sie diese Pflicht, können die dadurch Geschädigten das Land Nordrhein-Westfalen auf Schadensersatz in Anspruch nehmen. In diesen Fällen wird die zentrale Frage sein, ob und in welchem Umfang in der konkreten Situation eine Aufsichtspflicht bestanden hat.

1. Umfang der Aufsichtspflicht

Das **Maß der gebotenen Aufsicht** bestimmt sich immer nach den Umständen des Einzelfalles. Die Gerichte haben aber hierzu Grundsätze und »Faustformeln« entwickelt, auf die in den nachfolgenden Fällen eingegangen wird.

Fall 30: »Steine werfende Schüler – Teil 1«

(OLG Hamm, Urteil vom 17. Oktober 2007, 11 U 132/06)

Zwei siebenjährige Schüler einer Grundschule haben während einer Pause mit Steinen vom Schulgelände geworfen und dabei einen Fiat Punto beschädigt. Die Eigentümerin des PKW verklagte daraufhin das Land Nordrhein-Westfalen und machte geltend, das Lehrpersonal habe seine Aufsichtspflichten über die Schüler verletzt.

Das Oberlandesgericht hat die Klage als unbegründet abgewiesen und festgestellt, dass der Eigentümerin wegen des Steinwurfs durch die Grundschüler kein Schadensersatzanspruch gegen das Land Nordrhein-Westfalen gemäß § 839 Abs. 1 BGB, Art. 34 Satz 1 GG zustehen würde. Denn es fehle an einer Aufsichtspflichtverletzung durch die Bediensteten des beklagten Landes. Zwar hätte das Lehrpersonal in Pausenzeiten die Aufsichtspflicht über die Schüler. Dies führe jedoch nicht schon dazu, dass von einem Aufsicht führenden Lehrer verlangt werden könne, dass er jeden Schüler ständig im Blick haben und sofort eingreifen müsse, wenn ein Schüler durch sein Verhalten andere Personen oder Sachen beschädige. Vielmehr bestimme sich das Maß der Aufsicht danach, was »normalerweise« verlangt werden kann.

Hinweis:

Wie umfangreich die Aufsichtspflicht von Lehrkräften ist, hängt von den **Umständen des Einzelfalles** ab. In der Rechtsprechung hat sich aber folgender Grundsatz herausgebildet: Das Maß der gebotenen Aufsicht bestimmt sich nach **Alter, Eigenart und Charakter des Schülers**, nach der **Voraussehbarkeit des schädigenden Verhaltens** sowie danach, **was dem Aufsichtspflichtigen jeweils zugemutet werden kann**. Entscheidend ist, was ein verständiger Aufsichtspflichtiger nach vernünftigen Anforderungen im konkreten Fall unternehmen muss, um Schäden durch den Schüler zu vermeiden. Wenn Sie unsicher sind, wie weit Ihre Aufsichtspflicht im Schulalltag reicht, dann fragen Sie sich, was man von Ihnen in der konkreten Situation »vernünftigerweise« verlangen kann. In der Rechtsprechung werden keine überzogenen Anforderungen an Ihre Aufsichtspflicht gestellt.

In dem angeführten Fall hat das Oberlandesgericht Hamm ausgeführt, dass bei Kindern im grundschulfähigen Alter von 6 bis 10 Jahren unterstellt werden dürfe, dass ihnen die Gefahr der Entstehung von Schäden an Personen oder Sachen bei Steinwürfen bereits bewusst sei. Diese Erkenntnis werde Kindern erfahrungsgemäß noch weit vor Erreichen des Schulalters von den Erziehungsberechtigten immer wieder eingeschärft und mit einem Verbot derartiger Verhaltensweisen verbunden. Darauf, dass eine solche Erziehung im Elternhaus erfolgt ist, dürfe sich das Lehrpersonal grundsätzlich verlassen. Eine dauernde **Überwachung »auf Schritt und Tritt«** sei bei schulpflichtigen Kindern **nicht erforderlich**. Das folge auch daraus, dass das Maß der Aufsicht mit dem Erziehungsziel, die wachsende Fähigkeit und das zunehmende Bedürfnis der Kinder zum selbstständigen verantwortungsbewussten Handeln einzuüben, in Einklang gebracht werden müsse. Etwas anderes würde nur dann gelten, wenn den Lehrkräften Anhaltspunkte dafür vorlägen, dass Schüler entsprechende Verbote nicht bekannt oder sie nicht bereit gewesen seien, diese Verbote zu beachten. In dem angeführten Fall hat das OLG Hamm weiter ausgeführt, dass auch jeder Anhaltspunkt für die Annahme gefehlt habe, dass durch eine intensivere Beaufsichtigung der beiden Kinder der eingetretene Schadensfall vermieden worden wäre. Denn bei dem Aufnehmen und Werfen der Steine habe es sich um ein sogenanntes **Augenblicksgeschehen** gehandelt. Selbst wenn schon das Aufnehmen des Steines von den aufsichtführenden Lehrern bemerkt worden wäre, sei nicht mit der erforderlichen Gewissheit davon auszugehen, dass diese rechtzeitig darauf hätten reagieren und die Kinder vom Wurf hätten abhalten können. Das Oberlandesgericht hat im Übrigen hervorgehoben, dass die Aufsichtsführung auf dem Schulhof nicht derart organisiert werden muss, dass eine ständige Beaufsichtigung aller Kinder möglich ist.

Praxistipp:

Beachten Sie, dass die Aufsichtspflicht auch gegenüber **volljährigen Schülern** gilt. Die Anforderungen sind allerdings geringer als bei minderjährigen Schülern, da erwachsene Schüler grundsätzlich für ihr Verhalten selbst verantwortlich sind und bei ihnen eine ausreichende Einsichtsfähigkeit vorausgesetzt werden kann (vgl. Böhm, Grundkurs Schulrecht I, S. 62).

Das Ministerium für Schule und Weiterbildung des Landes Nordrhein-Westfalen (heute Ministerium für Schule und Bildung des Landes Nordrhein-Westfalen) hat im Runderlass vom 18. Juli 2005 (ABl. NRW. S. 289) **Verwaltungsvorschriften** zu § 57 Abs. 1 SchulG – **Aufsicht** – getroffen. Sie lassen sich im Kern wie folgt zusammenfassen:

- Die Aufsichtspflicht der Schule erstreckt sich auf die Zeit, in der die Schüler am Unterricht oder an sonstigen Schulveranstaltungen teilnehmen. Schüler, die sich auf dem Schulgrundstück aufhalten, sind während einer **angemessenen Zeit vor Beginn und nach Beendigung des Unterrichts** oder von sonstigen Schulveranstaltungen (es gilt insoweit in der Regel ein Zeitraum von **15 Minuten**) sowie in Pausen und Freistunden zu beaufsichtigen.
- Die **Aufsichtspflicht** der Schule erstreckt sich **nicht** auf den Weg zur Schule oder von der Schule nach Hause (**Schulweg**). Der Schulweg endet und beginnt am Schulgrundstück, nicht am Schulgebäude.
- Die Aufsichtspflicht **obliegt allen Lehrkräften** der Schule. Die Lehrerkonferenz entscheidet über die Aufstellung von Aufsichtsplänen. Die Entscheidung über den Einsatz der einzelnen Lehrkraft und die Aufsichtspflicht trifft der Schulleiter.
- Schüler der Primarstufe und der Klassen 5 und 6 der Sekundarstufe I dürfen auch bei **unvorhersehbarem Unterrichtsausfall** grundsätzlich nur zu den im Stundenplan vorgesehenen Zeiten nach Hause entlassen werden.
- Schüler der Sekundarstufe I dürfen das Schulgrundstück während der Zeit ihrer verpflichtenden Teilnahme in **Ganztagsschulen** nicht verlassen.
- Die Beförderung in **Schulbussen** fällt in den Verantwortungsbereich des Schulträgers. Insofern besteht grundsätzlich keine Aufsichtspflicht der Lehrkräfte an Schulbushaltestellen außerhalb des Schulgrundstücks. Eine Aufsichtspflicht der Schule an **Schulbushaltestellen** kann sich in Ergänzung zur Verpflichtung des Schulträgers nur dann ergeben, wenn die Schulkonferenz zu dem Ergebnis kommt, dass (1.) an der Schulbushaltestelle selbst oder auf dem Weg von dieser Haltestelle bis zum Schulgrundstück oder Unterrichtsort (z.B. Sportanlage, Schwimmhalle) eine besondere Gefährdungslage besteht und (2.) eine Aufsicht durch Lehrkräfte wegen der geringen Entfernung der Schulbushaltestelle zum Schulgrundstück oder Unterrichtsraum ohne unverhältnismäßigen Aufwand möglich ist.

- Der Weg zwischen Schulgrundstück und anderen Orten von Schulveranstaltungen unterliegt der Aufsichtspflicht der Schule (**Unterrichtsweg**). Der Unterrichtsweg umfasst alle Wege, die die Schüler aus Gründen des Unterrichts oder anderer Schulveranstaltungen zurücklegen, sofern die Schüler nicht von zu Hause kommen oder nicht im unmittelbaren Anschluss an die Schulveranstaltung nach Hause entlassen werden. Unterrichtswege dürfen von Schülern der Sekundarstufe I und II ohne Begleitung einer Lehrkraft zurückgelegt werden, wenn keine besonderen Gefahren zu erwarten sind. Dabei ist auf das Alter der Schüler und die gegebene Verkehrssituation abzustellen. Werden Unterrichtswege mit Schulbussen oder öffentlichen Verkehrsmitteln zurückgelegt, obliegt die Aufsichtspflicht im Gegensatz zur Regelung beim Schulweg der Schule.
- **Aufsichtsmaßnahmen** der Schule sind unter Berücksichtigung möglicher Gefährdung nach Alter, Entwicklungsstand und der Ausprägung des Verantwortungsbewusstseins der Schüler, bei behinderten Schülern auch nach der Art der Behinderung, auszurichten. **Aufsichtsbefugnisse** dürfen nur insoweit zeitweise geeigneten Hilfskräften übertragen werden, als dadurch im Einzelfall eine angemessene Aufsicht gewährleistet bleibt.
- Die **Art der Aufsicht** hängt von der jeweiligen konkreten Situation ab; ständige Anwesenheit der Lehrkraft ist nicht in jedem Fall zwingend geboten.
- Die allgemeine Aufsichtspflicht der Schule, die auf der größeren Schutzbedürftigkeit der ihr von den Eltern anvertrauten minderjährigen Schüler beruht, entfällt gegenüber den **volljährigen Schülern**. Die sich aus dem Schulverhältnis ergebende Fürsorgepflicht der Schule besteht ihnen gegenüber fort, wenn auch in einer auf dieses Alter abgestimmten Form.

2. Aufsichtspflicht beim Sport

Lehrern obliegt die Amtspflicht, durch besondere Vorsicht und Umsicht die ihnen anvertrauten Schüler im Schulbetrieb vor gesundheitlichen Schäden zu bewahren. Sie haben die Pflicht, die unumgänglichen Gefahren des Schulbetriebs, insbesondere beim Sportunterricht, so niedrig wie nur möglich zu halten und von einer gefährlichen Maßnahme Abstand zu nehmen, wenn sich ausreichende Vorkehrungen nicht treffen lassen. Eine Gefahr kann zwar durch Warnungen auf ein hinnehmbares Maß reduziert werden. Dies gilt aber nur, wenn zu erwarten ist, dass die Schüler dieser Warnung auch Folge leisten werden (vgl. bereits BGH, Urteil vom 27. Januar 1958 – III ZR 90/56 zu Aufsichtspflichten bei einem Waldlauf: »Zu den Amtspflichten des Sportlehrers gehört eine belehrende Warnung vor einem Waldlauf. Die Belehrung hätte in eindringlicher Form gehalten dahin gehen müssen, dass die Kinder, auch wenn sie im übrigen zügig und in einer Reihe laufen sollten, so doch als oberstes Gebot der Vorsicht bei dem Laufen durch einen jungen Nadelholzwald im Hinblick auf die herabhängenden Äste den nötigen Abstand voreinander halten und mit Rücksicht auf die von diesen ausgehende Gefahr ihr besonderes Augenmerk auf zurückschnellende Äste geben, und dass sie auch selbst darauf achten müssten, dass sie von ihnen weggehaltene Äste nicht ohne Rücksicht auf eine zu weit aufgerückte folgende Läuferin loslassen durften).

3. Aufsichtspflicht beim Unterrichtsauschluss

Sollte ein vom Unterricht ausgeschlossener Schüler während der Dauer seines Unterrichtsausschlusses einen Schaden verursachen, ist für die Frage einer Aufsichtsverletzung der Lehrkraft unter anderem entscheidend, ob Anzeichen für eine besondere Gefahrenlage bestanden haben (zu Kurzschlussreaktionen neigender, aggressiver Schüler). Daneben ist auch zu berücksichtigen, ob sich andere Schüler auf dem Flur befinden. In der Regel wird eine **stichprobenartige Kontrolle** des vom Unterricht ausgeschlossenen und auf dem Schulflur befindlichen Schülers erforderlich sein (vgl. hierzu Böhm, Grundkurs Schulrecht II, S. 11).

4. Aufsichtspflicht außerhalb des Schulgeländes

Die Aufsichtspflicht gilt nicht nur während des Unterrichtstages einschließlich der Pausen, sondern erstreckt sich auch auf schulische Veranstaltungen, die außerhalb des Schulgeländes stattfinden (beispielsweise Klassenfahrten).

Fall 31: »Beinbruch beim Klassenfest auf einem Sportplatz«

(OLG Koblenz, Urteil vom 19. Oktober 1999, 1 U 1654/96)

Ein 6-jähriger Kläger verlangt von dem beklagten Land als Dienstherr einer Grundschullehrerin Schadensersatz aus einem Unfall, den er auf einem

Sportplatz erlitten hat. Die Schwester des Klägers besuchte damals die Klasse 1d der Grundschule; der Kläger war ein Kindergartenkind. Am Unfalltag nahmen der Kläger, seine Mutter und seine Schwester an einem »Grillfest für die ganze Familie« teil. Das Fest war das Jahresabschlussfest für die Schüler der Klasse 1d und deren Angehörige. Während der Veranstaltung war die einzig anwesende Lehrkraft dafür zuständig, Spiele mit den anwesenden Kindern durchzuführen; Helfer aus der Elternschaft übernahmen den Verkauf von Speisen und Getränken. Der Kläger kletterte an einer abseits gelegenen Fußballtorwand hoch, stürzte mit dieser um und erlitt einen Oberschenkelspiralbruch. Die Fußballtorwand ist von Erwachsenen während des Festes eigenmächtig aufgestellt worden.

Das Oberlandesgericht hat entschieden, dass dem Kläger keine Amtshaftungsansprüche gegen das beklagte Land zustehen. Das Gericht hat allerdings zunächst hervorgehoben, dass solche Ansprüche grundsätzlich auch bei Klassenfesten außerhalb des Schulgeländes in Betracht kommen, wenn das Unfallereignis auf ein Fehlverhalten einer Lehrkraft zurückzuführen sei. Denn solche **Klassenfeste** seien keine privaten, sondern **schulische Veranstaltungen**. Bei solchen Veranstaltungen hätten Lehrkräfte als Mitveranstalter und Mitorganisatoren die Amtspflicht, Teilnehmer und Gäste vor Schaden durch das Fest zu bewahren. Der schulische Charakter der Veranstaltung folge daraus, dass das Fest bei einem Elternabend mit Zustimmung der Klassenlehrerin als Klassenfest der Klasse 1d der Grundschule beschlossen worden sei. Der Unfall des Klägers sei aber nicht durch eine Verletzung der Aufsichtspflicht der Klassenlehrerin verursacht worden. Das Gericht hat betont, dass der Kläger im Zeitpunkt des Unfalls nicht unter der Aufsicht der Lehrerin gestanden habe. Für alle Festteilnehmer sei offenkundig gewesen, dass die als einzige Lehrkraft anwesende Klassenlehrerin nur die Aufsichtsverantwortung für die Schüler und sonstigen teilnehmenden Kinder übernommen hätte, die sich an den von ihr organisierten Spielen beteiligten. Kinder, die wie der Kläger nicht am Spielprogramm teilnahmen, hätten unter der Obhut und Beaufsichtigung der sie begleitenden und primär verantwortlichen Erziehungsberechtigten gestanden. Die Mutter des Klägers hätte daher nicht damit rechnen dürfen, dass sich die Lehrerin auch um ihren Sohn kümmern würde, der abseits der Spiele auf die Torwand kletterte. Die Lehrerin habe auch ihre Verkehrssicherungspflichten nicht verletzt. Sie habe sich bei Beginn des Festes vom sicheren Zustand des Sportplatzes und seiner Einrichtungen überzeugt. Die Fußballtorwand sei erst im Laufe des Festes von Erwachsenen und zwar ohne Wissen und Mitwirkung der Klassenlehrerin aufgestellt worden. Das Oberlandesgericht hat weiter festgestellt, dass sich das Maß der Organisationspflichten des Veranstalters eines schulischen Klassenfestes im Übrigen nach dem Kreis der Teilnehmer richte. Hier seien nicht lediglich Schüler und deren Geschwister zu der Veranstaltung eingeladen gewesen. Teilnehmer waren vielmehr Kinder in Begleitung ihrer aufsichtspflichtigen Eltern. Bei einem solchen Teilnehmerkreis könne man davon ausgehen, dass diese Personen das Sportgelände in unbedenklicher Weise nutzen und ihre Kinder oder Kinder von anderen Eltern nicht gefährden würden. In Gegenwart einer Vielzahl von Erziehungsberechtigten auf dem Sportplatzgelände brauchte die Klassenlehrerin nicht damit zu rechnen, dass erwachsene Festteilnehmer die Fußballtorwand ungesichert aufstellen und später achtlos stehen lassen würden.

Fall 32: »Tod einer Schülerin im Baggersee«

(OLG Köln, Urteil vom 29. Oktober 1985, Ss 301/85)

Eine an einer Hauptschule beschäftigte Klassenlehrerin einer Klasse der Jahrgangsstufe 6 unternahm mit ihrer Klasse einen Tagesausflug zu einem Baggersee, wo man baden und grillen wollte. An dem Ausflug nahmen 26 Schüler teil, darunter auch die später gestorbene 14jährige Schülerin (im Folgenden Anna). Bei dem Baggersee handelt es sich um eine ehemalige Kiesgrube; das Baden dort war zulässig. Schilder weisen darauf hin, dass das Baden im See auf eigene Gefahr erfolgt. Bei schönem Wetter ist das Gebiet um den See herum manchmal von mehreren tausend Badegästen bevölkert. Eine Badeaufsicht besteht nicht. Die Lehrerin hatte die Schüler bereits anlässlich eines früheren Badeausflugs zu diesem See und nunmehr noch mal darauf hingewiesen, dass das Schwimmen im Baggersee wegen des Auftretens von kalten und warmen Strömungen nicht ungefährlich sei und dass der Untergrund plötzlich tiefer werde. Nichtschwimmer sollten deshalb nur im knietiefen Wasser plantschen dürfen. Gegen Vorlage einer schriftlichen Einverständniserklärung der Eltern sollten schwimmkundige Kinder im brusttiefen Wasser schwimmen dürfen. Bei dem (zweiten) Badeausflug konnte die Lehrerin etwa 10 Einverständniserklärungen einsammeln, die bestätigten, dass ihr Kind schwimmen könne, und auch zustimmten, dass ihr Kind bei dem Ausflug im

See schwimmen dürfe. Auch Anna legte eine solche Erklärung vor. Sie war jedoch gefälscht. Eine Mitschülerin hatte den Text aufgesetzt, Anna selbst hatte mit dem Namenszug ihres Vaters unterschrieben. Die Lehrerin hatte die Schüler auch darauf hingewiesen, dass Luftmatratzen zum See mitgenommen werden durften; auf dem Wasser durften sie jedoch nur nach vorheriger Absprache mit ihr benutzt werden. Der Klassenausflug war der Schulleitung angekündigt worden. Die Lehrerin, die nicht im Besitz eines Rettungsschwimmerzeugnisses war, hatte sich bei der Schulleitung nicht um eine zweite Aufsichtsperson bemüht, da sie aus der Vergangenheit wusste, dass solchen Anträgen aus Gründen des Personalmangels ohnehin nicht stattgegeben wurde. Anna begab sich am Unfalltag mit einer Mitschülerin auf eine Luftmatratze, ließ diese zu Wasser, verlor später das Gleichgewicht, kippte ins Wasser und ertrank. Das Amtsgericht verurteilte die Lehrerin wegen fahrlässiger Tötung zu einer Geldstrafe 30 Tagessätzen zu je 80 DM (insgesamt 2.400 DM). Das Landgericht hat die Berufung und das Oberlandesgericht die Revision der Lehrerin verworfen. Das Urteil ist rechtskräftig geworden.

Das Oberlandesgericht hat festgestellt, dass bereits die **Auswahl des Ausflugsziels pflichtwidrig** gewesen sei. Denn jedem Lehrer obliege die Amtspflicht, die ihm anvertraute Schuljugend im Schulbetrieb vor gesundheitlichen Gefahren zu bewahren; er sei verpflichtet, die Gefahren so niedrig wie den Umständen nach möglich und geboten zu halten; er müsse die entsprechenden Vorsichtsmaßnahmen ergreifen und gegebenenfalls, wenn sich ausreichende Vorkehrungen nicht treffen lassen, von einer gefährlichen Maßnahme Abstand nehmen. Auch wenn in dem Baggersee das Baden erlaubt gewesen sei, so sei er trotzdem als Ziel für den Badeausflug dieser Schulklasse ungeeignet gewesen, da die Sicherheit der Kinder, die nicht oder nicht gut schwimmen konnten, nicht in dem erforderlichen Maße gewährleistet gewesen sei. Insbesondere das plötzliche Abfallen des Untergrundes habe für solche Kinder eine erhebliche Gefahr dargestellt. Die Wassertiefe sei schon in einer Entfernung von 5 m vom Ufer auf 3 m abgesunken. Der für Nichtschwimmer geeignete Teil des Sees sei nicht durch Seile oder Balken abgetrennt gewesen, auch habe eine Aufsicht durch einen Bademeister gefehlt. Da von den 26 Kindern nur etwa 10 Kinder eine Bestätigung der Eltern mitgebracht hätten, nach der sie schwimmen konnten und ihre Eltern mit dem Schwimmen im See einverstanden gewesen seien, habe die Lehrerin davon ausgehen müssen, dass unter den Kindern eine größere Anzahl von Nichtschwimmern gewesen sei. Diese Nichtschwimmer seien beim Baden in ihrer Sicherheit erheblich gefährdet gewesen. Im Übrigen hätten auch Kinder, die nach der Erklärung ihrer Eltern schwimmen konnten, gefährdet sein können. Nach den beigebrachten Erklärungen der Eltern blieb nämlich unklar, wie gut diese Kinder schwimmen konnten. Da sie nicht nach dem Freischwimmerzeugnis gefragt worden seien, sei nicht auszuschließen gewesen, dass auch solchen Kindern die Schwimmfähigkeit bestätigt worden sei, die tatsächlich nur wenige Züge schwimmen konnten und daher gefährdet gewesen wären, wenn sie plötzlich keinen Grund mehr unter den Füßen gehabt hätten. Diesen Gefahren habe die Lehrerin allein nicht mit der erforderlichen Sicherheit begegnen können. Sie sei **nicht im Besitz eines Rettungsschwimmerzeugnisses** gewesen und außerdem bei der Beaufsichtigung von 26 Kindern an dem Badeufer, an dem reger Badebetrieb geherrscht habe, überfordert gewesen, da bei dem hochsommerlichen Wetter das Wasser auf die Kinder eine große Anziehungskraft ausgeübt habe, sodass damit zu rechnen war, dass sich stets zumindest einzelne Kinder im Wasser aufhalten würden. Zudem sei zu berücksichtigen, dass die Lehrerin nicht ständig die gesamte in Betracht kommende Seefläche im Auge halten konnte, zumal sie auch die Vorbereitungen zum Grillen habe überwachen müssen. Unter all diesen Umständen hätte sie von einem Ausflug zu dem Badesee absehen müssen.

Das Gericht hat darüber hinaus noch erwähnenswerte Ausführungen zu den vorgelegten Einverständniserklärungen der Eltern gemacht: Es könne der Lehrerin zwar nicht vorgeworfen werden, dass sie sich auf die von den Schülern vorgelegten Erklärungen der Eltern verlassen habe und ohne weitere Prüfung davon ausgegangen sei, dass Anna schwimmen konnte. Der Lehrerin könne nicht vorgeworfen werden, dass sie nicht an die Möglichkeit einer Fälschung gedacht habe. Denn einem Lehrer sei es nicht zuzumuten, ohne das Vorliegen besonderer Umstände seinen Schülern ein derartiges Misstrauen entgegenzubringen. Gleichwohl habe sich die Lehrerin nicht auf die Erklärung verlassen dürfen, weil sie eben – wie erwähnt – inhaltlich unklar gewesen sei. Die bloße Erklärung, ein Kind könne schwimmen, sei nicht eindeutig, da dies auch bedeuten könne, dass es nur einige Züge schwimmen könne, was aber für ein Baden im Baggersee sicher nicht ausreichen würde. Schließlich habe die Lehrerin – so das Gericht – nicht ohne Weiteres annehmen können, dass die Eltern imstande gewesen seien, die Schwimmfähigkeit ihrer Kinder hinreichend zu beurteilen, zumal die Eltern nicht ausdrücklich über die Gefahren des Badens in einem nicht öffentlich beaufsichtigten Baggersee belehrt worden seien und daher möglicherweise die Tragweite ihrer Erklärung nicht zutreffend eingeschätzt haben. Die Gerichte haben in dem Umstand, dass die Lehrerin auf die vorgelegten Erklärungen vertraut hat, neben der Auswahl des Ausflugsziels eine weitere Pflichtverletzung gesehen.

Eine dritte Pflichtverletzung nahmen die Gerichte hinsichtlich der **nicht ausreichenden Aufsicht am Badesee** an. Sie führten aus, dass die Lehrerin, wenn sie schon mit ihrer Klasse ein ungeeignetes – weil gefährliches – Ausflugsziel aufgesucht habe, zu einer erhöhten Sorgfalt verpflichtet gewesen sei. Die Aufsichtspflicht einer Lehrkraft würde zwar in der Regel nicht so weit gehen, dass jeder Schüler ständig im Auge behalten werden müsse. Eine ununterbrochene Aufsicht über Schüler lasse sich nicht gewährleisten, sie erscheine auch unzumutbar und sei nicht geboten. Es genüge vielmehr eine Aufsicht, die so beschaffen sei, dass die Schüler das Gefühl hätten, beaufsichtigt zu werden. Es sei einem Lehrer noch nicht als Verschulden anzurechnen, wenn er nicht jede Bewegung eines Kindes verfolge und nicht in jeder Bewegung Unheil wittere. Er dürfe darauf vertrauen, dass ausdrückliche Verbote, deren Sinn den Schülern mit konkreten Gefahren erläutert werde, von 13jährigen Schülern auch dann beachtet würden, wenn sie kurze Zeit nicht beaufsichtigt seien. Bei Schulausflügen erfülle der Lehrer im allgemeinen seine Pflicht, wenn er Stichproben vornehme und von Zeit zu Zeit seinen Platz wechsele, sodass bei den Schülern niemals das Gefühl aufkommen könne, sie seien völlig unbeaufsichtigt und könnten machen, was sie wollten. Im vorliegenden Fall habe die Lehrerin aber durch die **Auswahl des Ausflugsziels** eine Gefahrenlage geschaffen, die sie zu **gesteigerter Aufsichtspflicht** gezwungen habe. Solange sie nicht durch klare Anweisungen sichergestellt habe, dass kein Kind ihrer Klasse sich im Wasser aufgehalten habe, habe sie ständig die Wasserfläche und ihre sich dort aufhaltenden Schüler im Auge behalten müssen. Diese erhöhte Sorgfaltspflicht habe nicht nur gegenüber den Nichtschwimmern, sondern auch gegenüber den Schwimmern bestanden, da auch diese durch leichtsinniges Verhalten, z.B. durch zu weites Hinausschwimmen in den See, gefährdet gewesen seien und die Lehrerin zudem die Schwimmfähigkeit dieser Schüler nicht habe sicher beurteilen können. Die Lehrerin habe ihre Pflicht, die Wasserfläche ständig aufmerksam zu beobachten, verletzt, weil ihr andernfalls nicht entgangen wäre, dass zwei Mädchen – darunter Anna – auf einer Luftmatratze in den See hinauspaddelten, und zwar bis zu einer Stelle, an dem die Wassertiefe schon 3 m betragen habe, obwohl nach den Anweisungen der Lehrerin auch schwimmkundige Kinder nur ins brusttiefe Wasser gedurft hätten und obwohl die Benutzung der Luftmatratze im Wasser ausdrücklich nur nach vorheriger Absprache mit der Lehrerin erlaubt gewesen sei.

Im Ergebnis haben die Gerichte der Lehrerin mithin drei Pflichtverletzungen vorgeworfen: die Auswahl des Ausflugsziels, das Vertrauen der Lehrerin auf die inhaltlich nicht aussagekräftigen Einverständniserklärungen der Eltern und die Aufsicht am Badeplatz. Die Gerichtsentscheidungen und vielmehr noch der diesen Entscheidungen zugrunde liegende Unglücksfall zeigen auf, dass bei schulischen Veranstalten außerhalb des Schulgeländes mit Blick auf mögliche Gefahrenquellen eine besondere Sorgfalt an den Tag zu legen ist.

5. Übertragung von Aufsichtsaufgaben

Als verantwortliche Aufsichtspersonen kommen in der Regel nur Lehrkräfte in Betracht. Dies ist für die Aufsichtsführung während der Unterrichtsstunden selbstverständlich. Aber auch für die unterrichtsfreien Zeiträume bleibt die Beaufsichtigung der Schüler eine erzieherische Aufgabe, die an das Lehramt gekoppelt ist (Böhm, Grundkurs Schulrecht II, S. 4). Zwar können andere Personen, wie etwa der Schulhausmeister gelegentlich auch einmal unterstützend zur Aufsichtsführung über die Schüler herangezogen werden. Die letzte Verantwortlichkeit bleibt aber bei der Lehrkraft (vgl. Böhm, Grundkurs Schulrecht I, S. 62).

Praxistipp:

Wenn Sie zu einer Pausenaufsicht eingeteilt sind, sollten Sie es nach Möglichkeit unterlassen, den Schulhausmeister zu bitten, auf die Schüler aufzupassen, um selbst andere Dinge in der Pause zu erledigen. Denn im Falle eines Schadens, werden Sie die Verantwortung grundsätzlich nicht auf den Hausmeister »abwälzen« können.

6. Organisationsverschulden

Wenn sich ein von dem Schulleiter (oder einer beauftragten Person) erstellter Aufsichtsplan als ungeeignet erweist, eine ausreichende Aufsicht auf dem Schulgelände während der Pausen sicherzustellen, kann den Schulleiter ein Organisationsverschulden treffen. Ein solches Verschulden liegt etwa dann vor, wenn keine Ersatzaufsicht für einen erkrankten Lehrer eingeteilt wird oder Teile des Schulgeländes nicht beaufsichtigt werden (Böhm, S. 2 und 3).

Fall 33: »Ungenügende Pausenaufsicht«

(OLG Celle, Urteil vom 8. Oktober 1985, 16 U 35/85)

In einer Pause hatten Schüler einer Grundschule (Orientierungsstufe) Steine auf ein hinter der Schule parkendes Kraftfahrzeug geworfen und dieses dadurch beschädigt. In der fraglichen Pause hatte eine Lehrerin auf dem Pausenhof in der Weise Aufsicht geführt, dass sie um die dort errichteten beiden Mobilbau-Klassenblöcke Rundgänge durchgeführt hatte. Auf den Pausenhof haben sich ungefähr 300 Schüler im Alter von 10 bis 12 Jahren aufgehalten. Der Lehrerin war in der Pause nichts Besonderes aufgefallen. Der Kläger verlangte von dem beklagten Land Schadensersatz. Er war der Ansicht, dass die Aufsicht über die Schüler während der Pause so zu handhaben sei, dass eine von dem Schulgelände ausgehende Gefährdung von Rechtsgütern Dritter ausgeschlossen sei. Dem ist das beklagte Land entgegengetreten und hat ausgeführt, dass die Anforderungen an eine Aufsicht führende Lehrkraft nicht überspannt werden dürften. Auch eine Erhöhung der Anzahl der Lehrer, die die Pausenaufsicht hätten durchführen können, hätte eine lückenlose Kontrolle der Schüler nicht gewährleistet.

Das Oberlandesgericht hat festgestellt, dass dem Kläger ein Anspruch auf Ersatz der an seinem Fahrzeug entstandenen Schäden gemäß Art. 34 GG und § 839 BGB zusteht. Das für den Amtshaftungsanspruch erforderliche hoheitliche Handeln sei gegeben. Denn die Erteilung von Unterricht, die die Aufsicht über die Schüler während der Unterrichtspausen einschließt, erfolge stets in Ausübung eines öffentlichen Amtes. Eine Amtspflichtverletzung sei hier aus dem Gesichtspunkt des **Organisationsverschuldens** der Schulleitung zu bejahen. Auf die Frage, ob die Pausenaufsicht führende Lehrerin eine Amtspflicht verletzt habe, käme es deswegen gar nicht mehr an. Wie eine Pausenaufsicht in einer Schule zu organisieren sei, hänge von den Umständen des Einzelfalles ab. Dabei seien von Bedeutung: **Größe und Übersichtlichkeit des Schulgeländes, Zahl der Schüler und deren Alter und naheliegende Gefahrenquellen**. Zwar sei eine vollständige Überwachung jedes einzelnen Schülers während einer Pause weder möglich noch aus pädagogischen Gründen wünschenswert. Schädigende Handlungen von Schülern müssten aber möglichst zuverlässig ausgeschlossen werden können. Dies sei hier nicht der Fall gewesen. Bei dem Pausenhof habe es sich um ein relativ großes Areal von mindestens 3.500 qm gehandelt. Auf dem Schulhof sei, bedingt durch die beiden mobilen Klassenräume, keine Stelle vorhanden, von der aus eine einzelne Aufsichtsperson einen auch nur annähernd vollständigen Überblick über den gesamten Pausenhof habe. Bei der Größe und Unübersichtlichkeit dieses Pausengeländes sowie der Anzahl der Schüler könne eine einzelne Lehrkraft eine wirksame Pausenaufsicht überhaupt nicht durchführen. Eine auch nur lose Kontrolle selbst lediglich der Mehrzahl der Schüler sei wegen der durch die Größe des Geländes, die Anzahl der Schüler und die Bebauung auf dem Gelände in erheblichem Umfang eingeschränkten Beobachtungsmöglichkeiten nicht gewährleistet. Im Gegenteil könne die Aufsichtsführung durch nur eine Person, selbst wenn diese auf dem Schulhof hin und her gehe, nur so aussehen, dass ein erheblicher Teil der Schüler während des größten Teils der Pause außerhalb der Sichtmöglichkeiten der mit der Aufsicht betrauten Lehrkraft stehe und sich deswegen unbeobachtet fühlen könne.

Hinsichtlich der Schüler hat das Oberlandesgericht weiter ausgeführt, dass bei Kindern im Alter von etwa 10 bis 12 Jahren erfahrungsgemäß bei einer derart losen Aufsicht damit zu rechnen sei, dass ihr natürlicher Bewegungsdrang ausufere und es dabei auch zu schädigenden Handlungen kommen könne. Es hätte daher mindestens des Einsatzes einer weiteren Aufsichtsperson bedurft, um eine zuverlässigere Kontrolle von unterschiedlichen Standpunkten aus auf dem Schulhof zu erreichen.

Schließlich hat das Gericht festgestellt, dass diese Amtspflichtverletzung (**Organisation einer unzureichenden Pausenaufsicht**) auch schuldhaft, nämlich fahrlässig, erfolgt sei. Denn die Schulleitung habe sich nicht die erforderlichen Gedanken über eine »wirksame« Pausenaufsicht gemacht. Dass es seit Jahren zu keinen Vorfällen dieser Art (Steinwurf) gekommen sei, entlaste die Schulleitung im Übrigen nicht. Insoweit ist das Gericht davon ausgegangen, dass allein der Umstand, dass sich ein bestimmter Schaden (wie hier die Lackschäden am Auto) in der Vergangenheit noch nicht ereignet hat, nicht bedeutet, dass man darauf vertrauen dürfe, dass ein solcher Schaden auch zukünftig nicht eintreten werde.

7. Nachweispflicht über die Wahrung der Sorgfaltspflicht

Wenn unbeaufsichtigt gelassene Schüler einen Schaden verursachen, kann sich im Einzelfall die Frage stellen, ob ein von ihnen angerichteter Schaden nicht auch dann entstanden wäre, wenn die Lehrkraft die Schüler ordnungsgemäß in gewissen Zeitabständen kontrolliert hätte. Die nachfolgende **Grundsatzentscheidung des Bundesgerichtshofs** verhält sich zwar zur Aufsichtspflicht gegenüber Kindern einer Kindertagesstätte. Die dort aufgestellten Rechtsgrundsätze gelten aber auch für den Schulalltag.

Fall 34: »Steine werfende Kinder – Teil 2«

(BGH, Urteil vom 13. Dezember 2012, III ZR 226/12)

Drei Kinder einer Tagesstätte haben mehrere Kieselsteine, die als Ziersteine um das Gebäude der Tagesstätte lagen, auf das Fahrzeug des Klägers geworfen. Das Fahrzeug erlitt dadurch einen Lackschaden. An diesem Tag war eine aus acht Kindern bestehende Gruppe der Tagesstätte unter der Leitung einer Erzieherin mit Gartenarbeiten beschäftigt. Die drei angeführten Kinder dieser Gruppe haben sich im Außenbereich der Tagesstätte von der Gruppe entfernt und unbemerkt die Kieselsteine geworfen. Der BGH sprach dem Kläger einen Schadensersatzanspruch zu.

Nach der Entscheidung des Bundesgerichtshofs sind auch Kinder in Kindertagesstätten nicht »auf Schritt und Tritt«, aber doch zumindest in kurzen Abständen regelmäßig zu kontrollieren. Dies habe im konkreten Fall auch deshalb gegolten, weil es aufgrund der Lage des Außengeländes der Tagesstätte und der konkreten Tätigkeit der Kinder dieser Gruppe (Gartenarbeiten unter Zuhilfenahme von Gartengeräten) nicht ausgeschlossen erschien, dass die Kinder selbst oder andere Personen in Folge kindlichen Spiels und gruppendynamischer Prozesse gefährdet werden könnten. Problematisch war in diesem Fall – und ist es in anderen Fällen regelmäßig auch –, dass sich nicht feststellen lässt, ob eine unterstellte Aufsichtspflichtverletzung ursächlich für den Schaden des Klägers geworden ist. Denn es ist ja nicht ausgeschlossen, dass es den drei Kindern auch bei einer im Abstand von wenigen Minuten erfolgenden und damit hinreichenden Kontrolle durch die Erzieherin hätte gelingen können, unbeobachtet Steine aufzusammeln, sich von der Gruppe für kurze Zeit zu entfernen und die Steine auf das Fahrzeug des Klägers zu werfen. Damit stellte sich im gerichtlichen Verfahren die entscheidende Frage, wer die **Beweislast** dafür trägt, dass eine Aufsichtspflichtverletzung ursächlich für den Schaden war.

Der BGH hat in der oben angegebenen Grundsatzentscheidung festgestellt, dass den Geschädigten die Beweislastregel des § 832 Abs. 1 Satz 2 BGB zu Gute käme. Nach dieser Vorschrift tritt die Schadensersatzpflicht nicht ein, wenn die Aufsicht führende Person ihrer Aufsichtspflicht genügt hat oder wenn der Schaden auch bei gehöriger Aufsichtsführung entstanden sein würde. Mit anderen Worten hat die öffentliche Hand den Nachweis zu führen, dass sie aus diesem Grunde nicht schadensersatzpflichtig ist. Wenn sie diesen Nachweis nicht führen kann, wird die **Aufsichtspflichtverletzung** zu Gunsten des Geschädigten **vermutet**. Die den Bediensteten einer Kindertagesstätte obliegende Aufsichtspflicht über die ihnen anvertrauten Kinder sei, soweit sie der Vermeidung von Schäden Dritter diene, eine besondere Ausprägung der Verkehrssicherungspflichten, wie sie allgemein von der Grundnorm des § 823 BGB erfasst werde. Zwar sei für eine unmittelbare Anwendung der deliktsrechtlichen Haftungstatbestände der §§ 823 ff. BGB im Falle von Amtspflichtverletzungen grundsätzlich kein Raum, weil § 839 BGB insofern einen Sondertatbestand regele. Dies bedeute aber nicht, dass die Beweislastregel in § 832 BGB keine Anwendung finden könne. Die Geltung der Beweislastregel des § 832 BGB im Bereich der Amtshaftung sei auch sachlich gerechtfertigt. Für eine Haftung für eine vermutete Amtspflichtverletzung sprechen dieselben Gründe wie im Bereich der privatrechtlichen Haftung. Es würde dem Wesen der Aufsichtspflicht als einer gesetzlichen Pflicht gegenüber dem Geschädigten entsprechen, dass der Aufsichtspflichtige Rechenschaft darüber ablege, was er zur Erfüllung seiner Pflicht getan habe. Dagegen sei dem Geschädigten der Nachweis der Aufsichtspflichtverletzung häufig nicht möglich, da er regelmäßig nicht weiß, welche konkreten Maßnahmen zur Erfüllung der Aufsichtspflicht im Einzelfall ergriffen beziehungsweise unterlassen worden seien. Vor der Beweisnot, in die der Geschädigte geraten würde, wenn er eine

Aufsichtspflichtverletzung der Erzieherin nachzuweisen hätte, würde ihn die Vermutung in § 832 Abs. 1 Satz 2 BGB bewahren.

— — —

Das OLG Düsseldorf hat zu einem ähnlich gelagerten Fall, bei dem ein sechseinhalbjähriges Kind durch das Werfen mit Holzstücken einen Personenkraftwagen beschädigt hat, entschieden, dass man Kinder in diesem Alter jedenfalls **nicht über mehrere Stunden unbeaufsichtigt lassen** darf (vgl. Urteil vom 14. Mai 2014, I-19 U 32/13). Bei einem Kind in diesem Alter ist jedenfalls nicht auszuschließen, dass es sich bei einer mehrstündigen Verweildauer ohne Aufsicht von anderen Kindern verleiten lässt oder selbst auf den Gedanken kommt, Streiche zu begehen, durch die Dritte geschädigt werden können. Dies muss ein Aufsichtspflichtiger in Betracht ziehen und deswegen dafür sorgen, dass ein Kind im Grundschulalter in regelmäßigen Abständen kontrolliert wird. Wie lang diese »Kontrollabstände« sein müssen, hängt von den Umständen des Einzelfalles ab. Jedenfalls dürfen Kinder im Grundschulalter bei Berücksichtigung des kindlichen Spieltriebs und Übermuts sowie des Bewegungs- und Aktionsradius eines jungen Grundschulkindes nicht über mehrere Stunden (etwa auf einer Klassenfahrt) ohne Aufsicht bleiben.

8. Aufsichtspflicht der Eltern

Die Aufsichtspflicht über minderjährige Schüler liegt natürlich zunächst einmal bei den Eltern. Gemäß § 1626 Abs. 1 Satz 1 BGB haben sie die Pflicht und das Recht, für das minderjährige Kind zu sorgen (elterliche Sorge). Nach Satz 2 der Vorschrift umfasst die elterliche Sorge unter anderem die Sorge für die Person des Kindes (Personensorge). Dies bedeutet, dass sie auch verpflichtet sein können, ihr Kind von einer Auslandsreise der Schule abzuholen und dafür die Kosten zu tragen.

Fall 35: »Kostenerstattung für die Rückholung eines Schülers bei einer Auslandsklassenfahrt«

(Klassiker: OVG NRW, Beschluss vom 30. April 2010, 19 A 993/07)

Die Klasse 9 eines Gymnasiums fuhr vom 4. April 2005 bis zum 9. April 2005 zu einer Klassenfahrt nach England. Der Sohn der Klägerin nahm als 14-jähriger

Schüler daran teil. Am 6. April 2005 wurde der Schüler während eines Tagesausflugs nach London wegen einer akuten Blinddarmentzündung in ein Londoner Krankenhaus stationär aufgenommen und dort operiert. Einer der beiden die Klasse begleitenden Lehrer blieb zunächst in der Klinik und bat telefonisch die Mutter des Schülers (die Klägerin) zu kommen. Der Lehrer wies darauf hin, dass ihr Sohn sie dringend brauche und er selbst so früh wie möglich zur Klasse zurückkehren müsse, weil die Aufsicht über die anderen Schüler nur durch zwei Lehrkräfte gewährleistet sei. Am Vormittag des 7. April 2005 flog die Mutter nach London und blieb dort bei ihrem Sohn bis zum Ende der stationären Behandlung. Die behandelnde Ärztin schloss aus, dass der Schüler bereits am 9. April 2005 gemeinsam mit der Klasse die Heimreise antreten könne. Daraufhin kehrte der Lehrer am Abend des 7. April 2005 zur Klasse zurück. Die Klassenfahrt endete für alle anderen Schüler wie geplant mit der Heimreise am 9. April 2005. Nachdem der Schüler aus dem Krankenhaus entlassen worden war, flog er zusammen mit seiner Mutter am 10. April 2005 nach Deutschland zurück. Die Mutter verlangte von dem beklagten Land, dass ihr die Reisekosten in Höhe von ungefähr 730 Euro erstattet werden. Dies lehnte das Land Nordrhein-Westfalen ab. Die Mutter führte zur Begründung ihrer Klage aus, sie hätte (nach den Regeln der Geschäftsführung ohne Auftrag) einen Aufwendungsersatzanspruch. Es sei Aufgabe der Schule und der begleitenden Lehrer gewesen, ihren Sohn während der Klassenfahrt zu beaufsichtigen und wohlbehalten wieder nach Hause zu bringen. Sie habe zwar als Mutter natürlich ein eigenes Interesse daran gehabt, sich um ihn zu kümmern. Gleichwohl habe sie auch Aufgaben der Schule wahrgenommen, indem sie nach London gekommen und ihn zurückgebracht habe. Andernfalls hätte eine zusätzliche Aufsichtsperson nach London kommen müssen, damit einer der beiden die Klasse betreuenden Lehrer bei ihrem Sohn hätte bleiben und mit ihm zurückfliegen können. Dem trat das Land entgegen und führte aus, dass die Betreuungspflicht der Schule ende, wenn ein Schüler während einer Klassenfahrt unvorhersehbar erkranke und die begleitenden Lehrer nicht gleichzeitig den betroffenen Schüler sowie die restliche Klasse angemessen betreuen könnten. In solchen Ausnahmefällen obliege es in erster Linie den Eltern, sich um ihr krankes Kind zu kümmern und den Rücktransport zu übernehmen. Dies gehöre zum allgemeinen Lebensrisiko.

Das OVG NRW hat entschieden, dass die Klägerin keinen Anspruch auf Erstattung der Kosten hat, die sie aufgewendet hat, um ihren Sohn im Krankenhaus zu betreuen und ihn aus London abzuholen. Ein solcher Anspruch folge auch nicht aus den Grundsätzen der öffentlich-rechtlichen Geschäftsführung ohne Auftrag, die im vorliegenden Fall als einzige Anspruchsgrundlage in Betracht zu ziehen seien. Die bürgerlich-rechtlichen Vorschriften der Geschäftsführung ohne Auftrag (§§ 677 ff. BGB) seien grundsätzlich auch im öffentlichen Recht anwendbar. Wer eine Angelegenheit erledigt, die zum Aufgabenbereich einer Behörde gehöre, führe ein objektiv fremdes Geschäft und handele als Geschäftsführer ohne Auftrag. Die gleichzeitige Wahrnehmung eigener Interessen – die die Klägerin als Mutter ihres Sohnes hier ja auch verfolgt habe – würde der Anwendbarkeit der Vorschriften nicht entgegenstehen. Die Frage, ob Eltern in Fallgestaltungen der vorliegenden Art (auch) eine Aufgabe der Schule oder ausschließlich ihre eigenen Aufgaben wahrnehmen würden, wenn sie ihr auswärts auf einer Klassenfahrt erkranktes, minderjähriges Kind pflegen und beaufsichtigen sowie es nach Hause holen, beantworte sich nach Inhalt und Reichweite einerseits der Elternpflicht zur Betreuung und Aufsicht und andererseits der Aufsichtspflicht der Schule. Maßgeblich hierfür seien die einschlägigen schulrechtlichen Vorschriften. Eltern seien nicht nur zivilrechtlich gegenüber ihrem minderjährigen Kind, sondern, wenn es Schüler einer Schule ist, auch der Schule gegenüber öffentlich-rechtlich zur Aufsicht über ihr eigenes Kind verpflichtet. Diese **schulrechtliche Aufsichtspflicht** habe ihre rechtliche Grundlage im Schulverhältnis, aus dem sich nach § 42 Abs. 1 SchulG für alle Beteiligten Rechte und Pflichten ergeben würden, für die Eltern insbesondere die Pflicht zum vertrauensvollen und partnerschaftlichen Zusammenwirken mit der Schule bei der Verwirklichung der Bildungs- und Erziehungsziele (vgl. §§ 2 Abs. 3 Satz 2, 42 Abs. 1 Satz 3 SchulG). Bestandteil dieses Zusammenwirkens mit der Schule sei unter anderem die Pflicht der Eltern, ihr Kind von der Schule in ihre allgemeine Obhut zurück zu übernehmen, sobald seine Teilnahmepflicht am Unterricht oder sonstigen Schulveranstaltungen endet und soweit ihnen dies nach den tatsächlichen Umständen möglich und zumutbar ist.

Nach diesen Grundsätzen – so hat das OVG NRW weiter ausgeführt – würde die Aufsicht der Eltern über ihr minderjähriges Kind zur Personensorge gehören. Dies sich aus ihr ergebenden Rechte und Pflichten seien höchstpersönliche Positionen, die die Eltern nie der Substanz nach auf einen anderen übertragen könnten. Die Ausübung der Rechte, z.B. die Beaufsichtigung, sei dagegen übertragbar. Als höchstpersönliche Pflicht der Eltern bleibe die Aufsichtspflicht über ihr Kind dem Grunde nach auch dann bestehen, wenn es sich im Verantwortungsbereich der Schule befinden würde. Dann würde die Aufsichtspflicht der Schule lediglich neben die fortbestehende Aufsichtspflicht der Eltern treten, verdränge diese aber nicht. Lediglich faktisch seien die Eltern während des Aufenthalts ihres Kindes in der Schule an der Ausübung ihrer Aufsichtspflicht gehindert. Während der Zeit, in der Schüler am Unterricht oder sonstigen Unterrichtsveranstaltungen teilnehmen würden, müsse die Schule sie beaufsichtigen. Die Aufsichtspflicht der Schule folge aus dem öffentlichrechtlichen Schulverhältnis (vgl. § 42 SchulG) und den allgemeinen Aufgaben der Schule sowie aus § 57 Abs. 1 SchulG, wonach die Lehrkräfte die Schüler unter anderem beaufsichtigen und betreuen. Grund und allgemeiner Inhalt der schulischen Aufsichtspflicht sei unter anderem, dass die Schule die Schüler, die die Eltern ihr anvertrauten und in Erfüllung der Schulpflicht anvertrauen müssten, vor Schaden zu schützen habe. Eltern dürften darauf vertrauen und müssten sich darauf verlassen können, dass ihr Kind in der Schule keinen Schaden erleide. Inhalt und Grenzen der schulischen Aufsichtspflicht knüpften danach an die Teilnahme des Schülers am Unterricht und an sonstigen Schulveranstaltungen an.

Wenn ein Schüler aus gesundheitlichen Gründen nicht am Unterricht oder an einer sonstigen Schulveranstaltung teilnehmen könne, sei er nicht verpflichtet, die Schule zu besuchen (vgl. § 43 Abs. 2 SchulG). Bleibt er in einem solchen Fall zu Hause, würde es selbstverständlich allein den Eltern obliegen, ihr Kind zu pflegen und zu beaufsichtigen. Erkrankt ein Schüler während des Unterrichts oder einer sonstigen Schulveranstaltung am Schulort, dürfe er nach Hause gehen. Da sich die Aufsichtspflicht der Schule grundsätzlich nicht auf den Weg von der Schule nach Hause, sondern außerhalb von Schulveranstaltungen nur auf den Weg zwischen Schulgrundstück und anderen Orten von Schulveranstaltungen erstrecke, würde in diesem Fall die alleinige Aufsichtspflicht der Eltern grundsätzlich wieder eingreifen, sobald der Schüler das Schulgelände oder den anderen Ort der Schulveranstaltung verlassen habe. Die Aufsichtspflicht der

Schule würde – so hat das OVG NRW weiter ausgeführt – nur fortbestehen, soweit der Schüler ersichtlich allein nicht in der Lage sei, gefahrlos in die Obhut seiner Eltern (nach Hause) zu gelangen. Es gehöre dann zur Aufsichtspflicht der Schule, die Eltern zu benachrichtigen und sie aufzufordern, ihr Kind von der Schule abzuholen. Dazu seien die Eltern zivilrechtlich nach § 1631 Abs. 1 BGB gegenüber ihrem Kind und aus §§ 2 Abs. 3 Satz 2, 42 Abs. 1 Sätze 2 und 3 SchulG auch öffentlich-rechtlich gegenüber der Schule verpflichtet. Wenn die Eltern dieser Pflicht – aus welchen Gründen auch immer – nicht nachkommen, müsse das Kind zunächst unter der Aufsicht der Schule bleiben. Sollte ein Schüler zu einem Arzt oder in ein Krankenhaus gebracht werden, so sei dies, wenn die Eltern ihn nicht übernehmen könnten, in Wahrnehmung ihrer Aufsichtspflicht eine Aufgabe der Schule. In diesen Fällen ende die Aufsichtspflicht der Schule erst mit der Übergabe des Kindes an die Eltern.

Diese Grundsätze hat das OVG NRW auch für **Klassenfahrten** für anwendbar erklärt, die zu den sonstigen Schulveranstaltungen im Sinne des § 43 Abs. 1 Satz 1 SchulG zählen. Die Schule müsse während der gesamten Dauer einer Klassenfahrt alle daran teilnehmenden Schüler beaufsichtigen (vgl. § 57 Abs. 1 SchulG). Dies würde jedoch grundsätzlich nur solange gelten, wie ein Schüler an der Klassenfahrt auch tatsächliche teilnehme. Die Aufsichtspflicht der Schule ende aber grundsätzlich nicht schon dann, wenn der Schüler während der Klassenfahrt und damit oft weit vom Wohnort der Eltern entfernt so schwer erkranke, dass er an der Schulveranstaltung »Klassenfahrt« nicht weiter teilnehmen könne. Die Schule müsse vielmehr den erkrankten Schüler, um ihn aufsichtspflichtgemäß vor Schaden zu bewahren, auch auswärts so lange beaufsichtigen, bis die Eltern die Aufsicht selbst übernehmen würden. Dies sei die Folge davon, dass der Schüler sich als Teilnehmer der Klassenfahrt an dem Ort aufhalte, an dem er krankheitsbedingt an der Schulveranstaltung nicht weiter teilnehmen könne. Auch dann bestünden aber die Pflichten der Eltern aus dem Schulverhältnis fort. Wie im Fall der Erkrankung des Schülers in der Schule sei es daher auch die Pflicht der Eltern, ihr Kind zu pflegen und zu beaufsichtigen und ihre ureigene – gegenüber der Schule auch öffentlich-rechtliche – Aufgabe, ihr während einer Klassenfahrt erkranktes, minderjähriges Kind sobald als möglich zu betreuen und zu beaufsichtigen und hierzu erforderlichenfalls an den Zielort der Klassenfahrt zu reisen sowie auch für die Rückreise zu sorgen, soweit ihnen dies möglich und zumutbar ist. Denn die besondere Betreuung und Aufsicht seien dann am Zielort der Klassenfahrt nicht wegen der Teilnahme des Schülers an der Klassenfahrt, sondern vielmehr allein wegen seiner Erkrankung und gegebenenfalls seines Krankenhausaufenthalts erforderlich. Damit sei bei wertender Betrachtung der Zusammenhang mit der Klassenfahrt gelöst und der Grund und Zweck der schulischen Aufsichtspflicht entfallen, Schüler im Zusammenhang mit ihrer Teilnahme an Schulveranstaltungen vor Schaden zu bewahren. Der Umstand, dass die Erkrankung des Schülers am Zielort der Klassenfahrt eingetreten sei und die Eltern dort, also oft weit entfernt von ihrem Wohnort, ihrer Aufsichtspflicht nachkommen müssten, sei zwar in tatsächlicher Hinsicht Folge der Teilnahme des Schülers an der Klassenfahrt. Dies ändere aber – nach der Rechtsauffassung des OVG NRW – nichts an der dargestellten Pflichtenverteilung. Die individuell (zumal plötzlich eingetretene) Erkrankung sei Teil des allgemeinen Lebensrisikos, das sich prinzipiell jederzeit und an jedem Ort realisieren könne. Sei dies der Fall, hätte es der betroffene Schüler selbst und diejenigen zu tragen, die allgemein für sein Wohlergehen verantwortlich seien. Dies gelte auch dann, wenn sich das allgemeine Lebensrisiko weit entfernt vom Wohnort verwirkliche. In diesem Zusammenhang hat das OVG NRW weiter darauf hingewiesen, dass die dargestellte Abgrenzung der Aufsichtspflichten von Schule und Eltern dann nicht gelten dürfte, wenn die Schule für den Umstand verantwortlich sein sollte, dass ein Schüler nicht länger an einer Klassenfahrt teilnehmen könne.

Unter Zugrundelegung dieser Maßstäbe hat das OVG NRW ausgeführt, dass es nicht Aufgabe des Gymnasiums oder der aufsichtsführenden Lehrer gewesen sei, dafür zu sorgen, dass der erkrankte Schüler, sobald die Mutter die Betreuung und Aufsicht tatsächlich übernommen habe, beaufsichtigt und nach Hause hätte begleitet werden müssen. Dies sei Aufgabe der Mutter des Schülers gewesen, die damit auch keine Aufgabe der Schule (im Rahmen einer Geschäftsführung ohne Auftrag) wahrgenommen habe, sondern ausschließlich ihr eigenes »Geschäft« (im rechtlichen Sinne) als Elternteil. Als ihr Sohn wegen seiner plötzlich auftretenden Blinddarmentzündung im Krankenhaus habe operiert werden müssen, habe er nicht länger an der Klassenfahrt teilnehmen können. Die begleitenden Lehrer seien zu Recht davon ausgegangen, dass sie den Schüler aufgrund seines Alters zunächst nicht in der Klinik allein lassen durften, sondern ihn noch so lange beaufsichtigen mussten, bis seine Mutter angereist war und die Betreuung übernommen hatte. Zu diesem Zeitpunkt endete die Aufsichtspflicht der Schule. Die von der Mutter geltend gemachten Kosten seien notwendig gewesen, um ihre eigene Aufsichtspflicht über ihren Sohn in London wahrzunehmen. Einen Ersatz könne sie hierfür daher nicht verlangen.

Das OVG NRW hat im Übrigen darauf hingewiesen, dass die vorstehenden Grundsätze (also keine Kostenerstattung für Eltern, die ihr erkranktes Kind von einer Auslandsklassenfahrt zurück nach Hause holen) entsprechend gelten, wenn ein minderjähriger Schüler während einer Klassenfahrt durch eine Schulordnungsmaßnahme nach § 53 Abs. 3 Satz 1 Nr. 3 SchulG von der weiteren Teilnahme ausgeschlossen worden ist.

Praxistipp:

Wenn die Schule einen Schüler wegen einer Pflichtverletzung unbeaufsichtigt »nach Hause schicken« will, kann sie ihre **Aufsichtspflicht verletzen**, wenn hinreichende Anhaltspunkte dafür vorliegen, dass der Schüler auf dem Heimweg sich selbst oder andere verletzen wird. In diesem Fall muss das Eintreffen der Eltern abgewartet werden und der Schüler beispielsweise im Schulsekretariat oder Lehrerzimmer unter Aufsicht bleiben.

II. Schadensersatzansprüche wegen Eigentumsverletzung durch den Lehrer

Wenn ein Lehrer eine Amtspflicht verletzt und dadurch eine andere Person oder fremde Sache geschädigt wird, so tritt nach Art. 34 Satz 1 GG für den Schaden zwar grundsätzlich der Dienstherr, also das Land Nordrhein-Westfalen, ein. Falls der Lehrer dabei aber vorsätzlich oder grob fahrlässig gehandelt hat, kann der Dienstherr Rückgriff (Regress) bei ihm nehmen. Die Rechtsgrundlage für diesen Rückgriffsanspruch des Dienstherrn findet sich in § 48 BeamtStG. Nach dieser Vorschrift haben Beamte, die vorsätzlich oder grob fahrlässig die ihnen obliegenden Pflichten verletzen, dem Dienstherrn, dessen Aufgaben sie wahrgenommen haben, den daraus entstandenen Schaden zu ersetzen.

1. Verlust von im Eigentum des Schulträgers stehender Gegenstände

Der Regressanspruch des Dienstherrn setzt voraus, dass der Lehrer eine ihm obliegende Pflicht verletzt hat. Neben der bereits erwähnten Aufsichtspflicht trifft den Lehrer eine Vielzahl weiterer Dienstpflichten. Diese Pflichten können sich unter anderem aus dem Beamtenstatusgesetz und dem Landesbeamtengesetz ergeben. Hierzu gehört beispielsweise die Pflicht:

- sich mit vollem persönlichen Einsatz dem Beruf zu widmen und die übertragenen Aufgaben uneigennützig nach bestem Gewissen wahrzunehmen (§ 34 Sätze 1 und 2 BeamtStG),
- ihre Vorgesetzten zu beraten und zu unterstützen sowie deren dienstliche Anordnungen auszuführen (§ 35 Sätze 1 und 2 BeamtStG),
- ihre Aufgaben unparteiisch und gerecht zu erfüllen (§ 33 Abs. 1 Satz 2 BeamtStG).

Von besonderer Bedeutung ist für Lehrer im Schulalltag die sich aus dem Dienstverhältnis ergebende Pflicht, die ihnen vom Schulträger anvertrauten Gegenstände – wie beispielsweise Schulschlüssel – sorgsam zu verwahren. Denn aus der Verletzung dieser Pflicht resultieren nicht selten Regressansprüche, die gegenüber dem Lehrer geltend gemacht werden.

2. Vorsatz oder grobe Fahrlässigkeit

Für den Verlust oder die Beschädigung von Gegenständen, die im Eigentum des kommunalen Schulträgers stehen, macht sich ein Lehrer aber nur dann schadensersatzpflichtig, wenn er vorsätzlich oder grob fahrlässig gehandelt hat. Der Gesetzgeber hat damit in den einschlägigen Rechtsvorschriften (vgl. Art. 34 Satz 2 GG, § 48 Satz 1 BeamtStG) ein sogenanntes **Haftungsprivileg** geregelt. Sie haften nämlich nicht, wenn der Schaden lediglich auf »einfacher« Fahrlässigkeit beruht. Dass ein Lehrer mit Vorsatz, also wissentlich und willentlich, eine Amtspflicht verletzt, dürfte der Ausnahmefall sein. In der Regel stellt sich vielmehr die Frage, ob grob fahrlässiges Verhalten vorliegt. Grobe Fahrlässigkeit ist nach ständiger Rechtsprechung gegeben, wenn die im Verkehr erforderliche Sorgfalt in besonders schwerem Maße verletzt wird (vgl. § 276 Abs. 2 BGB zur Definition der einfachen Fahrlässigkeit). Eine solche Sorgfaltspflichtverletzung ist dann gegeben, wenn der Betreffende dasjenige nicht beachtet hat, was im konkreten Fall jedem einleuchten muss, wenn er mit anderen Worten selbst einfachste, ganz naheliegende Überlegungen nicht angestellt hat. Subjektiv kann dem Beamten ein entsprechender Pflichtverstoß vorgehalten werden, wenn ihm die Sorgfaltspflichtverletzung unter Berücksichtigung der konkreten Umstände sowie seiner individuellen Kenntnisse und persönlichen Erfahrungen vorwerfbar ist.

Fall 36: »Gestohlener Schulschlüssel«

(OVG Niedersachsen, Beschluss vom 26. April 2013, 5 LA 117/12)

Der Kläger steht als Lehrer im Beamtenverhältnis. Er ließ eines Tages seinen Schulschlüssel während einer Unterrichtsstunde im Schloss der geöffneten Tür des Nachbarraums zu seinem ebenfalls geöffneten Klassenraum stecken. Während der folgenden fünf Minuten hielt sich der Kläger abwechselnd in den beiden Räumen auf; seinen Schlüssel hatte er dabei nicht stets im Blick. In dieser Zeit wurde der Schlüssel von einer unbekannt gebliebenen Person entwendet. Der Kläger ist deswegen auf Schadensersatz in Höhe von 24.000 Euro für den erforderlich gewordenen Austausch von Teilen der Schließanlage in Anspruch genommen worden. Dagegen hatte der Lehrer erfolgreich geklagt.

Nach der Entscheidung des OVG Niedersachsen war das Verhalten des Lehrers zwar als fahrlässig, nicht aber als grob fahrlässig einzustufen. Denn grob fahrlässig handelt nur eine Person, die die im Verkehr erforderliche Sorgfalt im besonders schweren Maße verletzt. Das Gericht hatte ausgeführt, dass Lehrkräfte die ihnen überlassenen **Schlüssel mit besonderer Sorgfalt zu verwahren** haben. Diesen Sorgfaltsanforderungen ist der Kläger im Beispielsfall auch nicht gerecht geworden, weil er den Schlüssel zeitweise nicht mehr im Blick hatte. Dies stellt aber unter Berücksichtigung der Umstände dieses Einzelfalles keine besonders schwere Sorgfaltspflichtverletzung dar. Denn erstens steckte der Schlüssel nur für kurze Zeit, nämlich für maximal fünf Minuten, im Schloss der Tür. Und zweitens hat sich der Lehrer – auch wenn er den Schlüssel nicht stets im Blick hatte – während der gesamten Zeit in unmittelbarer Nähe in den nur wenige Meter entfernten Schulräumen aufgehalten, zwischen denen er zudem hin- und hergewechselt ist. Drittens hat sich der Vorfall während der Unterrichtszeit und damit zu einer Zeit ereignet, zu der sich die Schüler üblicherweise in ihren Klassenräumen und nicht auf den Gängen befinden. Diese Umstände schließen die Annahme einer groben Fahrlässigkeit aus.

Praxistipp:

Wenn Sie Gegenstände von der Schulleitung ausgehändigt bekommen, die im Eigentum des Schulträgers stehen (z.B. Sicherheitsschlüssel oder Laptop), sollten Sie im besonderen Maße darauf Acht geben, dass diese Gegenstände nicht beschädigt werden oder abhanden kommen. Denn unter Umständen können Sie für den eingetretenen Schaden in Anspruch genommen werden. Vor den Gerichten wird sich in diesen Fällen die Frage stellen, ob Sie grob fahrlässig oder nur (leicht) fahrlässig gehandelt haben. Die Grenze ist »fließend« und hängt immer von den Umständen des Einzelfalles ab. Dabei gehen die Gerichte davon aus, dass bei Gegenständen, die einen besonderen Wert haben oder deren Verlust zu erheblichen kostenaufwendigen Maßnahmen führt (Austausch einer gesamten Schließanlage wegen des Verlustes eines Generalschlüssels), **besondere Sorgfaltspflichten** bestehen. Gehen Sie kein Risiko ein!

Der folgende Beispielsfall zeigt, dass die Grenzen zwischen leichter und grober Fahrlässigkeit fließend sind.

Fall 37: »Gestohlener Schulschlüssel – Teil 2«

(VG Augsburg, Urteil vom 30. April 2013, 5 LA 117/12)

Eine Lehramtsanwärterin erteilte einer Grundschulklasse Sportunterricht. Dazu sperrte sie mit einem Generalschlüssel gegen 11.25 Uhr die Tür der Turnhalle auf; als sie nach dem Unterricht gegen 13.00 Uhr die Schule verließ, bemerkte sie, dass der Schlüssel verschwunden war. Der Schulträger ließ daraufhin die gesamte Schließanlage der Grundschule mit Mehrzweckhalle durch eine Fachfirma ersetzen; dabei sind Kosten in Höhe von 3.926,52 Euro entstanden.

Das Verwaltungsgericht Augsburg hat ausgeführt, dass im vorliegenden Fall für die Lehramtsanwärterin eine über die normale Sorgfaltspflicht hinausgehende

Verpflichtung bestanden habe, den ihr anvertrauten Schlüssel besonders aufmerksam zu verwahren. Begründet hat dies das Gericht damit, dass es sich bei dem Schlüssel um einen Generalschlüssel gehandelt habe, der zu mehreren Schulgebäuden und den meisten Schulräumen der Grundschule Zutritt verschaffen konnte und dessen Verlust daher aus Sicherheitsgründen den sehr teuren Ersatz aller Schlösser und Schlüssel erforderlich gemacht habe. Diese besonderen Sorgfaltspflichten habe die Lehramtsanwärterin verletzt. Sie habe den Schlüssel, wenn sie während des Sportunterrichts Übungen vorturnen musste, auf einer Bank in der Turnhalle abgelegt und dort vergessen. Das Verwaltungsgericht hat schon in dem **Ablegen des Schlüssels** eine Dienstpflichtverletzung gesehen, weil die Lehramtsanwärterin während des Vorturnens keine Kontrolle über den Verbleib des Schlüssels gehabt habe und daher jederzeit mit einem Verlust zu rechnen gewesen sei. Die Dienstpflichtverletzung habe sich dann anschließend durch das **Vergessen des Schlüssels** fortgesetzt. Das Verwaltungsgericht hat entschieden, dass die Lehramtsanwärterin ihre Pflicht zur ordnungsgemäßen Verwahrung des Schulschlüssels auch grob fahrlässig verletzt habe. Zwar könne das schlichte Ablegen und Vergessen eines Gegenstandes grundsätzlich auch nur fahrlässig sein. Dies würde aber nicht für **besondere Wertgegenstände wie einen Schulgeneralschlüssel** gelten. Wird ein solcher Wertgegenstand irgendwo abgelegt und dann einfach vergessen, liege grobe Fahrlässigkeit vor. Dies sei zunächst schon für das offene Ablegen des Schlüssels auf einer Bank während des Unterrichts anzunehmen. Es läge auf der Hand und hätte der Lehramtsanwärterin einleuchten müssen, dass sie den Generalschlüssel nicht offen auf einer Bank ablegen durfte, während sie Turnunterricht gab, weil sie dabei nicht die Möglichkeit gehabt habe, den Schlüssel jederzeit im Auge zu behalten. Das Gericht hat weiter ausgeführt, dass sich die Lehramtsanwärterin auch nicht auf das Fehlen spezieller Aufbewahrungsbehältnisse für Schlüssel berufen konnte. Denn sie habe gewusst, dass solche in der Sporthalle nicht vorhanden gewesen seien. Sie hätte daher selbst Vorkehrungen für eine sichere Aufbewahrung des Schlüssels treffen müssen. So hätte sie den Schulschlüssel zum Beispiel zusammen mit ihren privaten Schlüsseln, die nicht abhandengekommen seien, aufbewahren oder ihn in einer Hosen- oder Jackentasche verwahren können. Alternativ wäre auch die Verwahrung in einer die freie Bewegung beim Turnen nicht einschränkenden Gürteltasche oder in einem ähnlichen Behältnis in Betracht gekommen. Wäre auch dies nicht möglich gewesen, dann hätte der Schlüssel zum Beispiel in eine mitgebrachte Tasche gelegt und diese so deponiert werden können, dass ein Entwenden des Schlüssels zumindest erschwert worden wäre, beziehungsweise ein Entwenden der ganzen Tasche während des Unterrichts eher aufgefallen wäre. In Betracht gekommen wäre schließlich auch, je nach den räumlichen Gegebenheiten, den Schlüssel unter Umständen in einer Nische oder auf einer Fensterbank so zu verwahren, dass er jedenfalls nicht für jedermann sichtbar gewesen wäre. Das Verwaltungsgericht hat der Lehramtsanwärterin vorgehalten, dass sie solche Überlegungen offensichtlich nicht angestellt habe. Indem sie aber jedwede Schutzvorkehrung unterlassen habe, habe sie ihre Dienstpflicht grob fahrlässig verletzt. Schließlich habe sie ihre Dienstpflichten weiter dadurch grob fahrlässig verletzt, dass sie den Schulschlüssel nach der Beendigung des Unterrichts in der Turnhalle vergessen habe. Dadurch habe für Unbefugte – neben den zuvor unterrichteten Schülern – die Möglichkeit bestanden, den Schlüssel an sich zu bringen. Es hätte der Lehramtsanwärterin – so das Gericht – einleuchten müssen, dass ein **Generalschlüssel nicht einmal für kurze Zeit unbeaufsichtigt liegengelassen** geschweige denn völlig vergessen werden dürfe. Denn ein unbeaufsichtigt herumliegender Schlüssel könne von jedermann schon im Vorbeigehen mitgenommen werden, sodass in diesem Fall ein erheblich erhöhtes Diebstahlsrisiko bestünde.

Praxistipp:

Der auf Schadensersatz von seinem Dienstherrn in Anspruch genommene Lehrer kann verschiedene Einwände gegen den Vorwurf, er habe grob fahrlässig gehandelt, einwenden (vgl. Schnellenbach, § 9, Rn. 25): Arbeitsüberlastung und dienstliche Überforderung, Eilbedürftigkeit des Handels in einer Gefahrenlage, Erforderlichkeit einer Reaktion in Zeitnot. Diese Einwände sind aber – wie der Beispielsfall zeigt – nicht immer einschlägig beziehungsweise erfolgreich. Sie sollten daher im Eigentum des Schulträgers stehende Gegenstände stets sorgsam verwahren, um nicht in Haftung genommen zu werden.

Fall 38: »Lehrer zerstört Kopierer der Schule«

(VG Neustadt, Beschluss vom 9. Oktober 2012, 1 K 344/12.NW)

Eine Lehrerin eines Gymnasiums hatte ein schulisches Fotokopiergerät durch Einlegen einer nicht kopierfähigen Folie beschädigt. Es ist ein Schaden in Höhe von 625,05 Euro entstanden, den der Dienstherr von ihr erstattet verlangte.

Das Gericht hat eingangs seiner Entscheidung den Grundsatz hervorgehoben, dass es zu den Dienstpflichten eines Lehrers gehöre, für den Unterrichtsgebrauch verwendete Gegenstände vor vermeidbaren Schäden zu bewahren. Die Lehrerin habe grob fahrlässig gehandelt, weil sie die erforderliche Sorgfalt im Umgang mit dienstlich bereitgestellten Gegenständen in besonders schwerem Maße missachtet habe. Es hätte sich der Klägerin aufdrängen müssen, die Schulsekretärin nach der Geeignetheit der von ihr verwendeten Folie zu fragen. Die Klägerin habe selbst angegeben, dass einige Tage vor dem Schadensfall separate schwarz-graue Kartons jeweils für Hand- und Kopierfolien – statt wie zuvor Kartons mit unterschiedlicher Farbe – verwendet worden seien. Zudem habe die Klägerin dargelegt, dass am Schultag die vorgehaltenen (und für das Kopiergerät ungeeigneten) Handfolien anders als zuvor keine Trennblätter aufgewiesen hätten. Daraus hätte sie die naheliegende Folgerung ziehen müssen, bei der Schulsekretärin durch kurze Nachfrage zu klären, ob sie die für das Kopiergerät geeignete Folie entnommen habe. Denn die Lehrerin habe nicht sicher erkennen können, ob sie eine Hand- oder Kopierfolie an sich genommen habe. Dies gelte auch, weil die Kartons, in denen sich getrennt zum einen Handfolien und zum anderen Kopierfolien befunden hätten, nicht sichtbar beschriftet worden seien. Wenn die Lehrerin dennoch ohne Nachfrage eine objektiv ungeeignete Folie in den Kopierer eingeführt habe, sei dies eine ungewöhnliche, schwere Nachlässigkeit, die vom Normalfall einer schlichten Unachtsamkeit abweiche. Sollte zudem die Darstellung der Lehrerin zutreffen, sie sei an dem Kopierer nicht eingewiesen worden, hätte sie umso mehr bei der Schulsekretärin wegen der richtigen Bedienung und der Verwendung der korrekten Folie nachfragen müssen, statt ohne Nachfrage den Kopierer zu bedienen. Dieser Pflichtverstoß sei der Lehrerin auch subjektiv vorwerfbar, da sie nach eigenen Angaben um den unterschiedlichen Einsatzbereich der jeweiligen Foliensorte gewusst habe. Darüber hinaus habe sie erkannt, dass am

Schadenstag keine farblich unterschiedlichen Kartons zur Aufbewahrung der jeweiligen Foliensorten eingesetzt gewesen seien und auch mangels Trennblatt für sie keinerlei Möglichkeit bestanden habe, bei Entnahme der Folie sicherzustellen, dass sie die richtige Folie verwendet habe.

Praxistipp:

Wenn Sie schulische Gegenstände wie etwa mitunter kostspielige Fotokopierer bedienen oder im Falle etwa eines Papierstaus oder ähnlichem reparieren wollen, gehen Sie ein gewisses Risiko ein, wenn es zu einem Schaden kommt. Sie können jedenfalls nicht mit Erfolg geltend machen, dass es die Schulleitung unterlassen habe, sie in die ordnungsgemäße Bedienung einzuweisen. Die Gerichte urteilen in Fällen dieser Art, dass das Unterbleiben einer allgemeinen Unterweisung der Schule im Umgang, etwa mit einem Kopiergerät, einen Lehrer nicht zur Sorglosigkeit verleiten darf. Vielmehr muss in solchen Fällen die Initiative für eine Bedienung von der Lehrkraft ausgehen, zumal schon wegen des relativ hohen Wertes des zur Verfügung gestellten Gerätes die Sorgfaltsanforderungen beim Gebrauch deutlich erhöht sind

Bei Regressansprüchen könnte es sich unter Umständen anbieten, den Personalrat mit der Angelegenheit zu befassen.

Praxistipp:

Wenn der Dienstherr Ihnen gegenüber einen Regressanspruch geltend macht, haben Sie die Möglichkeit, den **Personalrat** einzuschalten. Gemäß § 72 Abs. 4 Satz 1 Nr. 11 LPVG hat der Personalrat bei der Geltendmachung von Ersatzansprüchen gegen einen Beschäftigten mitzubestimmen. Zu beachten ist in diesem Zusammenhang aber, dass der Personalrat nur dann mitwirkt, wenn Sie es beantragen (§ 72 Abs. 4 Satz 2 LPVG). Es kann sich anbieten, den Personalrat frühzeitig als »Vermittler« einzuschalten.

3. Schaden

Der Beamte hat dem Dienstherrn den Schaden zu ersetzen, der aufgrund seiner Pflichtverletzung entstanden ist. Wenn mehrere Beamte den Schaden verursacht haben sollten, haften sie als sogenannte **Gesamtschuldner** (§ 48 Satz 2 BeamtStG). Das bedeutet, dass der Dienstherr wählen kann, von welchem Beamte er den Schaden ersetzt verlangt (§ 421 Satz 1 BGB). Er kann den Schadensersatzanspruch insbesondere gegenüber dem Beamten gelten machen, der aus seiner Sicht finanziell leistungsfähiger ist, auch wenn diesem Beamten ein geringeres Verschulden trifft (vgl. Hessischer Verwaltungsgerichtshof (Urteil vom 27. April 1994, 1 UE 667/89). Das Bundesverwaltungsgericht hat mit Urteil vom 2. Februar 2017, 2 C 22.16, zudem entschieden, dass der Dienstherr beide Gesamtschuldner ungeachtet ihrer Verschuldens- und Verursachungsbeiträge in voller Höhe zum Schadensersatz heranziehen und bis zur Erfüllung der Forderung auch gegen sie gleichzeitig vollstrecken kann.

III. Besonderheiten im Unfallrecht

Die Vorschriften des 7. Sozialgesetzbuches enthalten besondere Regelungen im Bereiche des Unfallrechts. Nach § 2 Abs. 1 Nr. 8b SGB VII sind Schüler während des Besuchs von allgemein- oder berufsbildenden Schulen und während der Teilnahme an unmittelbar vor oder nach dem Unterricht von der Schule oder im Zusammenwirken mit ihr durchgeführten Betreuungsmaßnahmen kraft Gesetzes versichert. Die Kosten für eingetretene Unfallschäden (in der Regel die Behandlungskosten) übernimmt der Träger der gesetzlichen Unfallversicherung. Das ist die **Unfallkasse NRW**, bei der die Schüler bei allen schulischen Veranstaltungen versichert sind. Versicherungsschutz besteht danach unter anderem während der Teilnahme am Unterricht und sonstigen Schulveranstaltungen (wie Klassenfahrten), der Pausen und Freistunden, der Teilnahme von schulischen Arbeitsgemeinschaften und Förderkursen, der Teilnahme an einem von der Schule organisierten und genehmigten Schüleraustausch unter der Leitung einer Lehrkraft und auf den Schulwegen. Ansprüche des verletzten Schülers gegen das Land oder die Lehrkräfte sind grundsätzlich ausgeschlossen (vgl. Böhm, Grundkurs, Schulrecht I, S. 63). Lehrer haften hier nur bei vorsätzlichem Fehlverhalten. Das bedeutet, dass Lehrer auch in diesem Bereich eine Haftungsprivilegierung erfahren. Gegenstand dieser zugunsten der Lehrer streitenden Privilegierung ist auch, dass Schüler wegen eines erlittenen Schadens kein Schmerzensgeld verlangen können. Der Gesetzgeber hat eine Schmerzensgeldzahlung bewusst ausgeschlossen, um den Schulfrieden nicht neben dem bedauerlichen Unfall, für den die Unfallkasse eintritt, noch zusätzlich durch die Möglichkeit, Schmerzensgeld zu fordern, zahlen zu müssen, zu belasten. Eine Ausnahme von diesem Haftungsprivileg macht der Gesetzgeber nur bei vorsätzlichem Handeln. Entsprechend dem dargestellten Zweck der Haftungsprivilegierung ist aber erforderlich, dass nicht nur bezüglich der Verletzungshandlung vorsätzlich gehandelt wurde, sondern dass Vorsatz auch bezüglich des Verletzungserfolgs anzunehmen ist. Der Verletzungserfolg muss also zumindest billigend in Kauf genommen worden sein (vgl. hierzu OLG Thüringen, Beschluss vom 27. Mai 2015, 4 W 225/15).

Fall 39: »Rockparty im Schulgebäude«

(LSG Rheinland-Pfalz, Urteil vom 3. Februar 2015, L 3 U 62/13)

Eine Schülerin der Jahrgangsstufe 10 eines Gymnasiums hat im Atrium der Schule eine »Frühlings Rockparty« besucht. Es handelte sich um ein Veranstaltungsformat, das in dem Gymnasium bereits seit Jahrzehnten einmal jährlich umgesetzt wird. Es treten eine oder mehrere Bands auf und es werden auch alkoholische Getränke ausgeschenkt. Die Veranstaltung richtet sich – ohne dass eine Verpflichtung zur Teilnahme bestünde – vor allem an Schüler der 9. und 10. Jahrgangsstufe. Zu den konkreten Veranstaltungen wird von der Schulleitung die Zustimmung des Elternbeirats eingeholt, nicht jedoch die Einverständniserklärung der jeweiligen Eltern zur Teilnahme ihrer Kinder an der Party. In die Vorbereitung und Organisation war die Schulleitung insoweit eingebunden, als der Termin und der Ablauf der Veranstaltung mit ihr abgestimmt wurden. Die Schulleitung beantragte auch – um den Ausschank alkoholischer Getränke zu ermöglichen – die Gestattung eines vorübergehenden Gaststättenbetriebs nach den Vorschriften des Gaststättengesetzes. Die Aufsicht in der Veranstaltung (insbesondere über den Alkoholkonsum) erfolgte neben dem Schulleiter durch vier Lehrer des Gymnasiums. Die Einlasskontrolle nahm von der Schulleitung beauftragtes schulfremdes Sicherheitspersonal wahr. Am Unfalltag besuchten etwa 300 bis 400 Personen die Party. Die Schülerin setzte sich gegen 23.30 Uhr auf eine einen Treppenabgang abgrenzende Mauer und fiel hintenüber etwa 2,5 m tief in einen Schacht. Dabei zog sie sich schwerwiegende Verletzungen der Wirbelsäule zu. Die Unfallkasse lehnte die Anerkennung eines Versicherungsfalls im Ergebnis mit der Begründung ab, die Teilnahme an der Party habe nicht im Zusammenhang mit der versicherten Tätigkeit, also einem Schulbesuch gestanden. Es habe sich um eine private Freizeitveranstaltung gehandelt, an der nicht nur Schüler teilgenommen hätten.

Das LSG hat entschieden, dass der Unfall unter dem Schutz der gesetzlichen Unfallversicherung gestanden habe. Schüler seien nach § 2 Abs. 1 Nr. 8b) SGB VII während des Besuchs von allgemein- oder berufsbildenden Schulen und während der Teilnahme an unmittelbar vor oder nach dem Unterricht von der Schule durchgeführten Betreuungsunterricht in der Unfallversicherung kraft Gesetzes versichert. Zum Schulbesuch würde neben Betätigungen im Schulunterricht, den dazu gehörenden Pausen und Prüfungen auch die Teilnahme an Schulveranstaltungen gehören. Der **Versicherungsschutz** sei auf den **organisatorischen Verantwortungsbereich der Schule** beschränkt. Dieser organisatorische Verantwortungsbereich erfordere einen unmittelbaren räumlichen und zeitlichen Zusammenhang zur Schule, woran es fehle, wenn wirksame schulische Aufsichtsmaßnahmen nicht mehr gewährleistet seien. Entscheidend sei der **Gesamteindruck der Veranstaltung** unter Berücksichtigung von Planung, Ankündigung und Durchführung. Versicherungsschutz würde im Zusammenhang mit der Teilnahme an einer solchen Schulveranstaltung nur für Verrichtungen bestehen, die im sachlichen Zusammenhang mit der grundsätzlich versicherten Tätigkeit als Schüler stehen, nicht hingegen, wenn sich die betreffende Person rein persönlichen, von der versicherten Tätigkeit nicht mehr beeinflussten Belangen widme. Nach diesen Grundsätzen – so hat das LSG ausgeführt – habe die Schülerin bei ihrem Unfall unter gesetzlichem Versicherungsschutz gestanden. Denn die Rockparty sei eine versicherte Schulveranstaltung gewesen, weil sie zumindest unter der **organisatorischen Mitverantwortung der Schule** gestanden habe. An der Planung, Organisation und Durchführung der Rockparty seien sowohl die Schulleitung und von ihr (auf freiwilliger Basis) als Aufsicht eingesetzte Lehrkräfte, als auch die Schülervertretung beteiligt gewesen. Zudem habe sich die Veranstaltung nach den Angaben des Schulleiters in das pädagogische Konzept der Schule eingefügt. Es würde auch nicht gegen den Versicherungsschutz sprechen, dass sich die in der Schülervertretung organisierten Schüler an der inhaltlichen Konzeption der Rockparty beteiligt hätten. Denn die Einbindung von Schülern in die Organisation und Durchführung schulischer Veranstaltungen und die altersgerechte Heranführung an die Übernahme von Verantwortung in der Gesellschaft entspreche dem Erziehungsauftrag der Schule. Für die unfallversicherungsrechtliche Einstufung der Veranstaltung sei es ferner unerheblich, dass für die Schüler keine Verpflichtung zur Teilnahme bestanden habe. Denn auch freiwillige Schulveranstaltungen würden im organisatorischen Verantwortungsbereich der Schule stehen. Schließlich sei die Schülerin auch bei einer versicherten Tätigkeit verunfallt. Die Teilnahme an der Rockparty habe – da es eine versicherte Schulveranstaltung gewesen sei – unter dem gesetzlichen Versicherungsschutz gestanden. Unversichert seien bei der Teilnahme an schulischen Veranstaltungen nur rein private Verrichtungen. So würde der Fall hier aber nicht liegen. Denn die Schülerin habe sich mit einem anderen Schüler vor dem Schulgebäude aufgehalten, als der Unfall passiert sei. Sie habe zwar den im Schulgebäude gelegenen Veranstaltungsraum verlassen, um sich einem Gespräch mit einem Mitschüler zu widmen. Dies sei aber unbeachtlich. Denn das Verlassen eines Veranstaltungsraums, in dem laute Musik gespielt werde, um vor der Tür ein Gespräch zu führen, gehöre zu den üblichen Verhaltensweisen beim Besuch der schulischen Rockparty.

— — —

Fall 40: »Der betrunkene Fenstersturz im Schullandheim«

(LSG Baden-Württemberg, Urteil vom 25. September 2014, L 6 U 2085/14)

Ein 17-jähriger Schüler der Klasse 12 eines Gymnasiums nahm an einer fünftägigen Auslandsstudienfahrt teil. Die Gruppe bestand aus 20 Schülern und wurde von zwei Lehrern begleitet und beaufsichtigt. Der Schüler hatte zuvor eine Erklärung der Schule unterschrieben, in der unter anderem auf ein Alkoholverbot während der Studienfahrt hingewiesen worden war. Gleichwohl kaufte der Schüler auf einem Flughafen zwei Flaschen Wodka. Hierfür hatte er sich bereits in Deutschland den Personalausweis eines volljährigen Freundes ausgeliehen, den er im Falle einer Alterskontrolle nutzen wollte. Mit Ausnahme des Schülers und drei seiner

Mitschüler besuchte die Gruppe – einschließlich der beiden Lehrkräfte – eines Abends einen Pub. Der Schüler konsumierte zusammen mit seinen Mitschülern in der Jugendherberge Wodka. Im weiteren Verlauf des Abends setze er sich auf das Dach, rauchte, erbrach sich und stürzte schließlich – als er das Gleichgewicht verloren hatte – 5 bis 6 m vom Dach. Es verblieb bei ihm eine Querschnittslähmung. Die Unfallkasse lehnte die Anerkennung als Versicherungsfall ab.

Das LSG hat entschieden, dass der Unfall nicht unter den Schutz der gesetzlichen Unfallversicherung fällt. Der Versicherungsschutz richte sich nach dem organisatorischen Verantwortungsbereich der Schule. Hierzu gehöre auch eine unter schulischer Aufsicht durchgeführte (Auslands-)Klassenfahrt. Der Schüler habe daher für die Dauer der Studienreise zwar grundsätzlich unter Versicherungsschutz gestanden. Dies habe aber nicht ausnahmslos gegolten. Nach der Rechtsprechung könne im Rahmen des Versicherungsschutzes von Schülern berücksichtigt werden, dass es gerade im **Pubertätsalter** zu Raufereien und Rangeleien als Ausfluss **gruppendynamischer Verhaltensweisen** kommen könne. Auch auf Klassenfahrten würde das Gruppenerlebnis erfahrungsgemäß vor allem dann, wenn sich die Disziplin während der Abwesenheit der Aufsichtsperson lockere, häufig zu übermütigen und bedenkenlosen Verhaltensweisen führen. Ein durch gruppendynamische Prozesse bedingtes schülertypisches Verhalten könne daher unter Berücksichtigung der Umstände des Einzelfalles noch unter den Versicherungsschutz fallen. Könne eine entsprechende konkrete gruppendynamische Situation indessen nicht festgestellt werden und sei auch nicht der natürliche und ungehemmte Spieltrieb der den Unfall auslösende Faktor, so verbleibe es bei dem Grundsatz, dass ein Versicherungsschutz nicht bestehen würde, wenn sich die betreffende Person zur Unfallzeit persönlichen, von der versicherten Tätigkeit nicht mehr beeinflussten »Bedürfnissen« widme. Nach diesen Maßstäben würde der Unfall nach den Ausführungen des LSG nicht dem Versicherungsschutz unterliegen. Das Herausklettern aus dem Dachfenster sei bereits nicht Ausdruck eines natürlichen und ungehemmten Spieltriebs eines 17-jährigen Schülers. Das Handeln sei durch das alles andere als kindliches Verlangen nach einer Zigarette veranlasst gewesen. Rauchen stünde ebenso wie der Konsum anderer Genussmittel aber nicht im Zusammenhang mit der versicherten Tätigkeit. Die Entscheidung des

Schülers, nicht wie zuvor vor dem Haus, sondern auf dem Dach zu rauchen, sei auch nicht durch eine konkrete gruppendynamische Situation motiviert gewesen. Vielmehr sei die individuelle Bequemlichkeit des Schülers für sein Tun ausschlaggebend gewesen.

Interessant ist an der Entscheidung des LSG noch, dass es »zur Abrundung« darauf hingewiesen hat, dass **kein Aufsichtsmangel** der Lehrkräfte vorliegt, der als Ursache für den Unfall geltend gemacht werden kann. Denn aufgrund der Uhrzeit des Unfallereignisses (nach 21.00 Uhr) sowie des Alters des Schülers seien Aufsichtsmaßnahmen durch die begleitenden Lehrer, beispielsweise durch **Zimmerkontrollen**, nicht geboten gewesen.

IV. Haftung des Schulträgers für Schulunfälle von Lehrern

Wenn der Schulträger die Schule mit den für die Unterrichtserteilung notwendigen Gegenständen ausstattet, kann sich die Frage stellen, ob und unter welchen Voraussetzung er haftet, wenn eine Lehrkraft wegen Mangelhaftigkeit der Einrichtung zu Schaden kommt.

Fall 41: »Erst ist die Turnmatte kaputt, dann das Steißbein«

(OLG Hamm, Urteil vom 13. Januar 2012, 11 U 54/11)

Eine Grundschullehrerin verletzte sich während des Sportunterrichts, als sie beim Vorturnen einer Übung mit Anlauf auf eine zur Ausstattung der Sporthalle gehörende Weichbodenmatte sprang, dort auf dem Gesäß landete und mangels ausreichender Abfederung durch die Matte weitgehend ungebremst auf dem Hallenboden aufschlug, wodurch sie sich neben einer Steißbeinprellung eine Fraktur des 9. Brustwirbels zuzog. Der kommunale Schulträger hatte zu diesem Zeitpunkt aufgrund eines Prüfberichts bereits seit fünf Monaten Kenntnis davon, dass die Füllung der Weichbodenmatten zu weich war und diese ausgetauscht werden musste. Das Land hat den Schulträger daraufhin auf Schadensersatz verklagt, weil es unter anderem Behandlungskosten der Lehrerin in Höhe von ungefähr 8.000 Euro gezahlt hat.

Das Oberlandesgericht Hamm hat das Bestehen eines Amtshaftungsanspruches der Lehrerin gegen den Schulträger, der auf das Land aufgrund der gezahlten

Behandlungskosten übergangen sein könnte, verneint. Der Schulträger habe vorliegend keine gegenüber der Lehrerin bestehende Amtspflicht verletzt. Zwar sei der Schulträger gemäß § 79 SchulG verpflichtet, die für einen ordnungsgemäßen Unterricht erforderlichen Schulanlagen, Gebäude, Einrichtungen und Lehrmittel bereitzustellen und zu unterhalten, wozu auch die im vorliegenden Fall im Sportunterricht eingesetzte Weichbodenmatte gehöre. Der Amtshaftungsanspruch setze aber voraus, dass der Geschädigte – hier die Lehrerin – zu dem von Art. 34 GG und § 839 BGB geschützten Personenkreis gehöre. Es müsse eine besondere Beziehung zwischen der verletzten Amtspflicht und dem geschädigten Dritten bestehen, allein dann treffe den Schädiger bei schuldhafter Pflichtverletzung eine Schadensersatzpflicht. Wenn aber wie im Streitfall der Dienstherr der Lehrerin (das Land Nordrhein-Westfalen) und eine andere Körperschaft des öffentlichen Rechts (der Schulträger) bei der Erfüllung einer ihnen gemeinsam übertragenen Aufgabe derart zusammenwirken, dass sie im Rahmen dieser Aufgabe als Teil eines einheitlichen Ganzen erscheinen, können Pflichten, die einer der beteiligten Körperschaften im Interesse der Förderung des gemeinsam angestrebten Ziels obliegen, nicht als gegenüber *Dritten* bestehende Amtspflichten angesehen werden, deren Verletzung Amtshaftungsansprüche auslöse. Entscheidend sei, dass das Land Nordrhein-Westfalen und die Gemeinden nach Art. 8 Abs. 3 Satz 1 Verf NRW gemeinsam die Pflicht haben, Schulen zu errichten und zu fördern, wobei dieser gemeinsame Bildungsauftrag funktions- und arbeitsteilig dergestalt wahrgenommen werde, dass das Land im Wesentlichen Träger des mit der Unterrichtserteilung verbundenen Personalaufwandes sei (vgl. §§ 57 Abs. 4, 92 Abs. 2 SchulG), während der Sachaufwand im Wesentlichen den kommunalen Körperschaften zur Last falle (§§ 78 Abs. 1, 79 SchulG). Dies habe nach der Rechtsprechung zur Konsequenz, dass das Land und der Schulträger den Organisationsbereich Schule zusammen beherrschten. Das bedeutet mit anderen Worten, dass das Land und die Kommunen im Verhältnis zueinander nicht (außenstehende) »Dritte« im Sinne von Art. 34 GG, § 839 BGB sind, sodass gegenseitige Amtshaftungsansprüche von vornherein ausscheiden. Wenn es aber im Verhältnis von Land zu Kommunen an der erforderlichen »Drittbezogenheit« fehlt, so gilt dies auch im Verhältnis zwischen den im Dienst des Landes stehenden Lehrkräften zum Schulträger, soweit es um die Erfüllung des schulischen Lehrauftrages und in diesem Zusammenhang erlittene Schäden infolge eines mangelhaften Zustandes der vom Schulträger zur Verfügung gestellten Schuleinrichtung geht.

V. Haftungsbeschränkung aus Fürsorgegründen

Zu beachten ist, dass der Schadensersatzanspruch des Dienstherrn gegen den Beamten aus § 48 Satz 1 BeamtStG grundsätzlich nicht durch die Fürsorgepflicht des Dienstherrn (vgl. hierzu § 45 BeamtStG) begrenzt oder gar aufgehoben wird. Denn § 48 BeamtStG stellt in Bezug auf die von ihm erfassten Lebenssachverhalte eine spezialgesetzliche und abschließende Regelung dar. Etwas anders kann im Einzelfall nur dann gelten, wenn die Inanspruchnahme auf Schadensersatz für den Lehrer existenzbedrohend ist (Schütz/Maiwald, § 48, Rn. 71 f.).

VI. Verjährung

Die maßgebliche Rechtsvorschrift des § 48 BeamtStG für die Inanspruchnahme eines Lehrers wegen Eigenschäden des Dienstherrn (Beamtenhaftung) oder Fremdschäden (Rückgriffshaftung) enthält keine Regelung über die Verjährung dieser Ansprüche. In Nordrhein-Westfalen gibt es aber eine landesrechtliche Regelung hierüber. Nach § 80 Abs. 1 LBG verjähren Ansprüche nach § 48 BeamtStG in **drei Jahren** von dem Zeitpunkt an, in dem der Dienstherr von dem Schaden und der Person des Ersatzpflichtigen Kenntnis erlangt hat, ohne Rücksicht auf diese Kenntnis in zehn Jahren von der Begehung der Handlung an. Hat der Dienstherr einem Dritten Schadensersatz geleistet, so tritt an die Stelle des Zeitpunktes, in dem der Dienstherr von dem Schaden Kenntnis erlangt, der Zeitpunkt, in dem der Ersatzanspruch des Dritten diesem gegenüber vom Dienstherrn anerkannt oder dem Dienstherrn gegenüber rechtskräftig festgestellt wird.

VII. Rechtsweg

Hinsichtlich des Rechtsschutzes ist zu unterscheiden: Macht der Dienstherr einen Rückgriffsanspruch gegen den Lehrer geltend, weil er einem Dritten gegenüber zum Schadensersatz wegen einer Amtspflichtverletzung des Lehrers verpflichtet war (Rückgriffshaftung oder Regress), dann ist der Zivilrechtsweg eröffnet (Art. 34 Satz 3 GG. Zuständig ist das Landgericht gemäß § 71 Abs. 2 Nr. 2 GVG. Der Dienstherr kann in diesen Fällen den Schaden aber nicht mittels Leistungsbescheid oder Leistungsklage vor den Verwaltungsgerichten geltend machen (vgl. OVG NRW, Beschluss vom 6. Dezember 2010, 6 A 338/09). Dieser Weg steht ihm nur dann offen, wenn es um den Ersatz seines eigenen Schadens oder den des Schulträgers geht (sogenannter unmittelbarer Schaden oder Eigenschäden), beispielsweise weil der Lehrer einen Generalschlüssel verloren hat.

Fall 42: »Lehrer knebelt Schülerin mit einer Mullbinde«

(OVG NRW, Beschluss vom 6. Dezember 2010, 6 A 338/09)

Ein Lehrer einer Gesamtschule wickelte während des Kunstunterrichts einer 5. Klasse einer 13jährigen Schülerin die in einer insgesamt unruhigen Klasse den Unterricht störte, eine Mullbinde um den Mund. Die Schülerin, die in einer Pflegefamilie lebte und in ihrer Primärfamilie Gewalterfahrungen erlebt hatte, litt danach unter Schlafstörungen, erhöhten Ängsten und panikartigen Phasen und bedurfte der therapeutischen Behandlung. Die Schülerin forderte 5.000 Euro Schmerzensgeld. Die Bezirksregierung zahlte daraufhin 1.500 Euro Schmerzensgeld und zog den Lehrer mit Leistungsbescheid zur Erstattung dieses Betrages heran.

In der ersten Instanz hatte das Verwaltungsgericht Düsseldorf mit Urteil vom 6. Januar 2009, 2 K 1839/08, festgestellt, dass der Lehrer eine Dienstpflicht (Wohlverhaltenspflicht gegenüber Schülern) verletzt habe und dass das Verhalten des Lehrers (Knebelung) nach allgemeiner Lebenserfahrung auch geeignet gewesen sei, den konkret eingetretenen Schaden herbeizuführen. Die Zurechnung von Folgeschäden (wie hier die therapeutische Behandlung und die Panikattacken) scheitere nicht daran, dass sie auch auf einer »Vorschädigung« der Schülerin beruhten. Schließlich habe der Lehrer seine Pflichten auch grob fahrlässig verletzt. Sein Verhalten sei unter Berücksichtigung dessen, was üblich ist, absolut untypisch und stelle, auch weil es mit der Menschenwürde nicht in Einklang zu bringen sei, einen Exzess dar. Das Verwaltungsgericht hatte demzufolge die Klage des Lehrers abgewiesen. Demgegenüber hat das Oberverwaltungsgericht festgestellt, dass ein derartiger Schaden, der dem Land Nordrhein-Westfalen durch die Schmerzensgeldzahlung entstanden sei, nicht durch Leistungsbescheid geltend gemacht werden dürfe. Denn nach Art. 34 Satz 3 GG dürfe für einen Rückgriff gegenüber dem Beamten, der in Ausübung eines ihm anvertrauten öffentlichen Amtes die ihm einem Dritten (hier der Schülerin) gegenüber bestehende Amtspflicht verletzt hat, der Rechtsweg zu den Zivilgerichten nicht ausgeschlossen werden. Dieser verfassungsrechtlich gewährleistete Zivilrechtsweg stünde der Durchsetzung des Regressanspruches gegen den Lehrer mittels eines Leistungsbescheides entgegen. Anders als bei einer unmittelbaren Schädigung des Dienstherrn durch den Beamten (Eigenschäden) könne der Dienstherr den Rückgriff wegen Fremdschäden im Hoheitsbereich nicht mit dem spezifisch hoheitsrechtlichen Durchsetzungsmittel eines Bescheides, sondern nur im ordentlichen Rechtsweg geltend machen.

Bei einem unmittelbar erlittenen Schaden (Beamtenhaftung) stehen dem Dienstherrn zwei Wege offen. Er kann gegen den Beamten einen **Leistungsbescheid** erlassen oder vor dem Verwaltungsgericht unmittelbar eine Leistungsklage erheben. Der Leistungsbescheid enthält, wenn er »schulmäßig« abgefasst wird, zwei Regelungen: Zum einen die Feststellung, dass der Beamte aufgrund eines konkreten Lebenssachverhalts für einen bestimmten Schaden Ersatz zu leisten hat (sog. Schadenersatzpflicht dem Grunde nach), und zum anderen das Gebot, den festgestellten Schaden durch eine konkret bezifferte Geldzahlung auszugleichen (sog. Schadensersatzpflicht der Höhe nach; vgl. Schütz/Maiwald, § 48, Rn. 94). Dem Leistungsbescheid wird regelmäßig der rechtliche Charakter eines Verwaltungsaktes zuzuschreiben sein, so dass die Lehrkraft vor seinem Erlass anzuhören (vgl. § 28 Abs. 1 VwVfG NRW) und der Bescheid mit einer Begründung (vgl. § 39 Abs. 1 VwVfG NRW) zu versehen ist. Grundsätzlich steht es aber im Ermessen des Dienstherrn, vom Erlass eines Leistungsbescheides abzusehen und stattdessen unmittelbar eine Leistungsklage zu erheben (Schütz/Maiwald, § 48, Rn. 99).

M. Gesetzestexte

Im Nachfolgenden werden die Texte der zitierten Vorschriften aufgeführt.

Art. 34 Grundgesetz

Verletzt jemand in Ausübung eines ihm anvertrauten öffentlichen Amtes die ihm einem Dritten gegenüber obliegende Amtspflicht, so trifft die Verantwortlichkeit grundsätzlich den Staat oder die Körperschaft, in deren Dienst er steht. Bei Vorsatz oder grober Fahrlässigkeit bleibt der Rückgriff vorbehalten. Für den Anspruch auf Schadensersatz und für den Rückgriff darf der ordentliche Rechtsweg nicht ausgeschlossen werden.

— — —

§ 832 Abs. 1 BGB »Haftung des Aufsichtspflichtigen«

(1) Wer kraft Gesetzes zur Führung der Aufsicht über eine Person verpflichtet ist, die wegen Minderjährigkeit oder wegen ihres geistigen oder körperlichen Zustands der Beaufsichtigung bedarf, ist zum Ersatz des Schadens verpflichtet, den diese Person einem Dritten widerrechtlich zufügt. Die Ersatzpflicht tritt nicht ein, wenn er seiner Aufsichtspflicht genügt oder wenn der Schaden auch bei gehöriger Aufsichtsführung entstanden sein würde.

(2) Die gleiche Verantwortlichkeit trifft denjenigen, welcher die Führung der Aufsicht durch Vertrag übernimmt.

— — —

§ 839 Abs. 1 BGB »Haftung bei Amtspflichtverletzung«

Verletzt ein Beamter vorsätzlich oder fahrlässig die ihm einem Dritten gegenüber obliegende Amtspflicht, so hat er dem Dritten den daraus entstehenden Schaden zu ersetzen. Fällt dem Beamten nur Fahrlässigkeit zur Last, so kann er nur dann in Anspruch genommen werden, wenn der Verletzte nicht auf andere Weise Ersatz zu erlangen vermag.

— — —

§ 42 SchulG »Allgemeine Rechte und Pflichten aus dem Schulverhältnis«

(1) Die Aufnahme der Schülerin oder des Schülers in eine öffentliche Schule begründet ein öffentlich-rechtliches Schulverhältnis. Aus ihm ergeben sich für alle Beteiligten Rechte und Pflichten. Dies erfordert ihre vertrauensvolle Zusammenarbeit.

(2) Schülerinnen und Schüler haben das Recht, im Rahmen dieses Gesetzes an der Gestaltung der Bildungs- und Erziehungsarbeit der Schule mitzuwirken und ihre Interessen wahrzunehmen. Sie sind ihrem Alter entsprechend über die Unterrichtsplanung zu informieren und an der Gestaltung des Unterrichts und sonstiger schulischer Veranstaltungen zu beteiligen.

(3) Schülerinnen und Schüler haben die Pflicht daran mitzuarbeiten, dass die Aufgabe der Schule erfüllt und das Bildungsziel erreicht werden kann. Sie sind insbesondere verpflichtet, sich auf den Unterricht vorzubereiten, sich aktiv daran zu beteiligen, die erforderlichen Arbeiten anzufertigen und die Hausaufgaben zu erledigen. Sie haben die Schulordnung einzuhalten und die Anordnungen der Lehrerinnen und Lehrer, der Schulleitung und anderer dazu befugter Personen zu befolgen.

(4) Eltern wirken im Rahmen dieses Gesetzes an der Gestaltung der Bildungs- und Erziehungsarbeit der Schule mit. Sie sorgen dafür, dass ihr Kind seine schulischen Pflichten erfüllt. Eltern sollen sich aktiv am Schulleben, in den Mitwirkungsgremien und an der schulischen Erziehung ihres Kindes beteiligen. (…)

§ 53 SchulG »Erzieherische Einwirkungen, Ordnungsmaßnahmen«

(1) Erzieherische Einwirkungen und Ordnungsmaßnahmen dienen der geordneten Unterrichts- und Erziehungsarbeit der Schule sowie dem Schutz von Personen und Sachen. Sie können angewendet werden, wenn eine Schülerin oder ein Schüler Pflichten verletzt. Der Grundsatz der Verhältnismäßigkeit ist zu beachten. Ordnungsmaßnahmen sind nur zulässig, wenn erzieherische Einwirkungen nicht ausreichen. Einwirkungen gegen mehrere Schülerinnen und Schüler sind nur zulässig, wenn das Fehlverhalten jeder oder jedem Einzelnen zuzurechnen ist.

(2) Zu den erzieherischen Einwirkungen gehören insbesondere das erzieherische Gespräch, die Ermahnung, Gruppengespräche mit Schülerinnen, Schülern und Eltern, die mündliche oder schriftliche Missbilligung des Fehlverhaltens, der Ausschluss von der laufenden Unterrichtsstunde, die Nacharbeit unter Aufsicht nach vorheriger Benachrichtigung der Eltern, die zeitweise Wegnahme von Gegenständen, Maßnahmen mit dem Ziel der Wiedergutmachung angerichteten Schadens und die Beauftragung mit Aufgaben, die geeignet sind, das Fehlverhalten zu verdeutlichen. Bei wiederholtem Fehlverhalten soll eine schriftliche Information der Eltern erfolgen, damit die erzieherische Einwirkung der Schule vom Elternhaus unterstützt werden kann. Bei besonders häufigem Fehlverhalten einer Schülerin oder eines Schülers oder gemeinschaftlichem Fehlverhalten der Klasse oder Lerngruppe soll den Ursachen für das Fehlverhalten in besonderer Weise nachgegangen werden.

(3) Ordnungsmaßnahmen sind

1. der schriftliche Verweis,
2. die Überweisung in eine parallele Klasse oder Lerngruppe,
3. der vorübergehende Ausschluss vom Unterricht von einem Tag bis zu zwei Wochen und von sonstigen Schulveranstaltungen,
4. die Androhung der Entlassung von der Schule,
5. die Entlassung von der Schule,
6. die Androhung der Verweisung von allen öffentlichen Schulen des Landes durch die obere Schulaufsichtsbehörde,
7. die Verweisung von allen öffentlichen Schulen des Landes durch die obere Schulaufsichtsbehörde.

Rechtsbehelfe (Widerspruch und Anfechtungsklage) gegen Ordnungsmaßnahmen nach Satz 1 Nr. 2 und 3 haben keine aufschiebende Wirkung. § 80 Abs. 4, 5, 7 und 8 der Verwaltungsgerichtsordnung bleibt unberührt.

(4) Maßnahmen nach Absatz 3 Nr. 4 und 5 sind nur zulässig, wenn die Schülerin oder der Schüler durch schweres oder wiederholtes Fehlverhalten die Erfüllung der Aufgaben der Schule oder die Rechte anderer ernstlich gefährdet oder verletzt hat. Bei Schulpflichtigen bedarf die Entlassung von der Schule der Bestätigung durch die Schulaufsichtsbehörde, die die Schülerin oder den Schüler einer anderen Schule zuweisen kann. Die Entlassung einer Schülerin

oder eines Schülers, die oder der nicht mehr schulpflichtig ist, kann ohne vorherige Androhung erfolgen, wenn die Schülerin oder der Schüler innerhalb eines Zeitraumes von 30 Tagen insgesamt 20 Unterrichtsstunden unentschuldigt versäumt hat.

(5) Maßnahmen nach Absatz 3 Nr. 6 und 7 sind nur zulässig, wenn die Anwesenheit der Schülerin oder des Schülers aus Gründen der Sicherheit nicht verantwortet werden kann. Diese Entscheidung bedarf der Bestätigung durch das Ministerium. Soweit die Schülerin oder der Schüler die Schulpflicht noch nicht erfüllt hat, ist für geeignete Bildungsmaßnahmen zu sorgen.

(6) Über Ordnungsmaßnahmen nach Absatz 3 Nummer 1 bis 3 entscheidet die Schulleiterin oder der Schulleiter oder ein von ihr oder ihm beauftragtes Mitglied der Schulleitung nach Anhörung der Schülerin oder des Schülers. Die Schulleiterin oder der Schulleiter oder das beauftragte Mitglied der Schulleitung kann sich von der zuständigen Teilkonferenz gemäß Absatz 7 beraten lassen oder ihr die Entscheidungsbefugnis übertragen. Den Eltern und der Klassenlehrerin oder dem Klassenlehrer oder der Jahrgangsstufenleiterin oder dem Jahrgangsstufenleiter ist vor der Entscheidung Gelegenheit zur Stellungnahme zu geben. In dringenden Fällen kann auf vorherige Anhörungen verzichtet werden; sie sind dann nachzuholen.

(7) Über Ordnungsmaßnahmen nach Absatz 3 Nr. 4 und 5 entscheidet eine von der Lehrerkonferenz berufene Teilkonferenz. Die Schule kann verschiedene, für Schulstufen, Bildungsgänge oder Abteilungen zuständige Teilkonferenzen bilden. Der Teilkonferenz gehören ein Mitglied der Schulleitung, die Klassenlehrerin oder der Klassenlehrer oder die Jahrgangsstufenleiterin oder der Jahrgangsstufenleiter und drei weitere, für die Dauer eines Schuljahres zu wählende Lehrerinnen und Lehrer oder Mitarbeiterinnen und Mitarbeiter gemäß § 58 als ständige Mitglieder an. Weitere, für die Dauer eines Schuljahres zu wählende Mitglieder sind eine Vertreterin oder ein Vertreter der Schulpflegschaft und des Schülerrates. Diese nehmen an Sitzungen nicht teil, wenn die Schülerin oder der Schüler oder die Eltern der Teilnahme widersprechen. Für jedes Mitglied der Teilkonferenz kann jeweils eine Vertreterin oder ein Vertreter gewählt werden. Sie oder er nimmt bei Verhinderung des ordentlichen Mitglieds dessen Aufgabe wahr.

(8) Vor der Beschlussfassung hat die Teilkonferenz der betroffenen Schülerin oder dem betroffenen Schüler und deren Eltern Gelegenheit zu geben, zu dem Vorwurf der Pflichtverletzung Stellung zu nehmen; zu der Anhörung kann die Schülerin oder der Schüler eine Person des Vertrauens aus dem Kreis der Schülerinnen und Schüler oder der Lehrerinnen und Lehrer hinzuziehen.

(9) Ordnungsmaßnahmen werden den Eltern schriftlich bekannt gegeben und begründet.

§ 54 SchulG »Schulgesundheit«

(1) Die Schulgesundheitspflege hat das Ziel, Krankheiten der Schülerinnen und Schüler vorzubeugen, sie frühzeitig zu erkennen und Wege zu ihrer Heilung aufzuzeigen. Die Aufgaben der Schulgesundheitspflege nehmen die unteren Gesundheitsbehörden in Zusammenarbeit mit der Schule und den Eltern wahr.

(2) Für jede Schule bestellt die untere Gesundheitsbehörde im Benehmen mit dem Schulträger eine Schulärztin oder einen Schularzt. Der schulärztliche Dienst umfasst insbesondere:

1. schulärztliche Untersuchungen, insbesondere Reihenuntersuchungen zur Einschulung, und zahnärztliche Untersuchungen,
2. eine besondere Betreuung der Schülerinnen und Schüler, deren Gesundheitszustand eine fortlaufende Kontrolle erforderlich macht,
3. schulärztliche Sprechstunden für Eltern, Schülerinnen und Schüler sowie Lehrerinnen und Lehrer,
4. gesundheitsfürsorgerische Maßnahmen für die Schülerinnen und Schüler,
5. Beratung der Lehrerinnen und Lehrer in Fragen der Gesundheitspflege,
6. Mitarbeit bei der Bekämpfung übertragbarer Krankheiten in Schulen.

(3) Schülerinnen und Schüler, deren Verbleib in der Schule oder deren Teilnahme an anderen schulischen Veranstaltungen eine konkrete Gefahr für die physische oder psychische Unversehrtheit anderer oder die eigene bedeutet, können vorübergehend oder dauernd vom Schulbesuch ausgeschlossen werden. Die Entscheidung trifft die Schulleiterin oder der Schulleiter auf Grund eines regelmäßig zu überprüfenden amtsärztlichen Gutachtens. Bei Gefahr

im Verzug ist die Schulleiterin oder der Schulleiter befugt, einen vorläufigen Ausschluss vom Besuch der Schule auszusprechen. Bei einem vorläufigen Ausschluss ist das amtsärztliche Gutachten unverzüglich nachträglich einzuholen.

(4) Die Schülerinnen und Schüler sind verpflichtet, sich bei schulärztlichen und schulzahnärztlichen Reihenuntersuchungen, insbesondere zur Einschulung, untersuchen zu lassen. Gleiches gilt in den Fällen von § 19 Absatz 7 in Verbindung mit Absatz 5 Satz 2, § 35 Absatz 2 Satz 2, § 40 Absatz 2 Satz 2, § 43 Absatz 2 Satz 2, § 54 Absatz 3 Satz 2 und Satz 4.

(5) Der Verkauf, der Ausschank und der Genuss alkoholischer Getränke im Zusammenhang mit schulischen Veranstaltungen sind auf dem Schulgrundstück sowie außerhalb des Schulgrundstücks untersagt. Über Ausnahmen von Satz 1 entscheidet die Schulkonferenz, die bei ihrer Entscheidung insbesondere die Vorbildwirkung zu berücksichtigen hat. Für branntweinhaltige Getränke und sonstige Rauschmittel ist keine Ausnahme möglich.

(6) Das Rauchverbot an Schulen bestimmt sich nach den Vorschriften des Nichtraucherschutzgesetzes NRW.

(7) Die Absätze 1 bis 4 gelten auch für Ersatzschulen; die Absätze 5 und 6 gelten auch für Ersatzschulen und Ergänzungsschulen.

— — —

§ 32 StGB »Notwehr«

(1) Wer eine Tat begeht, die durch Notwehr geboten ist, handelt nicht rechtswidrig.

(2) Notwehr ist die Verteidigung, die erforderlich ist, um einen gegenwärtigen rechtswidrigen Angriff von sich oder einem anderen abzuwehren.

§ 123 StGB »Hausfriedensbruch«

(1) Wer in die Wohnung, in die Geschäftsräume oder in das befriedete Besitztum eines anderen oder in abgeschlossene Räume, welche zum öffentlichen Dienst oder Verkehr bestimmt sind, widerrechtlich eindringt, oder wer, wenn

er ohne Befugnis darin verweilt, auf die Aufforderung des Berechtigten sich nicht entfernt, wird mit Freiheitsstrafe bis zu einem Jahr oder mit Geldstrafe bestraft.

(2) Die Tat wird nur auf Antrag verfolgt.

§ 223 StGB »Körperverletzung«

(1) Wer eine andere Person körperlich misshandelt oder an der Gesundheit schädigt, wird mit Freiheitsstrafe bis zu fünf Jahren oder mit Geldstrafe bestraft.

(2) Der Versuch ist strafbar.

§ 229 StGB »Fahrlässige Körperverletzung«

Wer durch Fahrlässigkeit die Körperverletzung einer anderen Person verursacht, wird mit Freiheitsstrafe bis zu drei Jahren oder mit Geldstrafe bestraft.

§ 340 StGB »Körperverletzung im Amt«

(1) Ein Amtsträger, der während der Ausübung seines Dienstes oder in Beziehung auf seinen Dienst eine Körperverletzung begeht oder begehen lässt, wird mit Freiheitsstrafe von drei Monaten bis zu fünf Jahren bestraft. In minder schweren Fällen ist die Strafe Freiheitsstrafe bis zu fünf Jahren oder Geldstrafe.

(2) Der Versuch ist strafbar.

— — —

§ 3 Abs. 7 TV-L »Allgemeine Arbeitsbedingungen«

Für die Schadenshaftung der Beschäftigten finden die Bestimmungen, die für die Beamten des jeweiligen Landes jeweils gelten, entsprechende Anwendung.

— — —

§ 21 VwVfG NRW »Besorgnis der Befangenheit«

(1) Liegt ein Grund vor, der geeignet ist, Misstrauen gegen eine unparteiische Amtsausübung zu rechtfertigen, oder wird von einem Beteiligten das Vorliegen eines solchen Grundes behauptet, so hat, wer in einem Verwaltungsverfahren für eine Behörde tätig werden soll, den Leiter der Behörde oder den von diesem Beauftragten zu unterrichten und sich auf dessen Anordnung der Mitwirkung zu enthalten. Betrifft die Besorgnis der Befangenheit den Leiter der Behörde, so trifft diese Anordnung die Aufsichtsbehörde, sofern sich der Behördenleiter nicht selbst einer Mitwirkung enthält.

Zum Autor

Andreas Müller studierte Rechtswissenschaft an der Westfälischen Wilhelms-Universität in Münster. Im Jahre 2003 ist er als Richter beim Verwaltungsgericht Düsseldorf eingestellt worden. Von 2009 bis 2012 war er an die Ministerpräsidenten des Landes Nordrhein-Westfalen abgeordnet. Von 2012 bis 2014 arbeitete er als Richter am Oberverwaltungsgericht für das Land Nordrhein-Westfalen. Seit Ende 2014 ist er Vorsitzender Richter am Verwaltungsgericht in Düsseldorf. Der Autor ist seit mehreren Jahren im Bereich der Lehrerfortbildung als Dozent für Schulen, Schulaufsichtsbehörden, Studieninstitute und Lehrerverbände tätig. Er hat zahlreiche Aufsätze zum Schulrecht veröffentlicht. Auf Anfrage steht er auch für Inhouse-Veranstaltungen – etwa im Rahmen eines Pädagogischen Tages – zur Verfügung.

Stichwortverzeichnis